Gisela Wiesner

Heilpädagogische Vorschulförderung in der Praxis

Wahrnehmungsentwicklung und ihre Bedeutung für das vorschulische Lernen

Gisela Wiesner

Heilpädagogische Vorschulförderung in der Praxis

Wahrnehmungsentwicklung und ihre Bedeutung für das vorschulische Lernen

verlag modernes lernen

Unser Buchprogramm im Internet: www.verlag-modernes-lernen.de

Externe Links
Der Verlag weist ausdrücklich darauf hin, dass eventuell im Text enthaltene externe Links vom Verlag nur bis zum Zeitpunkt der Buchveröffentlichung eingesehen werden konnten. Auf spätere Veränderungen hat der Verlag keinerlei Einfluss. Eine Haftung des Verlages ist daher ausgeschlossen.

Folgen Sie uns auf

Gesamtherstellung in Deutschland: Löer Druck GmbH, Dortmund

Coverfoto: © Natallia Vintsik – stock.adobe.com

Bestell-Nr. 1335 ISBN 978-3-8080-0911-6

Inhalt

Geleitwort

Die Corona-Pandemie mit der Notwendigkeit von Lockdown und Homeoffice hat uns ganz deutlich gezeigt, welch weitreichende Bedeutung (vor-)schulische Bildung und pädagogische Förderung für die Entwicklung unserer Kinder haben; weitere Folgen sind sicher noch nicht abzusehen. Das alte Sprichwort „Nicht für die Schule, für das Leben lernen wir!“, hat damit wieder aktuell an Bedeutung gewonnen. Inwieweit die verfügbaren Möglichkeiten der Informationstechnologie, die unser Leben zunehmend bestimmen werden, mit digitalem Lernen oder durch künstliche Intelligenz einen Ausgleich bringen können, muss die Zukunft zeigen; die persönliche Beziehung zwischen Lehrenden und Lernenden wird sich aber wohl niemals ersetzen lassen. Zunächst bleibt es eine unserer wichtigsten Aufgaben, für alle Kinder die jeweils am besten geeignete vorschulische und schulische Betreuung, eben eine gute Erziehung und echte Bildung, aber auch inklusive Förderung sicherzustellen. Welche Unterschiede dabei in verschiedenen Staaten und abhängig von psychosozialen Verhältnissen auftreten, zeigen die Pisa-Studien und andere Längsschnittbeobachtungen.
Andererseits wirken sich Konkurrenzdruck und Leistungsstreben, Kennzeichen der modernen Gesellschaft, zunehmend auf den vorschulischen und schulischen Bereich aus. Viele Eltern sind der Ansicht, ja Überzeugung, zum Wohl ihrer Kinder die besten Leistungen „herausholen“ zu müssen, um sie gut für den „Lebenskampf“ vorzubereiten. Was geschieht dann mit jenen Schülerinnen und Schülern, die aus irgendeinem Grund körperlich oder geistig, psycho-somatisch oder psychosozial benachteiligt sind, das heißt, den strengen Voraussetzungen und Anforderungen der Leistungsgesellschaft nicht entsprechen, für die wir aber in unserem inklusiven Bildungssystem eine gesetzlich verankerte Teilhabe und Partizipation von Beginn an bereitstellen sollen? Sie brauchen eine verständnisvolle und motivierende, fachgerechte, und auf Alter wie Entwicklungsstand bezogene Unterstützung, was Früherkennung und Frühförderung sowie weiterführende pädagogische bzw. psychosoziale Maßnahmen vom Kindergarten bis ins Erwachsenenalter einschließt.

Gisela Wiesner hat als Erzieherin nach einer fundierten heilpädagogischen Ausbildung, motiviert auch von Erlebnissen in der eigenen Familie, schon vor Jahren damit begonnen, Schülerinnen und Schülern mit Lernschwierigkeiten, vor allem Lese-Rechtschreib- und Rechenschwäche zu helfen. In ihrer vielseitig und ansprechend eingerichteten „Lernpraxis“ konnte sie zahlreiche Kinder und Jugendliche betreuen und deren Schicksal meist bis ins Erwachsenenalter verfolgen. Sie berichtet, dass viele ihrer Schützlinge heute im Beruf erfolgreich sind. Die gewonnenen Erfahrungen hat sie bald auch für die Betreuung von Vorschulkindern nutzbar gemacht und einfühlsam Prinzipien der Erziehung bzw. Förderung im Kindergarten und in der Vorschule erarbeitet;

im vorliegenden Praxisbuch sind diese Aspekte anschaulich und praxisnah dargestellt.

Der Autorin war es stets ein wichtiges Anliegen, den nötigen Kontakt zu vorschulischen und schulischen Einrichtungen, zu Schulämtern und Ministerien sowie zu Forschungsstätten an den nahen Universitäten aufzunehmen, in fachlichen Dialog zu treten und ihre Vorstellungen kritisch zu diskutieren; diese Erfahrungen sind ihr bei der Abfassung des Textes zugute gekommen. Regelmäßig hat sie in der Fort- und Weiterbildung von Erzieherinnen und Erziehern mitgewirkt bzw. solche initiiert und selbst erfolgreich Kurse abgehalten. Entsprechend praxisnah ist die didaktische Gestaltung der vielen Hinweise, die sie Eltern und Erziehern von Vorschulkindern mit Blick auf eine erfolgreiche Schulzeit geben kann. Fragen der kindlichen Entwicklung, neurobiologische Grundlagen und psychologische sowie psychosoziale Aspekte, bei denen durch Forschung und Praxis in den letzten Jahrzehnten bedeutsame Fortschritte erzielt werden konnten, sind angemessen berücksichtigt.
Den Schwerpunkt aber bilden viele erprobte Spielvorschläge zu den einzelnen Bereichen der Wahrnehmung, die in der Vorschulpädagogik besonders zu berücksichtigen sind. Zahlreiche Schaubilder und Tabellen erleichtern die Lektüre und geben wertvolle Hinweise für die tägliche Praxis in Kindergarten, Vorschule und Familie.

Alle Fachkräfte, die sich in das Gebiet der Vorschulpädagogik einarbeiten wollen, aber auch erfahrene Erzieherinnen und Erzieher dürften durch diesen Leitfaden für ihre verantwortungsvolle Arbeit reichlich Unterstützung und Hilfe erfahren. Der Verfasserin und dem Verlag gebührt Dank für die Mühe, dieses besondere Praxisbuch ansprechend gestaltet zu haben. Im Interesse der betreuten Kinder und ihrer Eltern ist ihm eine weite Verbreitung zu wünschen.

Prof. Dr. med. Gerhard Neuhäuser, Linden
Ehem. Leiter der Abteilung Neuropädiatrie und Sozialpädiatrie am Zentrum für Kinderheilkunde und Jugendmedizin des Universitätsklinikums Gießen

1. Wichtiges zur Vorbereitung auf die Schule

Dieses Vorschulprogramm dient als ganzheitliche, grundlegende Vorbereitung auf die Anforderungen, die ein Schulalltag an die Kinder stellen wird. Das Vorschulprogramm wurde nach lerntherapeutisch-heilpädagogischen Gesichtspunkten zusammengestellt und in der praktischen Anwendung für fachlich ausgebildetes Personal (ErzieherInnen, LehrerInnen, PädagogInnen, TherapeutInnen anderer Fachrichtungen ...) ausgearbeitet.

Historie und Idee
Das Vorschulprogramm ist ein ganzheitliches Arbeits- und Förderprogramm, das sich der lerntherapeutisch-heilpädagogischen Grundlagen bedient. Es bezieht sich auf fundierte, pädagogisch wissenschaftliche Erkenntnisse der führenden ErziehungswissenschaftlerInnen und berücksichtigt die Veränderungen in der Gesellschaft (Leistungsgesellschaft), der Familie, der Arbeitswelt, dem Freizeitverhalten und den damit wachsenden Anforderungen an die Schulbildung. Es wendet sich an alle Vermittler, die in diesem heilpädagogischen, ganzheitlichen, lerntherapeutischen Sinne arbeiten.
Da es viele Zusammenhänge zwischen den einzeln behandelten Themenkreisen gibt, kann auf Wiederholungen bestimmter Inhalte in dem jeweils betroffenen Bedeutungszusammenhang nicht verzichtet werden.

1.1 Begriffserklärung

1.1.1 Schulfähigkeit

Als „schulfähig" bezeichnet man ein Kind, das in der Lage ist, die Ansprüche einer Schule mit all ihren inhaltlichen und sozialen Anforderungen zu bewältigen. Der Begriff der Schulfähigkeit hat den Begriff der Schulreife ersetzt. Beim Begriff Schulreife ging man davon aus, dass die Voraussetzungen für den Schulbesuch bei einem Kind von selbst reifen. Heute weiß man, dass die sozialen Erfahrungen und Anregungen in den ersten sechs Lebensjahren eine wichtige Rolle für die Ausbildung der Schulfähigkeit spielen. Schulfähigkeit ist somit das Ergebnis eines langen Entwicklungsprozesses, an dem Familie und Kindertageseinrichtung beteiligt sind.
Ein Kind ist dann für die Schule bereit, wenn es bei zahlreichen Gelegenheiten erfahren hat, dass es selbständig entscheiden und handeln kann, wenn es mit Erfolg und dem Bewusstsein für die eigenen Fähigkeiten ebenso umge-

hen kann wie mit Situationen des „dosierten Scheiterns“, wenn es über Gruppenfähigkeit, Durchsetzungsvermögen, Rücksichtnahme, verbale Ausdrucksfähigkeit, Spielkompetenz, Frustrationstoleranz verfügt. Ebenso müssen die körperlichen Voraussetzungen gegeben sein, und das Kind muss über Basiskompetenzen im emotionalen, sozialen, motorischen und kognitiven Bereich verfügen.
Dies bedeutet, dass die Wahrnehmungsentwicklung positiv verlaufen sein muss.

1.1.2 Emotionale Schulfähigkeit

... bedeutet,

- auch bei schweren Aufgaben nicht zu kapitulieren und sich zurückzuziehen (Belastbarkeit)
- Enttäuschungen verkraften zu können, wie etwa beim Melden nicht immer drangenommen zu werden
- sich angstfrei neuen Situationen stellen zu können, z. B. bei einem vorübergehenden Lehrerwechsel, bei dem nicht alles wie gewohnt läuft, oder bei einer Klassenarbeit, bei der plötzlich neue Aufgabentypen auftauchen
- auch wenn eine Aufgabe nicht sofort richtig gelöst wird, die Zuversicht zu besitzen, es irgendwie mit den vorhandenen Lernkompetenzen auf anderem Weg zu schaffen

1.1.3 Soziale Schulfähigkeit

... bedeutet,

- anderen Kindern zuhören und eigene Wortbeiträge aufschieben zu können
- sich auch durch eine pauschale Ansprache der PädagogInnen an die Klasse persönlich angesprochen zu fühlen, sich der Gruppe zugehörig zu fühlen (du – ihr)
- wichtige Regeln des Gruppenlebens erfassen und meist einhalten zu können
- mit Konflikten konstruktiv umgehen zu können (Aushandeln über Sprache, Kompromisse finden)

1.1.4 Motorische Schulfähigkeit

... bedeutet,

- Finger- und Handgeschicklichkeit, visuomotorische Koordination (z. B.

Sehen und Handbewegungen abstimmen zu können – Auge-Hand-Koordination)
- Eigeninitiative zu ergreifen, z. B. die PädagogInnen mit einer Lösungsidee anzusprechen oder um Hilfe zu bitten
- Belastungen durch andere Kinder oder widrige Umstände (z. B. hoher Lärmpegel) erkennen zu können und dagegen aktiv zu werden
- eine gute Wahrnehmung des eigenen Körpers, einen guten Gleichgewichts-Berührungssinn zu haben

1.1.5 Kognitive Schulfähigkeit

... bedeutet,

- Ausdauer, Aufmerksamkeit und Konzentrationsfähigkeit, sich z. B. eine Viertelstunde mit einem neuen Thema ohne Ablenkung intensiv beschäftigen zu können
- ausreichend Merkfähigkeit und Gedächtnisleistung, um Gehörtes und Gesehenes speichern und wiedergeben zu können
- Neugierde, eigenes Lerninteresse an der Auseinandersetzung mit fremden Lerninhalten
- Fähigkeit zum folgerichtigen Denken, um Beziehungen und Gesetzmäßigkeiten zu erkennen und zu erfassen (Wenn ... dann, weil ... darum, erst ... dann)

Ziel ist es, die Kinder in den Lernbereichen Motorik, Wahrnehmung, soziale Kompetenz, Sprache, Mathematik und Erschließung der Lebenswelt zu fördern.

Übergänge gehören zum Leben jedes einzelnen Menschen und haben großen Einfluss auf die persönliche Entwicklung und die Familie. Als Übergänge werden Lebensereignisse bezeichnet, die für die Betroffenen bedeutsame Veränderungen mit sich bringen.
Übergänge im Leben von Kindern sind mit seinem Eintritt in Betreuungs- und Bildungssysteme wie Kindergarten und Schule verbunden. Auch Kinder müssen bereits Umbrüche verkraften und sind damit konfrontiert, Übergänge zwischen verschiedenen Institutionen der Bildung, Betreuung und Erziehung zu überwinden. Der Kindergarten nimmt innerhalb der Erziehungs- und Bildungsarbeit eine wichtige Rolle ein, da er die erste Stufe unseres Bildungssystems darstellt.
Bildung im Elementarbereich ist ein komplexer Prozess, den es geschickt zu strukturieren gilt, damit die Kinder auf kognitiver, emotionaler, sozialer und psychomotorischer Ebene wichtige Fähigkeiten und Fertigkeiten erlangen können.

Um sich an Bildungs- und Erziehungsplänen zu orientieren, sind die fünf Visionen der zentralen kindlichen Bildung und Erziehung wichtig. Die Kinder sollen in ihrer individuellen Entwicklung so unterstützt werden, dass sie sich zu

1. starken Kindern
2. kommunikationsfreudigen und medienkompetenten Kindern
3. kreativen, fantasievollen und künstlerischen Kindern
4. lernenden, forschenden und entdeckungsfreudigen Kindern
5. verantwortungsvollen und wertorientiert handelnden Kindern

entwickeln können. Diese Kompetenzen sollen dem Kind als Grundlage für lebenslanges Lernen dienen.

1.2 Kompetenzen stärken das Ziel

Die Kompetenzen von Kindern im Vorschulalter zu stärken und sie auf die Grundschule vorzubereiten bedeutet nicht, die Kindertageseinrichtung nach strikten „Lehrplänen" zu verschulen. Ein Wechselspiel aus Beobachtung der von den Kindern ausgeführten Handlungen, pädagogischer Reflexion und einer optimalen wahrnehmungs- und schulvorbereitenden Förderung, sollte die Arbeit prägen. Als wichtigste Voraussetzung ist hierbei das Spiel zu nennen, denn im Spiel werden die Grundlagen allen Lernens erworben. Die Kompetenzen lassen sich in drei Bereiche unterteilen:

- Selbstkompetenz
- Sozialkompetenz
- Sachkompetenz

1.2.1 Selbstkompetenz

Zur Selbstkompetenz gehört das Selbstvertrauen eines jeden Kindes. Es entsteht und wächst im Zusammenspiel mit zuverlässigen Beziehungen. Dabei werden die eigenen Gefühle und die Gefühle anderer reflektiert und beachtet.

Damit ein positives Selbstbild entstehen kann, müssen ein respektvolles Miteinander und eine gut funktionierende Kommunikation die Grundlage bilden. Aus dem Selbstvertrauen heraus entsteht das Selbstwertgefühl. Dieses Gefühl lässt den Einzelnen bewusst eigene Gefühle wahrnehmen und der Umgang mit Frust, Trauer, Wut und Freude wird zum Thema. Sind die Kinder in der Lage, sich selbst zu mögen und zu sich selbst ein positives Gefühl aufzubauen, ruhen sie sicher in sich selbst und können positiv auf andere zugehen und Freundschaften schließen. Die Selbständigkeit entwickelt sich, indem die Kinder befähigt werden bzw. lernen, in allen Lebensbereichen unabhängig zu handeln und sich bei Bedarf Hilfe zu holen, soweit die eigenen Fähigkeiten noch nicht ausreichen. Selbstpflege und Selbstversorgung gehören ebenso zur Selbständigkeit, wie auch eigene Ideen zu entwickeln, diese auszuführen und zu reflektieren.

Kompetenzen stärken
Unser Ziel „Eigenwahrnehmung" ist die Wahrnehmung der eigenen Stärken und Schwächen, sowie das Erkennen der eigenen Gefühle und Bedürfnisse. Ein positives Körperbewusstsein führt zu guten körperlichen Möglichkeiten und zur Akzeptanz der eigenen Grenzen. Anstrengungs- und Leistungsbereitschaft sind für das konzentrierte Arbeiten besonders wichtig. Spiel- und Arbeitsaufgaben können schnell erfasst werden, die Kinder entwickeln Ausdauer, um bei ihrer Sache zu bleiben und sich nicht ablenken zu lassen. Eigene Ideen, Bedürfnisse und Ziele können erreicht werden. Durch die sich immer besser entwickelnde Grob- und Feinmotorik können die Kinder in Bewegung mit großer Freude ihre Umwelt wahrnehmen. Sie können ihre Umgebung entdecken und verändern, was Selbstvertrauen, Selbstbewusstsein und Freude entstehen lässt. Kritikfähigkeit und Frustrationstoleranz sind für den Alltag, im Kindergarten und in der Schule unerlässlich. Hat ein Kind es erst einmal geschafft, sich an Regeln zu halten und Erfolg und Misserfolg zu erleben und damit konstruktiv umzugehen, so gibt es nicht sofort auf, wenn etwas nicht klappt. Das Treffen von Entscheidungen, bei diesen zu bleiben und für die daraus resultierenden Folgen einzustehen, gehört ebenfalls zur Förderung der Kritikfähigkeit und der Frustrationstoleranz. ErzieherInnen und Eltern sind bei der Entwicklung als Kompetenzbegleiter gefragt und können sowohl im Kindergarten als auch im Alltag die Kinder unterstützen.

1.2.2 Sozialkompetenz

Einfühlungsvermögen, sich in die Lage und die Gefühle anderer Menschen, sowie auch anderer Lebewesen hineinzuversetzen und mit ihnen zu fühlen, ist für zwischenmenschliches Miteinander wichtig. Sind die Kinder zu Empathie in der Lage, so können sie Handlungs-, Empfindungs- und Denkweisen verstehen und anerkennen. Aufeinander Rücksicht zu nehmen, Anderen mit Achtung zu begegnen, Freude und Leid zu teilen, andere Meinungen zu hören und zu respektieren, kann im Rahmen des Kindergartens gelernt und in der Familie fortgeführt werden. Rücksichtnahme ist für ein angenehmes Zusammenleben und das Funktionieren einer Gruppe von großer Bedeutung. Wenn die Kinder in der Lage sind, tolerant zu handeln und das eigene Handeln mit den Anderen abzustimmen, sowie körperliche und psychische Grenzen zu berücksichtigen, gelingt es ihnen, sich im Gruppenalltag wohlzufühlen und gemeinsam das Gruppengeschehen zu gestalten. Kontakt- und Kommunika-

tionsfähigkeit sind die Basis, um Freundschaften zu finden und Kontakte zu knüpfen. Die Kinder lernen, mit bekannten und nicht bekannten Menschen in ihrer Umgebung verbal und nonverbal zu kommunizieren. So werden auch Erfahrungen im Umgang mit sozialen Rollen, mit Ablehnung und Anerkennung gemacht und die Kontaktfähigkeit gestärkt.
In allen sozialen Beziehungen kann es zu Konflikten kommen. Um diese konstruktiv zu lösen, bedarf es der Konfliktlösungskompetenz. Kompetenzen und Strategien, mit Konflikten umzugehen werden angeeignet und neue Erfahrungen im Umgang mit solchen Situationen gemacht. Interkulturelle Kompetenz nimmt in unserer heutigen Gesellschaft einen hohen Stellenwert ein. Schon im Kindergarten treffen sich Kinder verschiedener Herkunft, die unterschiedliche Sprachen sprechen und sich in vielerlei Hinsicht unterscheiden. Fremde Überzeugungen, Handlungsweisen und Sitten gelten zu lassen, ist enorm wichtig. Jeder Mensch soll in seiner Einzigartigkeit beachtet werden, damit ihm gegenüber Achtung entstehen kann.

1.2.3 Sachkompetenz

Die Grundvoraussetzung für alles Lernen, Denken und Fühlen ist die Differenzierungs- und Wahrnehmungsfähigkeit. Um sich in der Welt zurechtzufinden, kann der Mensch mit Hilfe seines Wahrnehmungssystems im Gehirn aufgenommene Reize zu einem großen Ganzen verbinden. Auch ein Kind lernt auf diese Weise, Personen, Dinge, Situationen, Zustände und Gefühle einzuordnen. In der Vorschularbeit spielt besonders die auditive Merkfähigkeit und das visuelle Gedächtnis eine Rolle. Bisher Gehörtes kann gedanklich gespeichert und wiedergegeben werden, Inhalte können erfasst und in einen logischen Zusammenhang gebracht sowie optische Symbole und Bilder erfasst und ausgedrückt werden.

Kreativität
Ein kreatives Kind besitzt die Fähigkeit, Einfälle und Ideen zu haben sowie Lösungen hervorzubringen, die es vorher gedanklich entwickelt hat. Kreativität bedeutet etwas Schöpferisches. Man ist selbsttätig und künstlerisch. Kreativität ist aber auch eine Voraussetzung, um menschliche und soziale Probleme der verschiedenen Lebensbereiche lösen zu können. Kreative Ausdrucksformen der Kinder sind schöpferisch und fantasievoll.
Erwachsene müssen dies erkennen und würdigen, um die Kinder zu bestärken.

Mathematische Grundfähigkeiten
Für die Grundschule müssen bestimmte Grundfähigkeiten im Bereich Mathematik vorhanden sein. Im Wesentlichen geht es hierbei um Klassifikationsleistungen, d. h. Dinge nach Gemeinsamkeiten ordnen zu können, die Rela-

tionen von Größen zu unterscheiden (Länge, Breite, Größe, Höhe) und die räumliche Vorstellung. Kinder erlernen zudem das Wissen über Zahlenwörter, Zahlenbilder und Zählfertigkeiten.

Sprachkompetenz
Zuletzt ist unter den Kompetenzen die Sprachkompetenz zu nennen. Sie ist die Voraussetzung für alle Denkprozesse. Hierbei geht es um die Anzahl der verwendeten Wörter und Begriffe, die Verwendung von grammatikalischen Regeln, die Kenntnis der Wortbedeutung und die Flüssigkeit des Ausdrucks.

1.3 Was bedeutet es, lerntherapeutisch-heilpädagogisch zu arbeiten?

Bei der lerntherapeutisch-heilpädagogischen Arbeit steht das Kind mit seinem eigenen Erleben, Empfinden, seiner Wahrnehmung und seinen Fragen im Mittelpunkt. Die ganzheitliche lerntherapeutisch-heilpädagogische Förderung unterstützt das Kind dabei, sich mit seiner Umwelt forschend und kre-

Grundbedürfnisse des Vorschulkindes

ativ auseinanderzusetzen. Sie regt es an, die Umwelt zu erkunden und für sich zu nutzen. Der ganzheitliche Ansatz fordert, dass Körper, Geist und Seele gleichermaßen Beachtung erfahren. Somit sollte der Lernstoff sowohl auf der sensomotorischen Ebene als auch auf der kognitiven und der emotionalen Ebene vermittelt werden.
Dabei gibt es kein „Richtig oder Falsch“, sondern es gilt,

- den Prozess der Auseinandersetzung mit dem Material, der Aufgabenstellung, der Situation, der Information ... anzuregen und zu begleiten
- das Verbalisieren zu fördern (Begriffe mit dem passenden Inhalt füllen)
- die Bereitschaft zur Diskussion zuzulassen, zu lenken
- Erfahrungen mit allen Sinnen, auf allen Ebenen zu sammeln
- stets anregende, wohlwollende und unterstützende Begleitung anzubieten

Mit individuellen Unterschieden und kultureller Vielfalt umgehen

Sowohl in der Institution Kindergarten als auch in der Grundschule müssen die Professionellen in der Lage sein, mit den unterschiedlichsten Individuen umzugehen. Die kindliche Entwicklung ist geprägt durch verschiedene Merkmale, die bei jedem Kind anders sind. Die sozialen und kulturellen Erfahrungen, die ein jedes Kind mit in die Einrichtung bringt, sind grundlegend unterschiedlich. Ebenso die sprachlichen und interkulturellen Voraussetzungen, mit denen es zu arbeiten gilt. Auch die Leistungs- und Lernmotivation ist neben der emotionalen Entwicklung ein weiterer Teil der individuellen Unterschiede, die zu erkennen und zu begleiten sind. Da das pädagogische Handeln zum Ziel hat, alle Kinder ihren Fähigkeiten nach zu fördern und jedem Einzelnen gute Bildungschancen zu bieten, müssen die unterschiedlichen Entwicklungsvoraussetzungen anerkannt werden.
Hierbei sollte die Heterogenität (Verschiedenartigkeit) der Kinder durch ein angemessenes Konzept und gute Verständigungen zwischen den Einrichtungen und den Eltern, gewährleistet sein. Von Seiten der Beteiligten werden hohe Aufmerksamkeit und Sensibilität erwartet, damit die Möglichkeiten und Bedürfnisse erkannt und eingeschätzt werden können.

1.4 Ein Vorschulprogramm

Wie erreicht man eine gute Vorbereitung der Kinder auf die Schule? Indem man sich als PädagogIn seiner Rolle, seiner Position und seiner Vorbildfunktion als VermittlerIn bewusst ist: „Vermittler werden ist nicht schwer, Vermittler sein dagegen sehr!“ Dazu gehört die bereits erwähnte Neugierde, die Freude und die Leistungsbereitschaft, die in der VermittlerIn selbst – also Ihnen –

„brennen“ muss, um sie wiederum den Kindern vermitteln und in ihnen wecken zu können. Eine gründliche Auseinandersetzung mit dem und Vorbereitung auf das jeweilige(n) Thema und den entsprechenden Arbeitsblättern sind weitere Bausteine.
Mit welchen Methoden unterstützt man den Lernprozess? Man arbeitet individuell, kleinschrittig, kreativ, anregend, wohlwollend, Spaß bringend, ... und setzt dabei die nachfolgenden Methoden ein.

1.4.1 Methoden

Den Kindern die „kleinstmögliche Hilfestellung“ anzubieten bedeutet, so wenig wie möglich aber so viel wie nötig an Hilfe zu gewähren:

1. Hilfestellung = passive Hilfe: aufmunternder, unterstützender Blickkontakt
2. Hilfestellung = hinweisende Hilfe durch „offene“ Fragestellung: „Überleg noch einmal, schau noch einmal genau hin, wie könnte das gemeint sein? ...“
3. Hilfestellung = erklärende Hilfe durch konkrete Fragestellung und Hinweise: „Hast du gesehen, dass ...? Versuch doch mal ...“
4. Hilfestellung = demonstrierende Hilfe durch Vorführen der Lösungsstruktur: „Wir nehmen jetzt, ...; wir machen das zusammen ...; ich zeige dir wie ...; ...“

Die folgende 4-Schritt-Arbeitsregel ebnet den Kindern den Weg zum Erlernen und Anwenden von planvoll strukturiertem Erarbeiten einer gestellten Aufgabe. Je intensiver diese Regel eingeübt und angewendet wird, desto zügiger, sicherer und fehlerfreier können die Lern- und Lebenssituationen bewältigt werden.

1. Schritt = ganz genaues Betrachten und Benennen der gestellten Aufgabe
2. Schritt = Hinweise/Informationen herausfinden, die wichtig für die Lösung der Aufgabe sind und diese ggf. aufzeigen
3. Schritt = die Aufgabe der Reihenfolge nach, Schritt für Schritt, erarbeiten
4. Schritt = Kontrolle, Überprüfen

Diese Abfolge der „4-Schritt-Arbeitsregel“ sollte bei jeder Aufgabe angewendet werden!

Das Ziel ist es, die Kinder zu befähigen, mit zukünftigen Lern- und Lebenssituationen zielgerichteter, sicherer, eigenverantwortlicher und flexibler umgehen zu können. Neben den verbindlichen Zielen (z. B. dem Verbalisieren üben) gilt es, eine Vielzahl von Anregungen zu geben, um den Lernprozess individuell anzustoßen und die natürliche Neugierde und Lernfreude zu fördern, somit die Basis für eine lebenslange Lern- und Leistungsbereitschaft zu ebnen.

„In dir muss brennen, was du in anderen entzünden willst."

Aurelius Augustinus

Das Kind lernt,

- den Erwerb und die Anwendung der Grundfertigkeiten des Lernens kennen
- eigenständig und eigenverantwortlich Aufgabenstellungen zu erfassen und die dazugehörigen Lösungswege zu finden
- SELBST – WERT zu erkennen
- SELBST – SICHERHEIT aufzubauen
- SELBST – VERTRAUEN zu stärken
- SELBST – STÄNDIG zu arbeiten
- SELBST – BEWUSST zu handeln
- eigenständige Lernkompetenz zu entwickeln und anzuwenden
- die eigenen Fähigkeiten zu erkennen und bestmöglich zu nutzen

1.4.2 Der Aufbau der Vorschularbeit

In der Vorschularbeit finden die folgenden Themenbereiche Anwendung:

- Teil 1 = die Sinne: Sehen, Hören, Riechen, Schmecken, Fühlen
- Teil 2 = die Grundfertigkeiten des Lernens: Raumorientierung, Vergleichen, Reihenfolge, planvoll strukturiertes Arbeiten, Kategorisieren, analytische Wahrnehmung, Zusammenhänge erkennen.

Die einzelnen Themengebiete stehen nie separiert, sondern sie ergänzen und bedingen einander, sind immer als Ganzes zu begreifen. Sie greifen wie Zahnräder eines Uhrwerks ineinander. Je besser die Verzahnung passt, desto ruhiger und störungsfreier dreht sich das Uhrwerk, funktioniert der Lernprozess. Die Inhalte der Übungen sollten so aufgebaut sein, dass die Kinder vom „Einfachen zum Komplexen" übergehen können. Ihre Aufgabe als VermittlerIn ist es, ihnen die Lernerfahrungen mit allen Sinnen und vielfältigsten Mitteln näher zu bringen.
Nutzen Sie die verschiedenen Aktivitäten „nur" als Anregung.
Binden Sie die Themen in den Kindergarten aktiv ein. Nehmen Sie auch außerhalb der Förderstunde Bezug auf die Inhalte und vermitteln Sie so oft wie möglich den passenden Transfer. Greifen Sie auf anregende Materialien zurück (Naturmaterialien, Ball, Springseil ...) und übertragen Sie „alles" in BEWEGUNG: Gummitwist, Seilspringen, Treppensteigen, Hüpfen, Laufen, Rennen, Krabbeln, ...

Die Arbeitsblätter sollten bewusst einfach und übersichtlich gehalten sein, um durch die Reizminimierung den Fokus der Kinder auf das Wesentliche zu lenken und ihre Konzentration auf die Aufgabe zu fokussieren.

Schulfähigkeit

„Nichts geht in den Verstand, was nicht vorher in den Sinnen war.“

(John Locke)

2. Wahrnehmung und Entwicklung

2.1 Wahrnehmung & Spiel als Grundlagen des schulischen Lernens

Für bestimmte Wahrnehmungsmodalitäten und Wahrnehmungsprozesse gibt es spezifische Definitionen, wie z. B: Externe und interne Reize werden in nervöse Impulse umgesetzt, die in unterschiedlichen Hirnarealen verarbeitet und aufbereitet werden und zu Empfindungen bzw. Wahrnehmungen führen. Selbst in den einfachsten Modellen wird die Wahrnehmung von der aktuellen Situation, von Vorwissen/Erfahrungen sowie angeborenen Aktivitätsmustern und Schaltkreisen beeinflusst. Durch moderne Diagnostikverfahren können Veränderungen der Hirndurchblutung, der bioelektrischen Aktivität und des Stoffwechsels detailliert gemessen werden. Vermehrt durchblutete Hirnareale werden z. B. beim Sprechen oder bei motorischen Aktivitäten beobachtet. Es werden aber nicht nur spezifische Areale aktiviert, sondern auch andere Bereiche, die mit Wahrnehmung und motorischer Aktivität in Verbindung stehen.

Wahrnehmungsprozesse finden selten isoliert in einer einzigen Modalität statt, sondern fast immer in Kooperation oder Assoziation mit anderen.

Obwohl die Wahrnehmung als ein elementarer Vorgang in unserem Leben angesehen wird und es schon im Altertum philosophische und biologische Erklärungsmodelle gab, fehlt bis heute eine allgemein verbindliche Definition. Eine der wichtigsten Aufgaben der Wahrnehmung ist die Organisation der ständig einströmenden Reize von äußeren „Energiequellen“und inneren, z. B. den von anderen Hirnarealen ausgehenden Stimulationen. Wahrnehmung selbst ist weder der physikalische Reiz, noch sein Abbild in einem Rezeptor, sondern der gesamte Prozess des „Erfahrbarmachens“ von Ereignissen und Gegenständen.

Somit ist die Entwicklung der Sinne als Grundstein der kindlichen Entwicklung zum schulischen Lernen und des Schriftspracherwerbs anzusehen.

Kinder brauchen die unterschiedlichsten Sinneserfahrungen, um sich gut zu entwickeln und ihre Umwelt und sich selbst zu verstehen.

Die wichtigsten Sinne sind Riechen, Schmecken, Tasten, Spüren, Sehen und Hören.

Sie werden beim Spielen und bei vielen alltäglichen Handlungen wie Essen, Anziehen, Waschen, etc. geübt. Bestimmte Handlungen werden immer wieder ausgeführt und damit so ganz nebenbei neue Fähigkeiten und Fertigkeiten erworben. Bestimmte Handlungen wiederholt das Kind, bis es sie kann, danach sucht es sich neue Herausforderungen.
Die Sinne helfen ihm dabei, die Umwelt wahrzunehmen. Wahrnehmung bedeutet, etwas mit den Sinnen zu erfassen, einzuordnen und zu verstehen. Was man sieht, hört, spürt, riecht und fühlt, werden als Sinnesreize im Gehirn zu einem Ganzen zusammengefügt. Dazu werden die neuen Eindrücke mit gespeicherten Erfahrungen verglichen und interpretiert.
Wenn man etwas neu lernt, muss man bewusst über jeden Schritt nachdenken. Durch viele Wiederholungen wird dies automatisiert und rasch im Gehirn abrufbar. Damit gibt es neue Kapazität für Erfahrungen.
Es ist wichtig, die persönliche Lernentwicklung des Kindes zu kennen, sie geschieht meist in derselben Reihenfolge, jedoch in sehr unterschiedlicher Geschwindigkeit.

Nur wenn mit allen Sinnen Körper und räumliche Umwelt entdeckt werden können, verläuft die Entwicklung altersentsprechend.

Es ist sinnvoll, ein Kind solange auf seiner aktuellen Entwicklungsstufe zu unterstützen, bis die nächste Stufe erreicht ist. Nur so kann vermieden werden, dass es Aktivitäten ausführt, die es noch gar nicht bewältigen kann (Überforderung).
Aber auch eine Unterforderung führt u. U. dazu, die Lust und das Interesse am eigenen Tun zu verlieren. Wir müssen imstande sein, unsere Empfindungen, Wahrnehmungen und Handlungen zu ordnen und miteinander zu verbinden. Das geschieht durch ständige Auseinandersetzung mit der Umwelt und in der Regel automatisch.
Unterstützung soll in vielen Varianten angeboten werden: Nimmt man z. B. spontan Anregungen vom Kind auf, fühlt es sich mit seinen Bedürfnissen wahrgenommen.
Wichtig ist es, dass die Aufgaben auch Spaß machen. Aufgaben zu schaffen, gibt Selbstvertrauen und Zufriedenheit, durch erfolgreiche Erfahrungen bekommt man den Mut, um sich auf Neues einzulassen. Daher ist es so wichtig, an den Stärken eines Kindes anzuknüpfen, wenn man es unterstützen will.
Eine gute, vertrauensvolle Beziehung schafft emotionalen Schutzraum, um sich mit neuen, unbekannten und schwierigen Situationen auseinanderzusetzen.

Erfahrungen mit allen Sinnen sind unumgänglich. Beim „Selbermachen" werden alle Sinnessysteme aktiv!

Neugier, Interesse und Bewegungslust sollten geweckt werden. Dies regt das Kind an, selbständig zu lernen. Möglichkeiten zum Experimentieren – aber auch sich zurückzuziehen sind wichtig. Die Umgebung muss sicher sein, eine bestimmte Ordnung ist hilfreich.
Dazu benötigt man klare Regeln und Grenzen – Konsequenz und Kontinuität. Was ein Kind allein tun kann und möchte, sollte ihm nicht abgenommen werden. Es gibt dem Kind sehr viel Selbstvertrauen, wenn man seinen Wunsch, etwas alleine zu tun, akzeptiert und ihm Zeit lässt, das Vorhaben auch auszuführen.
Dabei sollte man vermeiden, dass Aktivitäten ausgeführt werden, die das Kind alleine noch gar nicht bewältigen und verarbeiten kann. So lernt es, seine Möglichkeiten realistisch einzuschätzen und bekommt Vertrauen in seine Fähigkeiten. Es wächst sozusagen mit seinen Aufgaben.

Wie Kinder lernen

Wenn wir wahrnehmen, denken und lernen, verarbeitet unser Gehirn Impulse. Nervenzellen kommunizieren miteinander an ihren Schnittstellen, den Synapsen. Aufgrund der Verarbeitung verändern sich diese, weil unser Gehirn versucht, möglichst effektiv und schnell zu arbeiten und sich an den Verarbeitungsbedarf anzupassen – Verbindungen werden verstärkt, wenn sie viel genutzt werden oder werden geschwächt bzw. verschwinden ganz bei Nichtbenutzung (siehe Seite 109). Die Gehirnentwicklung ist dabei abhängig von dem, was wir in unserer Umwelt erleben und welche Erfahrungen wir machen. Für Kinder trifft dies in besonderem Maße zu, da das kindliche Gehirn noch sehr viele nicht ausgeprägte, aber angelegte Verbindungen besitzt, die sich erst noch entwickeln müssen. Es weist eine besonders hohe Neuroplastizität auf, so dass in den ersten Jahren des Lebens sehr viel schneller neue Informationen aufgenommen und abgespeichert werden können, weil hier noch eine sehr große Flexibilität vorhanden ist.
Das kindliche Gehirn bildet dabei auch völlig neue Verbindungen, während wir als Erwachsene darauf zurückgreifen, was sich bereits an Verbindungen gebildet hat, auch wenn wir etwas ganz Neues lernen. In den Verbindungen, die sich in der Kindheit ausbilden, spiegelt sich vor allem das wider, was das Kind häufig erlebt. Kinder lernen vor allem durch Nachahmen, Ausprobieren, die aktive Auseinandersetzung mit Fragen und Herausforderungen und durch Begreifen mit allen Sinnen. Gerade in der Kindheit spielt die konkrete Erfahrung eine wichtige Rolle: Wie fühlt sich etwas an, wie schmeckt es, was passiert, wenn ich daran herumdrücke, es umdrehe, damit hantiere? Über

die sinnliche Wahrnehmung bauen sich elementare Erfahrungen auf, die das Gehirn braucht, um komplexere Zusammenhänge zu verstehen. Kinder lernen das, was sie häufig tun. Darum wiederholen sie viele Verhaltensweisen immer wieder, manchmal so intensiv, dass es uns als Erwachsene nervt oder Sorgen bereitet.
Kinder lernen individuell, jedes Kind nach seinem Tempo, Interesse und seinen Fähigkeiten. Kinder lernen aktiv, sie versuchen selber Situationen zu erzeugen, die ihnen anregende Erfahrungen verschaffen.

Was passiert beim Lernen im Gehirn – Bedeutung konkreter Erfahrungen – Beobachtung
Beim Frühstück in der Kinderkrippe geht es hoch her. Sechs Kinder zwischen ein und zwei Jahren sitzen miteinander am Tisch. Eines ist mit einem Müsli beschäftigt, ein anderes knabbert an einer Reiswaffel. Plötzlich fällt ein Glas um, das Wasser läuft über den Tisch. Zwei Kinder nutzen die Gelegenheit: sie patschen in die Wasserpfütze, probieren aus, wie weit das Wasser spritzen kann, wie es sich anfühlt, wenn es den Arm herunter rinnt und ob es anders schmeckt als aus dem Glas. Die Erzieherin reagiert genervt, nimmt ein Tuch und trocknet Kinder und Tisch. „Wieso müsst ihr hier so ein Durcheinander veranstalten?", fragt sie. Dabei haben die beiden Kinder eine Situation doch nur als Lernanlass genutzt – gefühlt, ausprobiert, geforscht.

Im Verlauf der Entwicklung von Kindern gibt es kritische Perioden für bestimmte Prozesse: Aus dem Zusammenspiel von Reifung und Lernen lassen sich unter anderem die sogenannten kritischen oder sensitiven Perioden ableiten. Mittlerweile wird davon ausgegangen, dass diese empfindlichen Zeitfenster in allen Lernprozessen von Bedeutung sind. Es gibt „[...] in der Entwicklung jedes Menschen sensible ‚Zeitfenster', die für eine Weile offen stehen und in denen nach funktionellen Kriterien entschieden wird, welche Gehirnverbindungen übrig bleiben und welche wieder ‚eingeschmolzen' werden. Im Laufe der Entwicklung öffnen sich neuronale Fenster quasi explosionsartig und in noch viel stärkerem Maße als bisher angenommen, wird die Entwicklung des menschlichen Gehirns durch nutzungsbedingte Bahnungs- und Strukturierungsprozesse bestimmt." (Beck 2003, 4) Lernen findet oft in anderen Situationen statt als gedacht und vor allem anders, als von Erwachsenen, Eltern und Fachkräften geplant. Wichtig für das Lernen sind das individuelle Interessen und der Bezug zur Lebenswelt des Kindes.

Wie aber lernt das Kind am besten?
Das Kind lernt über Sinneswahrnehmung und Bewegung seine Umwelt kennen. Es muss Dinge sehen, hören, fühlen, riechen, schmecken und sich bewe-

gen, um Informationen über sich und seine Umwelt zu erhalten. Seine kognitive Entwicklung (die Entwicklung der Wahrnehmung) hängt maßgeblich von seinen sensomotorischen (Empfindungs- und Bewegungs-)Erfahrungen ab.
Die Basissinne, auch Körpersinne genannt, sind der Hautsinn, die Tiefensensibilität und der Gleichgewichtssinn. Diese sind verantwortlich für die innere Wahrnehmung, die Eigenwahrnehmung. Ergänzend dazu haben wir den Gesichtssinn, den Hörsinn, den Geruchssinn und den Geschmackssinn, die uns gemeinsam mit den Basissinnen eine differenzierte Wahrnehmung unserer Umwelt ermöglichen.
Die Basissinne sind schon vor der Geburt im Mutterleib entwickelt. Auf diesen baut die Weiterentwicklung des Kindes auf, und sie sind für die frühkindliche Entwicklung besonders wichtig!
Sinneswahrnehmung ist nur selten auf ein Sinnessystem beschränkt; es braucht das Zusammenwirken aller Sinnessysteme.

2.2 Die Bedeutung der Sinne

Der Mensch verfügt über 6 Sinne(sorgane): Auge (sehen), Nase (riechen), Haut (fühlen/tasten), Ohr (hören + Gleichgewichtssinn).

- **Äußere Wahrnehmung:** Der Mensch nimmt seine Umwelt über die Sinnesorgane wahr. Die Verarbeitung der von außen einwirkenden chemischen oder physikalischen Reize ist von Erfahrungen abhängig. Jeder Reiz sorgt für einen spezifischen Nervenimpuls, der über die Nervenbahnen zum Gehirn geleitet wird. Im Gehirn werden die Reize in entsprechende subjektive Empfindungen umgesetzt.

- **Innere Wahrnehmung:** Auch die innere Wahrnehmung über die körpereigenen sensiblen Systeme trägt zur Entstehung des subjektiven Weltbildes bei. Gefühle wie Hunger und Stimmungen wie Trauer beeinflussen das Bild des Menschen von dieser Welt, ebenso wie Einstellungen und Vorurteile.

Für gut entwickelte Kinder ist die Förderung ihrer Wahrnehmung durchaus sinnvoll.
Kinder mit einer Wahrnehmungsschwäche brauchen aber eine besonders intensive Sinnesschulung.
Aber warum?

- Kinder möchten durch „sinnvolles“ Handeln, also durch Handeln mit möglichst vielen Sinnen die Welt erforschen. Sie haben viel Freude daran und fördern somit ihre Entwicklung.
- Sinnliche Erlebnisse steigern die Vernetzung von Nervenzellen im Gehirn (Synapsenbildung). Diese Vernetzungen sind unbedingt nötig für

die intellektuelle Entwicklung. Somit stellt die Ausbildung der Sinne ein zentrales Element der intellektuellen Entwicklung dar.

- Kinder brauchen unmittelbare sinnliche Erfahrungen, um Gefahren richtig einschätzen zu können. Dies wirkt oft viel nachhaltiger als Belehrungen und Ermahnungen durch die Erwachsenen. Wird einem Kind z. B. verboten, einen Kaktus anzufassen, wird es kaum begreifen warum es das nicht soll. Erst das Zugreifen und die damit verbundene Schmerzwahrnehmung lassen es verstehen, dass diese Pflanze einen Abwehrmechanismus hat.
- Heutzutage stehen Kindern kaum noch Spiel- und Bewegungsräume zur Verfügung. Der wachsende Verkehr, der Siedlungsbau, zunehmende Rücksichtslosigkeit in der Gesellschaft, berufliche Anspannung, bewirken, dass die Kinder sich viel mehr in Innenräumen aufhalten. In der Folge haben die Kinder immer weniger Möglichkeiten, um draußen Sinneserfahrungen zu sammeln und sich auszutoben. Oft verhindert auch ein kleines und überfülltes Kinderzimmer ein lebendiges Spielen. Daraus folgt oft die Abstumpfung der körpernahen Sinne. Alle Sinnesorgane brauchen Anregungen, um zu funktionieren, brauchen Training, müssen benutzt werden, um sich optimal entwickeln zu können und nicht zu verkümmern.

Straßenverkehr
Unter anderem hängt auch die Sicherheit im Straßenverkehr von den Sinnesleistungen ab.

- Sicheres Radfahren setzt voraus, dass sämtliche Sinne gut ausgebildet sind. Das Kind muss die Richtung einhalten, das Gleichgewicht halten, lenken, die Pedale treten, auf andere Verkehrsteilnehmer achten, mit plötzlichen Zwischenfällen rechnen usw. Es muss schnell auf ein Hupen reagieren, zügig Verkehrsschilder erkennen, das Gleichgewicht schnell stabilisieren.

Diese psychomotorischen Fähigkeiten für die sichere Beherrschung des Fahrrades sind erst mit ca. 9–10 Jahren ausgebildet.
Darum ist ein umfassendes und beständiges Trainieren der Sinneswahrnehmungen von großer Bedeutung.

- Im Alter von 6–7 Jahren können Kinder nicht gleichzeitig geradeaus rennen und dabei den Kopf zur Seite drehen. Überqueren sie z. B. eine Straße, ist es durchaus möglich, dass sie seitlich nahende Gefahren nicht sehen. Blicken sie doch zur Seite, kann dies einen Gleichgewichtsverlust und somit einen Sturz herbeiführen. Je schneller sie laufen, desto weniger funktioniert ihre Sensomotorik.

Defizitäre Sinnesleistungen haben oft emotionale Krisen zur Folge. Die Kinder wirken oft tollpatschig, weil sie z. B. Dinge fallen lassen. Im psychomotorischen Bereich fehlt es ihnen an Gleichgewicht, Geschicklichkeit und Sicher-

heit. Sie erleben Misserfolge, sind oft müde und überanstrengt wegen des hohen Energieaufwandes, den sie wegen der mangelnden Sinnesausprägung aufbringen müssen. Oft werden Wahrnehmungsdefizite erst spät erkannt und somit berücksichtigen viele PädagogInnen dies nicht. U. U. werden diese Kinder sogar gemaßregelt oder man unterstellt ihnen Faulheit und mangelnde Aufmerksamkeit. All dies kann zu Selbstwertproblemen oder Aggressionen führen.
Hier wird deutlich, wie wichtig eine intensive Beobachtung, mit einer daraus folgenden Förderung der Sinneswahrnehmungen, ist.

2.3 Wahrnehmung: Definition

Der Begriff Wahrnehmung wird im Allgemeinen als der Vorgang definiert, Reize aufzunehmen und zu verarbeiten. Diese können äußeren Einflüssen aus der Umwelt unterliegen oder auch vom Körper selbst kommen. Der jeweilige Gesamteindruck entsteht durch die Zusammenführung verschiedener Reize und deren Interpretation. Da die Verarbeitung der Reize sowie die hieraus resultierende Informationsgewinnung einer strengen Filterung unterliegen und basierend auf dem jeweiligen Wissensstand und Erfahrungsschatz erfolgen, ist jede Wahrnehmung subjektiv. Für die betreffende Person entsteht allerdings oftmals der Eindruck von Objektivität, weil die Reizverarbeitung üblicherweise unbewusst und somit unbemerkt stattfindet.

Wahrnehmung ist ein Informationsgewinn durch Umwelt- und Körperreize. Es wird unterschieden zwischen innerer und äußerer Wahrnehmung: die innere meint die Körperwahrnehmung wie Gefühle, die äußere die Umweltwahrnehmung wie die Mitmenschen und Dinge. In einem psychophysischen Prozess erhält der Organismus eine anschauliche Repräsentation der Umwelt und des eigenen Körpers.

- In der Psychologie und Physiologie bedeutet Wahrnehmung die Aufnahme, Interpretation, Auswahl und Organisation von Informationen.
- In der Biologie bedeutet Wahrnehmung, die Fähigkeit des Organismus', mit den Sinnesorganen Informationen (Reize) aufzunehmen und zu verarbeiten.
- In der Philosophie bedeutet Wahrnehmung das sinnliche Abbild der objektiven Realität im Zentralen Nervensystem.

Die aufgenommenen Reize werden verarbeitet, ausgewertet, zum Teil gespeichert, mit anderen Informationen verglichen und verknüpft, um eine Reaktion als Antwort nach außen zu senden.

Somit ist Wahrnehmung der Grundbaustein der kindlichen Entwicklung.

Ein gesund entwickeltes Kind kommt mit all dem, was es für die Entwicklung seiner Intelligenz (Schulreife) benötigt, auf die Welt. Es besitzt von Geburt an Kompetenzen, mit denen es seinen Bildungsweg selbst gestaltet. Es ist neugierig, will erforschen und entdecken und ist sehr interessiert. Seine Bildungshilfen sind die Sinne, die immer auf Empfang gestellt sind. In einer gut vorbereiteten Umgebung mit sinnvollen Impulsen macht das Kind im Alltag seine vielfältigen Erfahrungen. Eine anregende Umgebung sowie wahrnehmungsorientierte Impulse regen die Wahrnehmungsfähigkeit des Kindes an und unterstützen seinen Lernwillen.

2.4 Definition der Wahrnehmung in der Psychologie

In der Biologie wird die Wahrnehmung als Fähigkeit eines Lebewesens definiert, mithilfe seiner Sinnesorgane Reize und Informationen aufzunehmen sowie zu verarbeiten. Die Psychologie hat hingegen eine andere Auffassung und betrachtet die Wahrnehmung als Prozess von der Aufnahme bis zur Interpretation von Sinneseindrücken. Für Psychologen ist somit nicht jeder Reiz eine Wahrnehmung, denn zu dieser kommt es nur im Falle einer kognitiven Verarbeitung des Sinneseindrucks. Demnach erscheinen ausschließlich Informationen relevant, die als Antwort auf das eigene Verhalten gewertet werden oder eine Adaption erfordern. Folglich werden die Informationen stark gefiltert, so dass eine hohe Subjektivität entsteht.

Lernprozesse basieren aus psychologischer Sicht auf der individuellen Wahrnehmung, schließlich ergeben sich aus dieser die Reaktionen eines Individuums auf seine Umwelt. In Anbetracht dessen ist es nur logisch, dass sich die Pädagogik als Erziehungs- und Bildungswissenschaft intensiv mit Wahrnehmungsstörungen beschäftigt. Wird das Erlebte gestört wahrgenommen und verarbeitet, kann es zu Auffälligkeiten kommen, die sich mitunter als behandlungsbedürftig erweisen und das gesamte Leben des Betroffenen beeinträchtigen. Insbesondere wenn Wahrnehmungsstörungen nicht durch organische Probleme der Sinnesorgane ausgelöst werden, sondern aus einer fehlerhaften Verarbeitung der Sinnesreize resultieren, ist eine psychologische Behandlung sinnvoll und eventuell erforderlich. In diesem Zusammenhang ist die Wahrnehmungspsychologie als Disziplin der Psychologie von großer Bedeutung und liefert nicht nur eine Definition zum Begriff Wahrnehmung, sondern auch entsprechende Ansätze.

Wahrnehmung ist ein psychischer Vorgang, durch den der Mensch Informationen aus seiner Umwelt (äußere Wahrnehmung) und aus seinem Inneren (innere Wahrnehmung) erhält.

2.5 Was hat Wahrnehmung mit Lernen zu tun?

Alle Informationen, die wir über die Welt erhalten, bekommen wir über unsere Sinne. Weil der größte Teil der Sinneseindrücke **unbewusst** verarbeitet wird, sind wir uns dieser Vorgänge nicht bewusst.

Dennoch senden unsere Sinneszellen pausenlos Informationen von den Augen, den Ohren, vom Mund, der Nase, der Haut, den Muskeln, Gelenken, Sehnen etc. zum Gehirn.

Beim **Thema Lernen** denken wir meist nur an unsere Fernsinne: die **Augen** und **Ohren**. Weniger bekannt ist, dass wir dazu auch unsere „tieferen" Sinne – unsere **Körpersinne** – benötigen.

Der Gleichgewichtssinn z. B. spielt bei der Muskelgrundspannung, der Abstimmung der beiden Körperhälften und dem Aufrechthalten des Kopfes eine zentrale Rolle. Er stimmt automatisch die Bewegungen von Augen, Kopf und Körper aufeinander ab. Wenn dieser Sinn nicht gut arbeitet, ist es z. B. für eine Schülerin oder einen Schüler sehr schwierig, zwischen Tafel und Heft hin- und herzuschauen, ohne ständig die passende Zeile suchen zu müssen.

Alles was man lernen will, muss erst einmal wahrgenommen werden. Das Gehirn kann nicht selber sehen, hören, fühlen, es ist auf die Wahrnehmung angewiesen. Im Gehirn muss das Wahrgenommene weiterverarbeitet, sinngebend verknüpft und gespeichert werden. Erst durch die vielen Verknüpfungen begreift man letztendlich, kann man sich etwas merken und das Gelernte anwenden.

Wahrnehmung ist ein aktiver Prozess, bei dem sich Kinder mit allen Sinnen ihre Umwelt aneignen und sich mit deren Gegebenheiten auseinandersetzen.

Kinder erobern sich ihre Umwelt über Sinneserfahrungen (Riechen, Fühlen, Schmecken, Hören, Tasten, Sehen). Sinneserfahrungen, die das Kind also selber macht und die verarbeitet werden, schaffen **Verknüpfungen im Gehirn** (Nervenbahnen werden zwischen Nervenzellen aufgebaut). Reize werden als

Information ans Gehirn weitergeleitet, dort gespeichert und bei Bedarf wieder abgerufen. Je mehr Freiraum das Kind bekommt, um Sinneserfahrungen zu machen, desto mehr Verknüpfungen entstehen im Gehirn, um die Umwelt in sich aufzunehmen, zu erfassen und zu begreifen.

Diese Verknüpfungen sind die Grundlage für das **Denken**. Denken wiederum ist Voraussetzung für **Lernen.**

Wahrnehmung beeinflusst die Entwicklung für das schulische Lernen.

So auch die sprachliche Kompetenz wie z. B.:

1. Störungen der kinästhetischen Wahrnehmung können zu Problemen in der Lautbildung führen. Sind Sprechbewegungen fehlerhaft, können Laute nur schwer unterschieden werden, was unweigerlich zu Schreibfehlern führt.
2. Die Visuomotorik stellt eine zentrale Basis des Schreibens dar. Kann ein Kind Auge und Hand nicht in einem adäquaten Verhältnis zueinander steuern, dann wird es ihm kaum gelingen, Buchstaben korrekt zu schreiben und in der Zeile zu bleiben.

Somit ist es unerlässlich, die kindliche Sinnesentwicklung zu beobachten und zu fördern.

2.5.1 Sehen, hören, schmecken, tasten ... ein Katalog der Sinne

Häufig ist im Alltag vom „siebten Sinn“ die Rede. Auch in der Wissenschaft spricht man in der Regel von den sieben Sinnsystemen des Menschen:

- Sehen – die visuelle Wahrnehmung der Welt über das Auge
- Hören – mit Hilfe des auditiven Systems ist man „ganz Ohr“
- Tasten, Fühlen – die Haut bestimmt als größtes Organ den taktilen Sinn
- Riechen – immer der Nase nach, so funktioniert das olfaktorische System
- Schmecken – das gustatorische System bringt uns mit der Zunge auf den Geschmack
- Körperliche Bewegungen wahrnehmen – das kinästhetische System umfasst den Sinn für Raum-, Zeit-, Kraft- und Spannungsverhältnisse der eigenen Bewegung

- Gleichgewicht halten – dank des vestibulären Systems bleiben wir in der Balance

Wirklich gute Voraussetzungen, um mit allen Sinnen die Welt zu erkunden! Doch unsere technisierte und oft bewegungsfeindliche Lebenswirklichkeit fördert zumeist nur einseitiges Erleben. Sie verhindert, dass Kinder ungezwungen und frei Sinneseindrücke aller Art sammeln können. Natur und Alltag werden vielfach nur noch aus zweiter Hand erlebt: über Fernsehen, Computer, Automaten und vorgefertigte Lebensmittel. Das führt sowohl zu Reizüberflutung als auch zu Erfahrungsarmut. Die Folgen bleiben nicht aus. So hat man inzwischen beispielsweise herausgefunden, dass Kinder, die nicht balancieren oder rückwärts laufen können, Schwierigkeiten mit Rechenaufgaben haben. Auch haben kindliche Konzentrationsschwierigkeiten und Wahrnehmungsstörungen zugenommen.

2.5.2 Sinnliche Wahrnehmung spielerisch fördern

Doch Sie können diesem Manko entgegenwirken, indem Sie spielerisch das Zusammenspiel aller vorhandenen sinnlichen Bereiche stimulieren und fördern. Schließlich wissen Sie als ErzieherInnen am besten, wo die sinnlichen Stärken und Schwächen des Kindes liegen. Bieten Sie ihm deshalb die Möglichkeit, nicht nur seinen bevorzugten Sinneskanal weiterzuentwickeln, sondern ganzheitliche Erfahrungen zu sammeln. So können Sie das sinnliche Spektrum erweitern, indem Sie dem Kind die Augen für die vielfältigen Erfahrungsbereiche der Alltagswelt öffnen: die raue Baumrinde, das Gurren der Tauben, der Geschmack frischen Basilikums, der Kletterstapel im Hof. Oder schlagen Sie Spiele vor, bei denen einzelne Sinnesbereiche jeweils ausgeschaltet werden, um andere erst richtig zur Geltung zu bringen. Hier einige Anregungen:

- Legen Sie Kastanien, Eicheln, Steine und Ähnliches in einen geschlossenen Karton. Kann das Kind „blind“ ertasten, um was es sich jeweils handelt?
- Welche Geräusche sind zu hören, wenn man mit geschlossenen Augen auf der Parkbank sitzt?
- Wie fühlt es sich an, in den Blätterhaufen zu springen?
- Wie riechen die Gewürze in der Küche? Wie leicht sind sie wiederzuerkennen?
- Spielen Sie „Stille Post“ als vergnüglichen Abschluss des Tages.

Spiele dieser Art fallen Ihnen sicher noch viele ein. Dabei handelt es sich nicht um ein ausgefeiltes Trainingsprogramm mit Hochleistungscharakter, sondern um die Wahrnehmung der Umwelt nach neuen Mustern. Erfolgreich kann diese Sensibilisierung der kindlichen Sinne ohnehin nur sein, wenn der Spaß nicht zu kurz kommt.

2.6 Sinne sind die Grundlage für die Wahrnehmung – Einfluss der Sinnesorgane auf die Wahrnehmung

Die wissenschaftliche Betrachtung des Wahrnehmungsbegriffes hat eine sehr turbulente Geschichte. Ein wesentlicher Grund liegt in seiner gemischten Herleitung aus der objektiven Sinnesphysiologie (1) und der subjektiven Wahrnehmungspsychologie (2).
Analysiert Erstere den Aufbau und die Arbeitsweise der Sinnesorgane traditionell meist aus medizinischer Sicht, wendet sich die zweite Betrachtungsweise den durch Umweltsignale ausgelösten (a) Empfindungen und (b) der daraus entstehenden Wahrnehmung zu. Bei der Wahrnehmung werden also die jeweils individuell integrierten Abbildungen bioelektrischer Impulsmuster im Gehirn und deren subjektive Ableitungen und Interpretationen untersucht.
Etwas als „wahr"zunehmen, also als subjektiv echt, real und vorhanden zu betrachten, setzt eine funktionierende biologische Organtätigkeit voraus. Und je nachdem, wie dieses Organ funktioniert (Auge, Ohr, Haut, Nase etc.), beeinflusst es die Weiterleitung und Verarbeitung der empfangenen Signale im Gehirn, welche die Grundlage für die Bewegungsplanung und -ausführung darstellen. Das besagt, dass die Physiologie und zelluläre Beschaffenheit eines gereizten Sinnesorgans die Art (Qualität) des Sinneseindrucks (der Empfindung) bestimmt. So ist es die Besonderheit des menschlichen Auges, eigene Sensoren für elektromagnetische Wellenlängen zwischen rund 350 und 800 nm zu besitzen (sichtbares Licht). Das Ohr wiederum kann nur Schallwellen mit Frequenzen zwischen ca. 20 und 16000 Hz und einen Lautstärkepegel zwischen ca. vier und 130 Phon wahrnehmen (Zenner 2006; Schandry 2011). Sofern also ein physikalisches Energiephänomen (Licht, Schall, etc.) seinen jeweils organisch passenden Sensor findet, liegt ein adäquater Reiz vor, vergleichbar einem Topf, der den passenden Deckel erhält.

2.6.1 Wahrnehmung ist also ein komplexer Begriff

Adäquat sind Reize dann, wenn eine Wahrnehmung den passenden Reiz auslöst.
Wahrnehmung über die motorische Rückvergewisserung bedeutet die Steigerung des Kontrollgefühls, weshalb die kindliche Neugierde eine natürliche Maßnahme zur Stressreduktion ist. Denn: Gewissheit bedeutet Sicherheit und Sicherheit lässt den Organismus in einen entspannten und somit Energie

sparenden Zustand kommen. Ausreichend Bewegung und die damit einhergehende Wahrnehmung der Welt stillt die natürliche Gier nach Neuem und bringt das Kind in einen zufriedenen Zustand. Kindliches Wahrnehmen durch Bewegung ist somit immer auch eine Maßnahme zur Gesunderhaltung.

2.6.2 Die Bedeutung der Wahrnehmung für die Bewegungsentwicklung

Der Sinnes-Reiz (z. B. ein Fernsehbild) trifft auf das entsprechende Sinnesorgan (Auge). Dieses leitet die Reize dann über spezielle Sinnes-Nerven (in diesem Fall der Sehnerv) an das Gehirn weiter.

Der Ausfall eines Wahrnehmungsorgans führt häufig zu Irritationen und Unruhe. Erhält das Gehirn zu wenig Reize aus der Umgebung, stimuliert es sich selbst und konzentriert sich „übertrieben" stark auf die noch vorhandenen Sinnesorgane/Sinneswahrnehmungen. Auf diese Weise können Halluzinationen (Sinnestäuschungen) entstehen.

Das Prinzip der Adäquatheit eines Reizes ist deshalb von entscheidender Bedeutung für das Verständnis des Einflusses der Wahrnehmung auf die Bewegung, weil aufgrund der eingeschränkten (!) Wahrnehmungsfähigkeit unserer menschlichen Organe, die Welt um uns herum nur in Ausschnitten und als selektives Abbild erfasst werden kann. Wir sehen, fühlen, riechen, schmecken oder hören also nicht die Welt, wie sie „wirklich" ist (was immer das ist), sondern wie wir sie als Menschen mit unseren spezifischen Sinnesorganen überhaupt nur wahrnehmen können. Dies gilt noch viel stärker für Säuglinge und Kleinkinder, deren volle Sinnesleistung erst nach einigen Monaten bis sogar Jahren entwickelt ist.
Das lässt sich besonders deutlich am Wahrnehmungsweg des Lichts vom Auge, über den Sehnerv, den Thalamus bis hin zur Hirnrinde (Visueller Kortex) veranschaulichen (s. Abb. S. 38).

Besonders interessant ist die anatomische Tatsache, dass ein Großteil der Zuleitungen (Afferenzen) in den visuellen Thalamus gar nicht aus der Retina stammt (nur sieben Prozent), sondern zu rund 90 Prozent vom visuellen Kortex (vgl. Ansorge & Leder 2011, 86 f.). Müsste es nicht gerade umgekehrt sein, da ja das Lichtsignal von außen über die Retina nach innen geleitet wird? Der Hauptgrund ist, dass die „Rohdaten" aus der Retina sowie die vorgefilterten Daten aus dem visuellen Bereich des Thalamus tatsächlich noch „nachbearbeitet" werden müssen, vergleichbar einer Bildbearbeitungssoftware. Wie bereits erwähnt, haben menschliche Sinne nicht nur eine spezialisierte Aufgabe, sie sind auch in mancherlei Hinsicht ungenau und fehlerhaft (vgl. Eysel 2006).

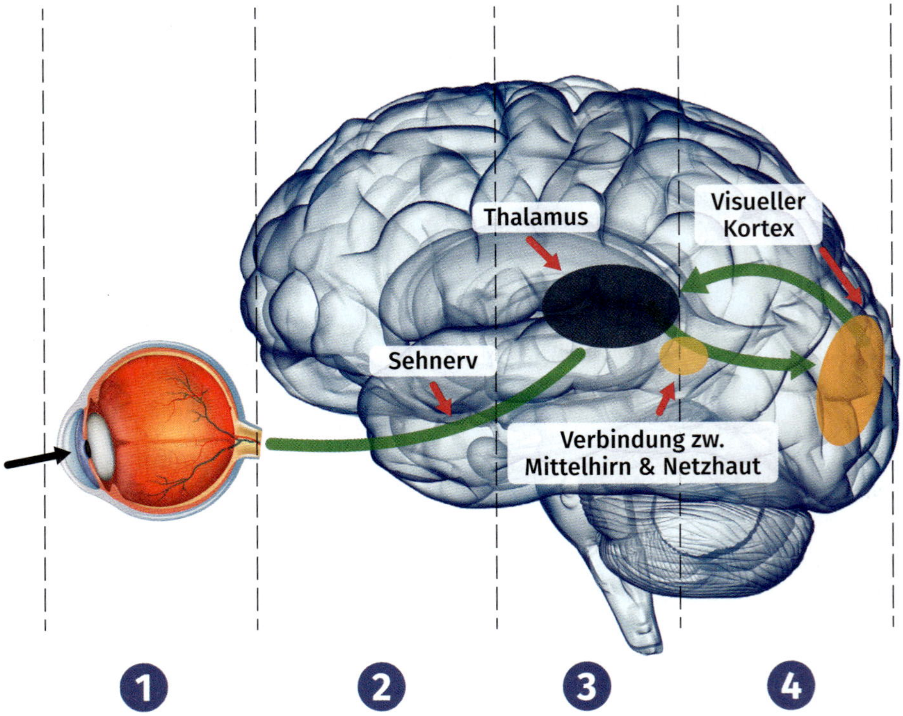

Schematische Vereinfachung des Wahrnehmungswegs beim Sehen als Musterbeispiel für die (1) Aufnahme, (2) Zu- und Weiterleitung, (3) Vorverarbeitung, (4) Detail- und Nachbearbeitung von Umweltinformation, hier Lichtimpulsen (nach Eysel 2006; Ansorge & Leder 2011).

Zu 1: Licht (Photonen) trifft auf die Linse, wird dort gebrochen und auf die Netzhaut (Retina) projiziert. Farb-, raum- und schärfeempfindliche Zapfen, hauptsächlich in der Fovea (Netzhautkuhle bzw. Sehgrube), sowie helligkeits-/kontrastempfindliche Stäbchen überwiegend in der Peripherie, verarbeiten spezifisch die Lichtimpulse. Wichtig: Bereits hier findet durch die beiden Prozesse der Transduktion (Umwandlung von Photonen in eine elektrische Spannung/Ladung) und der anschließenden Transformation (Stabilisierung des transduzierten Signals durch Umwandlung in eine rhythmische Frequenz) eine Selektion und „Umrechnung" der Lichtdaten in interpretierbare Wahrnehmungsdaten statt.

Zu 2: Der Sehnerv (nervus opticus) ist nicht nur eine bloße Weiterleitung von Lichtinformation. Auch hier erfolgt bereits durch hemmende und verstärkende Rückkopplungssysteme eine (Vor-) Verarbeitung.

Zu 3: Der Thalamus (hier: der visuelle Teil), eine Verteilerstation (Relais) von einströmender Information, prüft die Bedeutsamkeit des Lichtsignals für den Organismus und leitet es im Falle von Relevanz mit erhöhter Aufmerksamkeit zur primären Sehrinde (V1) im Hinterhaupt weiter.

Zu 4: Der visuelle Kortex ordnet den weitergeleiteten Impuls nach den visuellen Sinnesqualitäten, z. B. der Form, des Raumes und der Farbe, in Abgleich mit bisher gemachten Erfahrungen und vorhandenen Erinnerungen ein. Der Colliculi superiores (SC) hilft bei der motorischen Blicksteuerung.

Das menschliche Gehirn hat sich deshalb zu einem wahren Spezialisten im Bereich der Nacharbeitung, Korrektur und Glättung von Reizen entwickelt. Wir können einerseits sinnesphysiologisch bedingt nicht nur nicht sehen, was und wie die Welt wirklich ist, wir werden sie auch andererseits cerebral (hirnorganisch) trotz größter Anstrengung gar nicht wirklich sehen können, weil das Hirn automatisch die Welt so anpasst, dass wir sie subjektiv überhaupt erst wahrnehmen, d. h. auch humanspezifisch interpretieren können (vgl. Roth 2003). Genau aus diesem Grund braucht das Ergebnis dieser komplexen Rechenleistung des Gehirns eine entsprechend große Rückleitung in den Thalamus, der dann die angepassten Informationen an weitere relevante Hirnregionen zur dortigen Verarbeitung weiterleiten kann.

Das Gehirn korrigiert und bearbeitet Signale nach!
Um nun also eine optimale Wahrnehmungs- und Verarbeitungsleistung zu erreichen, ist ein vielfältiges Wiederholen und Erfahren unerlässlich.

▪ **Eine kleine Übung (auch für Kinder) zur „Binokularen Disparität"**
Fixieren Sie mit beiden Augen einen bestimmten Punkt oder ein einzelnes Objekt.
Nachdem Sie es für ca. 10 Sekunden fixiert haben, schließen Sie nun eines Ihrer Augen und wechseln danach zum anderen Auge, d. h. sobald ein Auge auf ist, geht das andere zu usw. Wechseln Sie viele Male ab und schauen Sie dabei aber immer auf das Objekt. Was wird passieren?
Das Objekt springt von links nach rechts und wieder zurück! Gleichzeitig wissen Sie aber genau, dass sich das Objekt „in Wirklichkeit" nicht bewegt. Sie wissen das zum einen, weil Ihr Gehirn die Daten beider Augen zu einem einzelnen, stimmigen Gesamtbild zusammenrechnet und Ihnen zweitens daraus einen Erfahrungswert bietet, der Ihnen hüpfende Objekte als physiologische Illusion entlarvt. Fazit: Das Gehirn justiert Verzerrungen, Unschärfen, usw. nach.

Vor diesem Hintergrund ist der Einfluss auf die Bewegungsentwicklung, insbesondere bei Kindern von null bis drei Jahren, enorm. Denn wenn die Art und das Ausmaß an Bewegung die Einholung von relevanten Informationen mit beeinflusst, dann heißt das in der Konsequenz, dass die Gestaltung von Bewegung in der frühkindlichen Bewegungserziehung auch über die Wahrnehmung von Welt bestimmt.

Die Bewegungsangebote der Umwelt definieren die Möglichkeiten kindlicher Erkenntnis mit!

Verantwortungsvolle Bewegungserziehung bietet deshalb Kindern eine breite, reiche und wohldosierte Bewegungsumwelt dar, die dem Kind hilft, selbst (!) aus der Vielfalt sinnlicher Darbietung jene Information zu gewinnen, die es subjektiv für sinnvoll erachtet.

2.6.3 Gut entwickelte Sinne – die Basis für erfolgreiches Lernen

Die Anforderungen unserer Leistungsgesellschaft verleiten oft genug dazu, den kindlichen Lernprozess vor allem mit geistiger Förderung zu unterstützen. Doch für die Persönlichkeitsentwicklung des Kindes braucht es mehr als nur den Kopf. Ihr Zugang zur Welt entsteht von Beginn an durch sinnliche Wahrnehmung und Erfahrung. Über Augen, Ohren, Zunge, Haut und Fingerspitzen nehmen Kinder Kontakt mit ihrer Umwelt auf. Ganz direkt eignen sie sich diese an, setzen sich mit ihr auseinander, lernen sie zu verstehen – um sie dann nach ihren Fähigkeiten zu gestalten. Deshalb ist das Herummatschen in der Pfütze mehr als Tändelei und pures Vergnügen. Der Nachwuchs erkundet experimentell und unmittelbar physikalische Gegebenheiten: „Wie tief sinkt mein Fuß in den Schlamm ein, was passiert, wenn Wasser in meinen Stiefel läuft, wo bleibt der Stein, wenn ich ihn ins Wasser werfe?“

Kindliche Neugier – der stärkste Entwicklungsmotor – führt zu den vielfältigsten Aktivitäten. Und je mehr unsere Kinder Gelegenheit haben, auf die Anregungen ihrer Umwelt zu reagieren, desto mehr werden sie zum aktiven Handeln herausgefordert. Alle auf diese Weise gewonnenen Eindrücke erreichen über Nervenbahnen das kindliche Gehirn. Dort werden sie gespeichert, verknüpft und verarbeitet. So verdichten sie sich zu Erkenntnissen, die unseren entdeckungslustigen Kindern fortan als Wahrnehmungs- und Handlungsmuster zur Verfügung stehen. Gleichzeitig bilden diese Erfahrungen die Grundlage der kindlichen Persönlichkeit.

Wahrnehmung bei Kindern

Für Eltern bzw. Erwachsene überhaupt ist es schwer zu verstehen, dass Kinder ihre Umwelt nicht auf die gleiche Weise wahrnehmen wie sie. Dies wird deutlich, wenn Kinder immer wieder aufgefordert werden, doch etwas Bestimmtes zu sehen, genau hinzuschauen. Kinder sehen aber anders, wählen scheinbar aus, was sie sehen wollen. Ihre Interessenschwerpunkte unterscheiden sich von denen der Erwachsenen. Sie sind wesentlich stärker vom Detail fasziniert oder von scheinbar wertlosen, nebensächlichen Dingen. Was wichtig ist, wird aber meist vom Erwachsenen definiert. Das Kind wird als noch zu klein erachtet, um solch wichtige Entscheidungen zu treffen. Hier beginnt die Ungleichbehandlung: der erwachsene Mensch erhebt sich über den kleinen Menschen und unterstellt diesem, dass er quasi „minder“wertig sei.

Für die kindliche Wahrnehmungsfähigkeit spielt eine Reihe von Faktoren eine ganz wesentliche Rolle: Intelligenz, seelische Reife, in seiner physikalischen und sozialen Umwelt gemachte Erfahrungen. Die Wahrnehmungsfähigkeit am Alter des Kindes festzumachen wäre zu kurz gefasst, denn es kommt im Wesentlichen darauf an, welche Dinge und Ereignisse ihm in seinem Alltagsleben begegnen, vor allem welche es ansprechen, seine Neugier und seinen Forscherdrang wecken.

Das Kind überprüft alle Dinge und begnügt sich dabei nicht mit dem reinen Anschauen. Es steckt, insbesondere im frühen Kindesalter, die Dinge in den Mund, bewegt sie, untersucht sie mit seinen Händen. Bald lernt es sprachliche Bezeichnungen für die Gegenstände (Objektbezeichnungen). Wenn das Kind weiß, was die Dinge sind, will es vermehrt wissen, welche Eigenschaften sie haben, was man mit ihnen machen kann.

Wir alle kennen die unendlichen Warum-Fragen. Nie sind die Kinder mit der Antwort zufrieden. Wenn wir Erwachsenen glauben, endlich eine treffende Antwort gefunden zu haben, reagiert das Kind mit einem erneuten Warum. Während wir ihm antworten, ist ihm schon eine neue Frage in den Sinn gekommen.

Versuchen Sie in Ihrem Team einmal das Warum-Spiel. Aus jeder Antwort formuliert der nächste Mitspieler eine neue Warum-Frage. Sie werden feststellen, dass dieses Spiel auch den Erwachsenen herausfordert, ihm Kreativität abverlangt. Es kann losgehen: Warum heißt der Tischler Tischler? Weil er Tische herstellt. Warum stellt er Tische her? Weil die Menschen Tische brauchen. Warum brauchen die Menschen Tische? ...

Das Erkennen der Umwelt beginnt für das Kind mit den Empfindungen, mit der Wahrnehmung. Je reicher diese sind, desto umfangreicher und vielseitiger sind die Kenntnisse von der Umwelt, die es erwirbt.

3. Die Bedeutung des Spiels für die Entwicklung des Kindes

Verbale und nonverbale Ausdrucksfähigkeit
Durchsetzungsvermögen
Ausdauer
Grob- und feinmotorische Fähigkeiten
Konzentration
Hörverstehen
Selbständigkeit
Selbstvertrauen
Kreativität
Selbstregulation
Flexibilität
Logisches Denken
Kooperationsfähigkeit
Emotionale Belastbarkeit
Kommunikation
Frustrationsgrenze
Umfang der Sprachanteile

3.1 Einleitung

Die Erkenntnis, dass Kinder durch Spielen lernen, ist nicht neu. Schon im alten Rom wurde das Spiel als Vorbereitung für späteres Lernen gefördert.
Comenius (1592–1670) erschuf mit „Orbis Pictus“ das erste Bilderbuch für Kinder, und Pestalozzi und Fröbel betonten im 17./18. Jahrhundert den Wert der Selbsttätigkeit im Spiel und der Organisation einer das Spiel anregenden Umgebung für Kinder.
Die theoretische Auseinandersetzung mit dem Begriff Spiel, beginnend mit Dewey im 19. Jahrhundert, bezieht sich auf diese Erkenntnisse. Von besonderer Relevanz sind heute die konstruktivistische Theorie von Piaget und die sozialhistorische Theorie von Vygotzky (vgl. Crowther 2005).
Piaget geht von einer stufenförmigen Entwicklung des Menschen aus, die sich vollzieht, indem Wissen vom aktiven Kind konstruiert wird. Drei Wissensebenen sind von zentraler Bedeutung: die physikalische, die logisch-mathematische und die soziale. Diese Wissensebenen werden im Spiel durch Assimilation (= Anpassung des eigenen Verhaltens an die Außenwelt) und Akkommodation (= Anpassung der Außenwelt an das eigene Verhalten) aufgebaut (vgl. Piaget 2003).

Vygotsky betont dagegen stärker, dass Kultur immer durch die Interaktion mit anderen Menschen hergestellt wird. Kinder lernen also besonders durch gemeinsame Erfahrungen mit Erwachsenen und Gleichaltrigen. Erwachsene haben für Vygotzky die Aufgabe, Kinder anzuleiten und in ihrem Lernen zu unterstützen, indem sie Lernerfolge ermöglichen. Ein wichtiger Begriff ist für ihn das Lerngerüst, das sogenannte „Scaffolding“ (vgl. Crowther 2005; Glossar) des Erwachsenen, das dem Kind eine Anleitung bzw. ein „Gerüst“ anbietet, in dem es seine eigenen Erfahrungen erweitern kann, ohne Gefahr zu laufen „abzustürzen“, also einen Misserfolg zu erleben. So gelangt das Kind in die Zone der nächsten Entwicklung.
Unterstützt durch die Erkenntnisse der Neurowissenschaften kann heute noch besser beschrieben werden, welche Bedeutung das Spiel für die kognitive Aktivierung hat.

Die Entwicklungsgeschichte der Säugetiere, zu denen auch der Mensch gehört, ist maßgeblich geprägt durch das Spiel. Gerade Kleinkinder zeigen ein hohes Maß an Lernbereitschaft und Neugierde dabei, ihre Umgebung zu erkunden.

Die Forschung geht der Frage nach, welche Bedeutung das Spiel für die Entwicklung des Kindes hat. Dazu werden hier Ergebnisse aus der Hirnforschung, Entwicklungs- und Lernpsychologie gesammelt und mit Beispielen aus der Praxis erläutert.

Spielen ist Lernen fürs Leben – aus Spiel wird Ernst

Bereits mit acht Wochen sind Babys in der Lage, im Spiel zu lernen, weil Eltern und Geschwister mit bestimmten Verhaltensweisen auf sein Tun reagieren. Wenn es lacht, weint oder vor Freude strampelt, erfährt es schon früh, dass es Reaktionen auslöst, sich sozusagen spielend die Welt erarbeitet.
Spielen ist mehr als kindlicher Zeitvertreib. Kinder gehen beim Spielen den Dingen auf den Grund durch Anfassen, Befühlen und Begreifen. Räumliche Erfahrungen werden beim Turmbau oder beim Ausräumen des Papierkorbs gesammelt. Das logische Denken wird trainiert, wenn das Besteck sortiert oder Regale ein-, aus- und umgeräumt werden. Nachahmung dient dazu, bestimmte Verhaltensweisen einzuüben, beispielsweise mit dem Löffel zu essen.
Vorbilder und das Nachahmungslernen sind wichtige Lernerfahrungen und Lernschritte.
Spielen ist die Arbeit der Kinder, Spielzeit auch Lernzeit; im Spiel sind neue Fertigkeiten auszuprobieren und eigene Lösungen und Strategien zu entwickeln, Aufgaben selbständig und selbstbewusst zu bewältigen.
Schon Babys nutzen alles, was sie umgibt, zum Spielen: Sie wollen die Dinge begreifen und verstehen. Durch Ausprobieren lernen sie Zusammenhänge

herzustellen, bekommen neue Perspektiven. Ihr Blick auf die Welt verändert sich.

- **Spielen regt die Sinne an**
  Beim Sehen, Hören, Riechen, Schmecken, Fühlen und Greifen machen sie verschiedenste Erfahrungen. Sie spüren die Unterschiede des Materials, der Form oder der Oberfläche. Die verschiedenen Reize werden mit bereits gemachten Erfahrungen verglichen, dann eingeordnet und verknüpft. So wird beim Spielen und Tun die Bedeutung der Dinge und der Ereignisse kennen- und verstehengelernt.

- **Spielen fördert die motorische Koordination**
  Weil beim Klettern, Laufen, Hüpfen und Springen, beim Hinstellen, Aufstellen, Greifen und Loslassen Bewegungen tausendmal ausgeführt werden, werden sie geübt und gelernt und somit automatisiert.

- **Spielen trainiert Aufmerksamkeit und Ausdauer**
  Ein Kleinkind spielt bis zu neun Stunden am Tag. Ist es von einem Spiel gefesselt, kann es stundenlang seine Aufmerksamkeit darauf lenken. Dabei lernt es, die Aufmerksamkeit über längere Zeit auf eine Sache zu richten und dabeizubleiben, bis es fertig ist.
  Durch die Fokussierung auf einen bedeutsamen Vorgang wird vom kindlichen Gehirn Konzentration gefordert.

- **Spielen unterstützt das logische Denken**
  Das planerische und logische Denken wird geschult. Es muss überlegt werden, wie etwas ablaufen soll, welche Reihenfolge einzuhalten ist oder welche Dinge notwendig sind. Dabei ist es wichtig, den Kindern die Zeit zu geben, um ihren eigenen Plan zu entwickeln, bevor man als Erwachsener vorgefertigte Lösungen anbietet.
  Im schulischen Umfeld ändert sich dies jedoch: Es ist unumgänglich, nach guter Vorbereitung mit Erklärungen und Beispielen, dem Schüler die bestmöglichen Wege und Möglichkeiten aufzuzeigen. Daraus kann der Lernende dann eigene Strategien und Möglichkeiten entwickeln.
  Aber auch hier gilt: ***Wiederholen, um zu speichern.***

- **Spielen macht selbstbewusst**
  Besonders wichtig sind im Spiel die eigenen Erfahrungen. Kinder üben dabei für das Leben und können ohne Druck und Risiko ausprobieren. Sie lernen, sich in verschiedene Rollen und Situationen einzufühlen und verarbeiten gleichzeitig ihre Probleme, Spannungen, Enttäuschungen und Ängste. *Beim schulischen Lernen muss eine solide Grundlage vorgegeben werden, aus der selbsttätiges Weiterlernen entstehen kann.*

- **Spielen stärkt den Zusammenhalt in der Gruppe / der Familie**
  Kinder lieben es, mit Erwachsenen zu spielen. Sie genießen die gemeinsame Zeit und die ihnen entgegengebrachte Aufmerksamkeit. Gemeinsames Tun verbindet, Regeln und Abläufe sorgen für Gespräche und Diskussionen. Auch wenn einer mal verliert – Umgang mit Frustration lässt sich leichter im vertrauten Kreis lernen und aushalten.

Selber tun fördert das Selbstvertrauen.

Eine gute Verarbeitung der Sinnesinformationen ist die Grundlage für die Entwicklung von:

- motorischer Geschicklichkeit
- optimalem Krafteinsatz
- Sprache
- gut organisiertem Verhalten
- Aufmerksamkeit und Konzentration
- körperlichem und emotionalem Gleichgewicht
- Selbstbewusstsein und Selbstvertrauen
- Spaß und einem guten Antrieb, sich weiterzuentwickeln
- schulischer Lernfähigkeit

3.2 Die Bedeutung des Spiels für die kindliche Entwicklung

Nach allgemeiner Auffassung könnte man das kindliche Spiel als Erwerb von Fähigkeiten bezeichnen, die später im Leben benötigt werden. Erstaunlich erscheint, dass die Entwicklung bestimmter Hirnregionen erst durch das Spiel gefördert werden. Während der ersten Lebensjahre lernt das Gehirn über Augen, Ohren, Tastsinn usw., gelieferte Informationen zu verarbeiten und neuronale Vernetzungen aufzubauen, die zur weiteren Verarbeitung und Verknüpfung von Informationen wichtig sind. Umso überraschender ist es, dass Spielen nicht gleich Spielen ist: Es gibt tatsächlich Spiele, die das Gehirn stärker fördern als andere.

Einige Arten von Spielen stärken die Grundfunktionen des Gehirns, wie das limbische System, und bilden so die emotionale Grundlage für die kognitive Entwicklung von Kindern. Andere Arten des Spielens verstärken die Sprachentwicklung und das Gedächtnis, und schließlich gibt es auch Spielarten, die das Zell- und Synapsenwachstum im Cortex und damit die Abstraktionsfähigkeit der Kinder, ihre Konzentrationsfähigkeit und insgesamt ihr kognitives Potenzial direkt beeinflussen.

Ergebnisse aus der Lern- und Hirnforschung deuten darauf hin, dass gerade das Freispiel neuronale Vernetzungen begünstigt, da eine höhere eigene Motivation des Kindes gegeben ist. Das Kind wählt beim Freispiel bewusst Spielmaterialen aus, die seinem Entwicklungsstand entsprechen und gestaltet seinen Spielverlauf – individuell und in der Gruppe. Durch die spürbare Selbstwirksamkeit erlebt sich das Kind und andere. Es kann Empathie im Gruppenspiel empfinden, wenn ein anderes Kind ausgeschlossen wird oder auch Selbstkontrolle erleben, wenn es ein Spiel „verliert".

Wissenschaftliche Studien zum Gruppenspiel-Verhalten konnten zeigen, dass das gemeinsame Spiel neuronale Vernetzungen entstehen lässt, die dazu beitragen, dass Kinder lernen, ihre Welt zu „sortieren" und soziale Zusammenhänge zu begreifen.

Kinder, die es vorziehen nur mit einem Kind oder Erwachsenen zu spielen, sollten von ErzieherInnen dazu ermutigt werden, auch in einer größeren Gruppe zu spielen. Erfolgserfahrungen im Gruppenspiel haben positive Auswirkungen auf soziale Lernerfahrungen und können schon ab einer kleineren Gruppengröße von drei Kindern erreicht werden.

Bei älteren Kindern, die Schwierigkeiten haben, im Gruppenspiel Spielregeln einzuhalten, können ErzieherInnen das Geben und Nehmen im Spiel üben, indem sie situativ Regeln erklären sowie Kinder emotional im Umgang mit anderen begleiten. Dies erfordert sowohl Ressourcen als auch ausgebildete PädagogInnen, die eine entsprechende Lernumgebung schaffen können.

3.3 Spielerfahrungen als Lernentwicklung

Beim Krippenkind ist das Spiel meistens ein Objektspiel. Es versucht etwas zu greifen und Objekte lange zu untersuchen. Hier ist es wichtig, dass das Kind ein Objekt selbständig untersucht. Wenn der Erwachsene sofort zeigt, wie zum Beispiel der Ball rollt, verliert das Kind schneller die Motivation, das Objekt zu untersuchen und im Spiel zu bleiben. Kinder brauchen PädagogInnen, die ihnen dabei helfen, den Raum aktiv zu erkunden.

Man kann oft beobachten, wie Kleinkinder eigenständig den Gleichgewichtspunkt eines Stuhls untersuchen, indem sie beispielsweise an verschiedenen

Stellen hin und her klettern. Oftmals schreiten leider immer wieder Erwachsene ein und sagen „Du darfst das nicht, das ist zu gefährlich". Hier verpasst das Kind die Gelegenheit, durch den eigenen Körper zu erfahren, dass der Stuhl umkippen kann. Die körperliche Erfahrung des Kleinkindes ist für sein Verständnis der Welt wichtig. Erwachsene müssen aber in jedem Fall die notwendige Voraussicht und Verantwortung walten lassen, damit das Kind sich oder andere nicht gefährdet.

Vielleicht werden öfters auch ErzieherInnen von den Reaktionen der Eltern beeinflusst, wenn das Kind eine Schramme hat. Daher ist es wichtig, dass wir professionell erklären können wie wichtig es ist, ein Lernumfeld für Kinder zu schaffen, in dem die Möglichkeit von „Versuch und Irrtum" eine der wichtigsten Erfahrungen ist, die Kinder im Gehirn speichern. Auf diese Weise sind wir auf einem guten Weg, um die unmittelbare Neugierde, Spontanität der Kinder zum spielerischen Lernen zu führen. Genau das ist die Grundlage für jede künftige emotionale, soziale und kognitive Entwicklung.

Ein guter Weg, um den Eltern dies zu kommunizieren könnte z. B. sein: „Heute hat Ihr Kind mit dem Gleichgewichtspunkt des Stuhls experimentiert und hat eine ‚Kompetenzschramme' erhalten."

Eine Perspektive wäre es, „Kompetenzschrammen" als Teil der Entwicklung zu sehen, durch die die Kinder aus ihren eigenen Erfahrungen lernen. Natürlich muss aber immer die Sicherheit von Kindern gewährleistet sein, gerade wenn es um vermeidbare Risiken geht!

Zusammenfassend lässt sich festhalten, dass Lernangebote die kindliche Entwicklung widerspiegeln sollten. Selbständiges Lernen sollte gefördert werden, sodass die jeweiligen Bedürfnisse und Interessen des Kindes wahrgenommen werden. Fehlermutigkeit sollte als Teil eines komplexen Entwicklungsprozesses dargestellt werden.

3.4 Das Freispiel in der kindlichen Entwicklung

Für jedes Lebensalter stehen verschiedene Entwicklungsaufgaben an, die durch verschiedene Spiele unterschiedlich gefördert werden können.

Als Freispiel werden selbstinitiierte Aktivitäten der Kinder definiert, die keine Vorgaben oder Anweisungen seitens der Erziehenden beinhalten.

Verschiedene Spielphasen variieren je nach Alter und Entwicklung:

1. Einzelspiele *(2 bis 2,5 Jahre)*
2. Parallelspiel *(2,5 bis 3,5 Jahre)*
3. Assoziatives Spiel *(3,5 bis 4,5 Jahre)*
4. Kooperatives Spiel *(ab 4,5 Jahre)*

Spielphasen stellen nicht zwingend Entwicklungssequenzen dar, die Kinder linear durchlaufen, sondern Spielphasen können sich in verschiedenen Altersgruppen auch gleichzeitig wiederfinden. Wenn beispielsweise ein Kind im Alter von 4 Jahren alleine spielt, könnte es auch denken: „Jetzt brauche ich etwas Zeit für mich."

Für das kindliche Spiel ist die Förderung der eigenen Motivation zentral. Das Freispiel ist ein Konstruktions- und Problemlösungsspiel, bei dem Kinder Beharrlichkeit und eine positive Einstellung gegenüber Herausforderungen entwickeln können.

Das Freispiel hat keine äußerlich motivierte Funktion und kein Ziel und gliedert sich wie folgt in

1. Gesellschaftsspiele (soziale Spiele)
2. Objektspiele
3. Physische, motorische Spiele
4. Rollen- / Fantasiespiele
5. Medienspiele (Spiele mit digitalen Medien)

Beispielsweise reagiert das Kleinkind anfänglich auf das soziale Spiel mit einem Lächeln und Geräuschen – es antwortet somit stärker auf das Spielen der Erwachsenen. Krippenkinder erkunden beim Objektspiel auf experimentelle Weise die Eigenschaften von Dingen. Bei den 4-Jährigen vermischt sich das Objektspiel mit dem Fantasiespiel: Legosteine werden in Essen verwandelt oder in ein Tier etc.

Spielmaterialien

Viele Spielzeuge werden heute so hergestellt, dass kein Raum für die Fantasie bleibt, eine Mikrowelle, ein Fön oder Spielessen scheinen genau das zu sein was sie sind. Es ist oftmals dieses Spielzeug, das Kinder zuhause haben. Daher ist es in einer Lernumgebung wie der Kita wichtig, Spielzeug zu haben, das die Fantasie anregt und die Verwendungsmöglichkeiten nicht einschränkt, damit Legosteine sowohl als Spielessen als auch als großer Turm oder als Werkzeug für ein Busspiel verwendet werden können.
Zusammenfassend lässt sich festhalten, dass Kinder in ihrer Entwicklung verschiedene Spielphasen / Spieltypen durchlaufen. Dabei können Phasen

wechseln oder gleichzeitig stattfinden, sodass beispielsweise Kinder nicht erst als 3–4-Jährige soziale Spiele spielen. Oftmals beginnen soziale Spiele früher im Leben des Kindes und entwickeln sich im Laufe der Kindheit. Das Spiel des Kindes ist geprägt durch seine Neugier, die Welt zu entdecken und kennzeichnet einen Problemlösungsprozess. Durch diesen Prozess gewinnt es neue Fertigkeiten und Fähigkeiten.

Lernen vs. Spielen (Guided Play)

Wenn wir das Spiel in den Lernraum mit einbeziehen, dann ist es das Wichtigste, was wir für 0–6-jährige Kinder tun können, um eine Grundlage für lebenslanges Lernen (nicht instruiertes Lernen!) zu schaffen.

Es besteht die Gefahr, dass spielerisches Lernen zu einem Lehrspiel vereinfacht wird, in dem der Erwachsene Spielanweisungen festlegt. Wenn ein Kind und ein Erwachsener zum Beispiel einer Gebrauchsanweisung folgen, um mit Konstruktionssteinen ein Schloss zu bauen, besteht die Erwachsene darauf, dass es die richtigen Farben haben muss, da eines der Ziele der Erziehenden darin besteht, dass das Kind lernt, zwischen Farben und Formen zu unterscheiden. Das Kind macht wiederholt Vorschläge für eine bevorzugte Farbe, der Erziehende antwortet jedoch mit geschlossenen Fragen, um die Lernziele zu erreichen. Nach kurzer Zeit verliert das Kind den Wunsch, im Spiel zu bleiben, da die Motivation weiter sinkt, selber zu experimentieren.
Es ist zwar nicht nötig, dass wir generell davon Abstand nehmen, nach Gebrauchsanweisungen mit Konstruktionssteinen zu bauen oder Puzzle zu spielen oder Ähnliches, da Kinder hier auch lernen, Muster zu erkennen und ihre mathematischen Logikfähigkeiten zu entwickeln.
Es ist jedoch wichtig, dass Erwachsene das Kind bei offenen Fragen unterstützen, so dass es immer wieder versucht sich vorzustellen, was passieren könnte, welche Auswirkungen es haben könnte und wie etwas aussehen kann.

- *Ein Beispiel aus der Praxis*

Eine Erzieherin baut zusammen mit einem Kind nach einer Modellvorlage. Das Ziel ist es, ein Auto zu bauen, das einen Anhänger ziehen kann. Sie nehmen die Bedienungsanleitung und die Erzieherin fragt: „Kannst du die Teile finden, die wir brauchen?“ Das Kind schaut sich die Zeichnung an und sucht aktiv nach den Teilen. Als es die Teile gefunden hat, fragt die Erzieherin: „Was denkst du, womit wir anfangen sollen?“ Das Kind findet einige Teile und beginnt zu bauen. Dann muss der Anhänger gebaut werden. Die Erzieherin fragt weiter, welche Art von Rädern gebraucht wird. Das Kind findet ein paar kleine Räder, aber es stellt sich heraus, dass das Auto den schweren Anhänger nicht ziehen kann. Das Kind sieht ein bisschen traurig aus. Die Erzieherin fragt es, ob es vielleicht glaubt, dass etwas anderes dem Anhänger helfen könnte, sich zu bewegen. Das Kind sitzt ein wenig und sieht nachdenklich aus, die Erzieherin gibt ihm die Zeit. Plötzlich sucht es in der Kiste, die Erzieherin fragt, wonach er sucht. Das Kind sagt, „Ich suche nach größeren Rädern", dann setzt es die Räder auf den Anhänger und jetzt kann das Auto mit dem Anhänger fahren.

Wenn die Erzieherin dem Kind von Anfang an die Antworten gegeben hätte, wäre das Spiel früher zu Ende gegangen. Das Kind hätte dann keinen Erfolg mit „Versuch und Irrtum" erlebt. Durch dieses Spiel konnte es Fehlermutigkeit spüren, die ihm dazu verhalf, nach einer anderen Lösung zu suchen.

Beim **Lernen vs. Spielen** („Guided Play") geht es darum, dass ErzieherInnen für das Entwicklungsniveau und die Bedürfnisse der Kinder sensibel sind. ErzieherInnen sollten bereit sein, der Initiative des Kindes zu folgen. Wenn Erwachsene im Moment zu beherrschend oder unempfindlich gegenüber den Bedürfnissen des Kindes werden, neigen Kinder dazu, das Interesse zu verlieren und hören auf zu spielen. Es ist wichtig, in der Lage zu sein, die Situation zu erkennen und somit das einzelne Kind und die Gruppe von Kindern richtig zu unterstützen, damit sie ihre spielerischen Fähigkeiten entwickeln können.

3.4.1 Wilde und körperliche Spiele

In vielen Kitas treffen die wilden und körperlichen Spiele auf schwierige Bedingungen. Sie werden oft auf bestimmte Bereiche im Bewegungsraum oder auf den Garten beschränkt. Wilde und körperliche Spiele machen oft mehr Lärm und viele PädagogInnen werden leider im Laufe der Berufsjahre lärmempfindlicher. Weiterhin entstehen Einschränkungen oft dadurch, dass ErzieherInnen Angst vor den Reaktionen der Eltern haben, wenn Kinder Kompetenzschrammen bekommen.

Auch hier gilt es zu bedenken, dass das Gehirn viele verschiedene Arten von Reizen/Spielen braucht, um sich zu entwickeln. Wilde und körperliche Spiele sind wichtig, da sie Aktivitäten im Limbischen System fördern. Das Limbische System ist die Grundlage für die emotionalen und sozialen Kompetenzen der Kinder, somit bildet das Limbische System auch die Grundlage für das kognitive Lernen.

Wilde und körperliche Spiele sind soziale Spiele, in denen Kinder die Fähigkeit üben, ihre eigenen Grenzen zu erkennen, aber auch die der anderen. Auf diese Weise lernt das Kind, sich an die Größe, das Alter oder die Stärke des anderen Kindes anzupassen. Es macht keinen Spaß, seinen Gegner sofort zu „besiegen", weil dann das Spiel zu schnell vorbei wäre. Es geht eher darum, das Spiel fortzusetzen, so lange es Spaß macht. Kinder können aber unter Umständen auch Schwierigkeiten haben, an solchen Spielen teilzunehmen.

- *Ein Beispiel aus der Praxis*

Jan hat es im Kindergarten oft schwer. Im Alltag braucht er große Vorhersehbarkeit und Struktur. Wenn die Dinge nicht genau so sind, wie er denkt, fängt er an zu weinen. Er ist jetzt in der Vorschule und die PädagogInnen machen die Kinder mit einem Fangspiel bekannt. Jan will mitmachen, aber sobald er gefangen wird, fängt er an zu weinen. Es fällt ihm schwer zu verstehen, dass es Teil des Spiels ist. Ein anderes Mal, wenn die Jungen kämpfen, möchte er mitmachen, aber sobald ihn das Kissen trifft, zeigt er seine Frustration durch Weinen. Hier ist es wichtig, dass die PädagogInnen diese Reaktionen wahrnehmen und Jan unterstützen und anleiten, damit er lernen kann, an diesen Spielen teilzunehmen und seine eigenen Grenzen kennenzulernen.

Zusammenfassend brauchen wilde und körperliche Spiele eine geeignete Lernumgebung, die aus einer Kombination von Platz im Garten und in Innenräumen bestehen könnte. Es ist auch wichtig, den Eltern die Bedeutung dieses Spieles für die späteren Lernchancen der Kinder zu erläutern. Eltern haben oft Angst davor, dass ihrem Kind etwas zustößt – was natürlich sehr verständlich ist.

- *Ein Beispiel aus der Praxis*

Wenn Jonas jeden Tag in den Kindergarten kommt, umarmt ihn der etwas größere Jan. Jonas' Vater findet es grenzüberschreitend und sagt: „Hey! Pass auf, Jonas mag das nicht." Was die Eltern nicht sehen ist, dass Jan immer seine Kräfte anpasst, weil Jonas sein bester Freund ist. Hier muss die Erziehende erklären und übersetzen, damit Jan keine Niederlage erleidet, sondern die Situation lesen lernt, so dass Jonas lernt, sich selbst abzugrenzen, wenn er es nicht mag.

Durch das Spiel erlernen Kinder Fertigkeiten und Fähigkeiten, die für das spätere Leben wichtig sind. Besonders wichtig ist es, dass unterschiedliche Arten von Spielen die kognitive Entwicklung des Kindes beeinflussen.

Erziehende sollten daher Kinder in ihren Lernaufgaben unterstützen und ihre Bedürfnisse wahrnehmen. Über Erfolgserfahrungen im Freispiel und in Gruppenspielen, mit einigen wenigen Kindern oder im Spiel mit Erwachsen lernen Kinder soziales Verhalten sowie Spielregeln kennen.

Bei älteren Kindern, die Mühe haben mit anderen zu spielen, kann die Erziehende das Spiel begleiten, indem sie Spielregeln erklärt und Emotionen zu-

lässt und diese bespricht. Dies erfordert Ressourcen und aufmerksame PädagogInnen, die geeignete Lernbedingungen schaffen können.

Zusammenfassung

- Spiele haben eine wichtige Funktion in der kindlichen Entwicklung. Kitas haben damit eine Verpflichtung, geeignete Spielumgebungen zu schaffen.
- Kinder brauchen präsente Erwachsene, die ihnen helfen und sie im Alltag und im Spiel begleiten.
- Die Vorteile der wilden und körperlichen Spiele in der Kita sollten sach- und fachgerecht beurteilt und gefördert werden. Die Kita-Leitung

könnte dabei eine Diskussion anstoßen, um den Umgang mit Lärm und „Kompetenzschrammen“ zu klären.

- In der Erziehungspartnerschaft sollten Eltern für Kompetenzschrammen sensibilisiert werden und Fehlermutigkeit sollte gefördert werden.
- Wichtig wäre es auch, die Bedeutung des Spiels besser zu kommunizieren. „Heute haben wir nur gespielt“ sollte fachlicher vermittelt werden.
- Spielen muss geübt werden; kleine Kinder sollten lernen sich zu beteiligen, Erwachsene sollten wieder lernen zu spielen.
- Als ErzieherIn kann es hilfreich sein sich zu vergewissern, „Wann habe ich heute gespielt?“, „Wann habe ich heute gelacht?“. Das eigene spielerische Verhalten zu überprüfen kann dabei helfen, das Spiel zu verstehen und auf die eigene Weise zu lieben.

„Das Spiel ist der Beruf eines jeden Kindes!“ (Dr. Armin Krenz)

Das kindliche Spiel als Selbsterfahrungsfeld und Bildungsmittelpunkt für Kinder

3.5 Grundsätzliches zur Psychologie des Spiels

Wenn sich (sozial-)pädagogische Fachkräfte mit dem großen und gleichzeitig bedeutsamen Thema „Psychologie des Spiels“ auseinandersetzen wollen, wird zunächst eines sehr deutlich: Es gibt kaum einen zweiten Themenschwerpunkt in der Psychologie und Pädagogik, der in gleichem Maße so umfangreich in der Literatur berücksichtigt und behandelt wurde und wird. So sind Hunderte von Büchern auf dem Markt, die sich dem „Spiel“ zuwenden, und es gibt weltweit weit mehr als tausend wissenschaftliche Untersuchungen, die sich ganz bestimmten Phänomenen des Spiels gewidmet haben. Die Frage nach dem „Warum“ ist auf den ersten Blick vielleicht schnell zu beantworten – weil das Spiel(en) in allen Kulturen und zu allen Zeiten ein fester Bestandteil im Leben des Menschen war bzw. ist und dadurch überall eine große Beachtung findet.

Ob in der Steinzeit, der Antike, im Hochland von Mexiko oder im alten Ägypten, im Mittelalter, in sakralen Handlungen oder auf Hinterhöfen: Auf der ganzen Welt legen Aufzeichnungen, Dokumente und Berichte Zeugnis davon ab, *dass das Spiel aus dem Leben des Menschen nicht wegzudenken ist* und es damit ganz offensichtlich eine *wichtige Funktion im Leben* von Menschen erfüllt. Insofern kann dieses wichtige *Phänomen Spiel* auch in der Alltagspädagogik gar nicht ausgeblendet werden, sondern muss zweifelsohne eine Berücksichtigung in der Kleinkindpädagogik finden.

Andreas Flitner, einer der großen Spielforscher des letzten Jahrhunderts, schrieb: „Das Kinderspiel ist eine zu auffällige Erscheinung aller Zeiten und aller Kulturen, als dass die Menschen es nicht von jeher beachtet hätten. Schon die frühesten Bilder des alten Reichs der Ägypter zeigen Puppen, Spieltiere, Bälle und Wagen zum Ziehen; sie zeigen Kinder, die tanzen und hüpfen, übereinander weg springen und sich balgen, ja sogar theatralische Szenen spielen und dabei Masken tragen. In der vorindustriellen Gesellschaft haben die Kinder auch unmittelbar an den eigenen Spielen der Erwachsenen teilgenommen, so wie ihr ganzes Kinderleben noch in das Leben und Arbeiten der Erwachsenen eingefügt war. Erst das Industriezeitalter zerstörte diese Gemeinschaft. Erst an der Schwelle entstand deshalb die moderne pädagogische Reflexion, welche Theorie und Erforschung des Kinderspiels ermöglichte." (Flitner 2002)

Heute hingegen verbinden viele Menschen mit dem Begriff „Spiel" weniger bedeutsame Lebensrituale oder gesellschaftspolitische Aspekte, als vielmehr die einfache Gleichung, dass das Spiel vor allem etwas ist, was zu Kindern gehört. Jeder, der sich mit seiner eigenen Kindheit beschäftigt, wird automatisch auch an eigene Kinderspiele denken.

3.6 Alltagssprachliche Aussagen

Nebenbei fällt aber auch auf, dass das Wort selbst in unserer Sprache häufiger vorkommt als auf den ersten Blick gedacht. So sagen wir bei Dingen, die uns unwichtig erscheinen: „Das *spielt* doch keine Rolle." Menschen, die ein hohes Risiko eingegangen sind, haben „alles *aufs Spiel* gesetzt", und wenn eine befreundete Person etwas getan hat, durch das man selbst tief verletzt wurde und von der man sich nun trennen wird, hat sie „ein für alle Mal *verspielt*". Menschen, die das Leben nicht so ernst nehmen, besitzen aus Sicht der ernsthafteren Personen eine *„Spielernatur"*, und andere wiederum sind der festen Überzeugung: „Das ganze Leben ist ein *Spiel*." Wenn jemand ein außergewöhnlich hohes Risiko eingeht, dann sagen wir, er *„spielt* mit dem Feuer", und wenn jemand etwas nicht versteht heißt es: „Der weiß gar nicht, was hier *gespielt* wird." Menschen, die viele Schicksalsschläge hinnehmen mussten, wurde „im Leben übel *mitgespielt*", und einem Übeltäter kann es passieren, dass er bei seiner Festnahme die Worte hört: „Das *Spiel* ist aus."

So vielschichtig die jeweiligen Bedeutungen dieser alltagssprachlichen Aussagen sind, so unterschiedlich werden auch in der „Psychologie des Spiels" bestimmte Phänomene betrachtet. Doch darf diese Tatsache nicht dazu führen, dass man sich weniger ernsthaft diesem *„Phänomen Spiel"* zuwendet. Im Gegenteil: es kommt darauf an, in der ungewöhnlich großen Menge fachwissenschaftlicher Arbeiten das Wesentliche zu entdecken und für die Praxis nutzbar werden zu lassen. Im Rahmen des 16. Weltkongresses der Internationalen Gesellschaft für Spiel (IPA – International Play Association), der 2005 in Berlin tagte und auf dem sich Fachleute aus aller Welt darüber austauschten, welche Rolle das Spiel(en) heute einnimmt, äußerten sich beispielsweise Fachleute und Politiker wie folgt:

- „Beim Spielen lernen Kinder den Umgang mit anderen; sie probieren sich aus, entwickeln körperliche Fähigkeiten und geistige Talente. Darum müssen Kinder spielen dürfen ... Ich freue mich besonders, wenn Erwachsene den Lärm spielender Kinder als Zukunftsmusik empfinden" (Horst Köhler, Bundespräsident der Bundesrepublik Deutschland).
- „Allzu oft wird Spiel als Zeitvertreib betrachtet, um Kinder ruhig zu halten bis sie erwachsen sind. Allzu oft wird Spiel auch als ein Bildungswerkzeug angesehen. Aber nur selten ist man sich der Tatsache bewusst, dass Kinder beim Spielen für das Leben lernen" (Jan van Gils, IPA Präsident).
- „Spielen ist ein Kinderrecht. Wir alle sind aufgefordert, uns für dieses Recht einzusetzen" (Edelgard Bulmahn, Bundesministerin für Bildung und Forschung).
- „Kinder lernen im Spiel am besten. Und sie eignen sich dabei mehr an als es jede Paukerei vermag: nämlich ein lebendiges Wissen, das nicht auswendig gelernt werden kann ..." (Klaus Wowereit, Regierender Bürgermeister von Berlin).
- „... für Kinder ist die Fähigkeit zu spielen einzigartig. Hier können sie ihre Gefühle artikulieren und aktiv ihre Umgebung mitgestalten" (Renate Schmidt, Bundesministerin für Familie, Senioren, Frauen und Jugend).

3.7 Zur Theorie des Kinderspiels

Ein Blick in die Zeitgeschichte zeigt, dass verschiedene Vertreter aus den Bereichen der Philosophie, Theologie, Psychologie, Pädagogik, Medizin, Soziologie und der Anthropologie ihre Einschätzung zur Funktion und Bedeutung des Spiels für die Entwicklung des Menschen vorgenommen haben. So unterschiedlich die Berufsfelder auch sind, so unterschiedlich, widersprüchlich und gegensätzlich sind auch deren Sichtweisen. Aus ihnen entstanden Meinungen und Hypothesen, *warum Kinder in den meisten Fällen gerne und in-*

tensiv spielen, welche Wirkungen das Spiel auf die Entwicklung der kindlichen Persönlichkeit hat, ob das Spiel auch einen gesellschaftsrelevanten Sinn besitzt und inwieweit das Spiel im Rahmen unterschiedlicher pädagogischer bzw. psychologischer Zielsetzungen genutzt werden kann. bzw. eingesetzt werden sollte.

Hier eine Einschätzung der bedeutendsten Vertreter:

1. **Zulliger** war ein schweizer Volksschullehrer, Psychotherapeut und Schriftsteller. Er gilt als einer der einflussreichsten Kinderanalytiker und bedeutendsten Lehrer innerhalb der psychoanalytischen Pädagogik. Zulliger war durch Oskar Pfister und Hermann Rorschach mit der Psychoanalyse Siegmund Freuds in Berührung gekommen und versuchte, die gewonnenen Erkenntnisse auf den Schulalltag zu übertragen, indem er beispielsweise die Figur des Lehrers als Ideal-Ich zu deuten oder das Spiel des Kindes als non-verbale Interaktion mit der Möglichkeit eines therapeutischen Zugriffs zu verstehen versuchte.

   Zulligers zahlreiche jugendpsychologischen und pädagogischen Publikationen wurden in 13 Sprachen übersetzt und machten ihn weit über die Schweiz hinaus bekannt (z. B. Heilende Kräfte im kindlichen Spiel). Das frei erfundene Spiel ist die eigentliche „Sprache" des Kindes. Man muss sie erlernen, wenn man wirklichen Zugang zur kindlichen Psyche erhalten, wenn man „erziehen" will. Diesen Zugang finden nur wenige. Zulliger ist sogar überzeugt, „dass wir unsere Jugend meist missverstehen oder überhaupt nicht verstehen, weil wir anders als sie denken und erfassen und weil wir nicht wissen, was sie denkt und erfasst" (Zulliger 2007).

2. **Kant** sieht im Spiel eine absichtslose Beschäftigung, die lediglich *der eigenen Muße dienlich ist.*

3. **Schiller** schuf mit seinen philosophischen Betrachtungen „über die ästhetische Erziehung des Menschen in einer Reihe von Briefen" eine Vernetzung zwischen Spiel, Schönheit und ästhetischem Sein. Er schätzt das Spiel als etwas so Bedeutsames ein, dass es den Menschen erst vollendet.

4. Für **Fröbel** wird das Spiel zur höchsten Stufe der Kindheitsentwicklung, in der es vor allem darum geht, Äußerliches innerlich und Innerliches äußerlich zu machen, entsprechend der Vorstellung, dass Eindrücke ausgedrückt werden müssen und das eigene Ausdrucksverhalten einen Eindruck in der Welt hinterlassen soll.

5. **Piaget** ordnet das Spiel des Kindes als einen permanenten Versuch ein, sein Umfeld in das eigene Denken, Handeln und Gestalten einzubeziehen,

um erlebte Situationen zu begreifen und möglichst aktiv mitbestimmen zu können. Für ihn ergibt sich daraus die logische Notwendigkeit, dass damit das Kind im Spiel vor allem eine egozentrische Haltung einnehmen und ausdrücken wird.

6. **Hetzer** glaubt, im Spiel der Kinder eine wesentliche Möglichkeit ihrer Befriedigung entdecken zu können. Ereignisse, die aus Sicht der Kinder unbefriedigend oder belastend verliefen, können nun durch das Nachspielen und ein anderes Gestalten einen nachträglich besseren Verlauf nehmen als in der erlebten Realität.

6. **Freud** vertritt in der Einschätzung und Beurteilung des kindlichen Spiels die Katharsishypothese. Seiner Einschätzung nach führt jedes Spiel zu einer Reinigung (Katharsis) von Erlebnissen, Erfahrungen und Eindrücken aus der Vergangenheit und hilft dem Kind immer wieder aufs Neue, sein seelisches Gleichgewicht aktiv wiederherzustellen.

7. Der Philosoph und Kunsthistoriker **Huizinga** geht von einem sehr weiten Spielbegriff aus. Er sieht die gesamte Kultur als eine Form des Spiels an, indem er beispielsweise die Spielregeln in der Kommunikation als ein „Spiel mit Regeln" betrachtet, Menschen darin, ihre individuellen „Spielrollen" übernehmen und das ganze Leben ein „Spiel" ist.

8. Der Hirnforscher **Gerald Hüther** erklärt: „Kinder haben eine angeborene Entdeckerfreude – bis irgendwann jemand kommt und ihnen sagt, was sie jetzt machen sollen." (Hüther 2018)
   Die drei Säulen der Kindlichen Entwicklung sind laut Hüther
   - das Aneignen von Kreativität
   - das Aneignen von Wissen und
   - das Aneignen von Können

Kinder lernen, indem sie spielen. „Aus der Gehirnforschung weiß man, dass völlig absichtsloses Spielen für die besten Vernetzungen im Gehirn sorgt", sagt Hüther (2018). Im Spiel eignen Kinder sich außerdem die wichtigste Geisteskraft überhaupt an: die Kreativität. Wenn Kinder in unterschiedliche Rollen schlüpfen und neue Denkweisen kennen lernen, erschließen sie sich die verschiedensten Denkweisen und Strategien. Kinder, die die Chance bekommen haben, frei zu spielen, können später leichter Probleme lösen.

Diese Aussagen stellen lediglich eine Auswahl an sogenannten „Spieltheorien" dar. Bei näherer Betrachtung müssen interessierte (sozial-/heil-)pädagogische Fachkräfte zu folgenden Schlüssen kommen:

- Jede Bewertung der Funktion und Bedeutung des Spiels entspringt einer bestimmten ideologischen Einschätzung oder einem bestimmten Kenntnisstand.

- Die Einschätzungen des Spiels reichen von einer besonderen Wertschätzung bis hin zu einer unumstößlich größten Bedeutung für die kindliche Entwicklung.
- Die besondere Bedeutung des Spiels für die weitere Entwicklung des Kindes entstand erst von dem Zeitpunkt an, als auch das Kind selbst (unter dem Gesichtspunkt einer eigenen Entwicklungszeit, der Kindheit) immer stärker in den Mittelpunkt einer respektvollen Betrachtung gerückt wurde.
- Eine *„einzige"* Spieltheorie gibt es aufgrund der unterschiedlichen Sichtweisen nicht!
- Da das Spiel des Menschen – in der Kindheit, Jugendzeit und Erwachsenenwelt – eine immer schon existierende Ausdrucksform war, muss davon ausgegangen werden, dass das Spiel eine *Lebensnotwendigkeit* ist.
- Die Bedeutung des Spiels für die weitere Entwicklung von Kindern kann aus zweierlei Sichtweisen betrachtet werden: - aus der Erwachsenensicht mit ihren dogmatischen Absichten und – aus der Perspektive des Kindes und seinen Entwicklungswünschen und -möglichkeiten.

So besteht heute kein Zweifel daran, dass das Spiel in der Entwicklung des Kindes eine ganz zentrale Stellung einnimmt.

Spiel ist somit keine Spielerei!

So unterschiedlich und auch widersprüchlich die „Spieltheorien" von ihren VerfasserInnen geprägt sind, so vielschichtig stellt sich das Spiel auch in der Praxis dar. Vielen Definitionen ist vor allem eines gemeinsam: sie betonen die „freie Handlung" des Spiels. So haben sich bis in die heutige Zeit zwei Grundaussagen durchgesetzt: „Spiel ist eine freiwillige Handlung oder Beschäftigung, die innerhalb gewisser festgesetzter Grenzen von Zeit und Raum nach freiwillig angenommen, aber unbedingt bindenden Regeln verrichtet wird, ihr Ziel in sich selbst hat und begleitet wird von einem Gefühl der Spannung und Freude und einem Bewusstsein des ‚Anderseins' als das ‚gewöhnliche Leben' " (Huizinga 1956, 46).

Ergänzt werden kann diese letzte Definition durch die Fixpunkte, die Chateau (1964) dem Spiel zuschreibt: Spiele haben keinen materiellen Wert, sie sind durch Freude charakterisiert, die erlebte Spielfreude ist aktiv und unmittelbar, sie zeichnen sich durch einen bestimmten Spielernst aus, sie bedeuten

Wettkampf – wenn nicht mit anderen, so mit sich selbst – und das Spielen ist ein Aufsuchen von Schwierigkeiten, um sie selbst zu meistern.

Vielleicht hat Portmann (1976, 60) das Spiel am einfachsten und prägnantesten definiert wenn er schreibt: „Spiel ist freier Umgang mit der Zeit, ist erfüllte Zeit; es schenkt sinnvolles Erleben jenseits aller Erhaltungswerte; es ist ein Tun mit Spannung und Lösung, ein Umgang mit einem Partner, der mit einem spielt – auch wenn dieser Partner nur der Boden ist oder die Wand, welche dem Spielenden den elastischen Ball zurückwerfen."

3.8 Spielformen und ihre Bedeutung für die Entwicklung der individualen und sozialen Identität

Auch wenn damit jeder Klassifizierungsversuch seine Schwächen besitzt, scheint dabei ein Ordnungssystem am besten geeignet zu sein, das sich entwicklungspsychologisch in der Reihenfolge der aufeinander aufbauenden Spielformen und durch ihre Auftretenshäufigkeit ergibt:

1. Das ***„Sensomotorische Spiel“***: Diese Spielform, die früher auch als „Funktionsspiel“ bezeichnet wurde, umfasst vor allem die Spielaktivitäten der ein- und zweijährigen Kinder. Ihre Freude an Körperbewegungen, das Spiel mit eigenen Körperteilen und einigen wenigen Gegenständen, die mehrfachen Spielwiederholungen und das lebhafte Interesse am Erlebnis von „Spannung und Entspannung“ motiviert Kinder immer wieder, Bewegungshandlungen auszuprobieren, Gegenstände in Bewegung zu bringen und Spielrituale zu wiederholen.

2. ***„Entdeckungs- und Wahrnehmungsspiele“,*** auch „Informations- und Explorationsspiele“ genannt, beziehen sich darauf, Gegenstände und Zusammenhänge zu erkunden, Geräusche zu erfassen, Spielabläufe mit den Materialien zu beobachten, die Beschaffung der Materialien zu „begreifen“, Neues an/in den Materialien zu erkunden und mit allen interessanten Dingen zu hantieren.

3. Das ***„Bauspiel“*** mit (Holz-)Bausteinen, Alltags- oder Naturmaterialien kann auch als ein „werkschaffendes Spiel“ bezeichnet werden. Hier steht das Bedürfnis des Kindes im Vordergrund, etwas aufeinander, voreinander, hintereinander zu legen, um beispielsweise hohe Türme, Häuser, Berge, Burgen, Wegbegrenzungen o. Ä. zu erbauen. Treibender Motor ist dabei die kindeigene Schaffensfreude, bei der das Kind die Erfahrung macht, ein „wirksamer Baumeister“ sein zu können.

4. ***„Produktionsspiele zum Gestalten“*** gehen über ein eher eingegrenztes Material wie beim Bauspiel hinaus. Hier nutzen Kinder die unterschiedlichsten Dinge und Gegenstände, wie Verpackungsmaterialien, Holzteile, Seile, Kartons, Papier, Kleber, Dosen etc., um alleine oder mit anderen Kindern ein bestimmtes Produkt zu erstellen. Die Vielfalt der Materialien und ihre unterschiedlichen Nutzungsmöglichkeiten geben den Ausschlag dafür, dass vor allem die Fantasie der Kinder angeregt und ihre Handlungsimpulse immer wieder aufs Neue aktiviert werden.

5. Das ***„Konstruktionsspiel“*** bezieht sich nun wieder mehr auf ganz be-

stimmte Spielmaterialien, die miteinander verknüpft werden können und eine Einheit bilden. Das wohl bekannteste Konstruktionsspiel ist Lego. Neben der Freude und dem Interesse des Kindes, bestimmte Zielobjekte in freiem Gedankengang oder nach einer Vorgabe herzustellen, sind hier vor allem ganz bestimmte kognitive Leistungen gefragt, wie beispielsweise Abstraktionsvermögen oder perspektivisches und logisches Denken. Im Konstruktionsspiel müssen vor allem drei Aspekte zusammen kommen: das Kind mit seinen genauen Konstruktionsvorstellungen, das vorhandene Material, das die Konstruktionserstellung zulässt, und das notwendige Werkzeug, das bei der Konstruktionserstellung unerlässlich ist (z. B. Schraubendreher).

6. ***„Bewegungsspiele“*** drücken sich in einfachen Fangspielen, Such- und Versteckspielen bis hin zu komplizierteren Hüpf- und Ballspielen oder auch freien Bewegungsimprovisationen aus. Auch wenn hier zunächst ein „Wettkampfgedanke“ ins Spiel kommt, so darf in keinem Fall vergessen werden, dass Bewegungsspiele zu allererst eine geregelte Möglichkeit sind, motorisch geprägte Aktivitätsbedürfnisse auszuleben, Bewegungseinschränkungen auszugleichen und Gefühle über Motorik zu kompensieren. Das Zusammenspiel von Bewegung, die Kooperation mit anderen und die erlebte Beziehungsnähe zu den Mitspielern machen den besonderen Reiz der unterschiedlichen Bewegungsspiele aus. Gleichzeitig bieten Bewegungsaktivitäten aber auch eine wichtige Möglichkeit, um aufgestaute Gefühle wie Ärger oder Wut, Belastungsstress, Frustrationen, erlebte Isolationsmomente, erfahrene und quälende Einschränkungen, unbefriedigte Grundbedürfnisse oder Einsamkeit und Entfremdung zu kompensieren. Dabei stellt die Spielform „Bewegungsspiele“ eine weitere Ausdrucksform zur Verfügung: „Aggressionsspiele zum Austoben.“ Darunter werden wilde Rauf- und Kampfspiele verstanden, die unter Beachtung fester Spielregeln (ohne bedeutsame Verletzungsgefahr) den Beteiligten gezielt dabei helfen, aggressive Stimmungen und aufgestauten Stress abzubauen (vgl. Beudels 2018).

7. ***„Musikspiele“*** bieten durch den spielerischen Umgang mit Instrumenten und der eigenen Stimme vielfältige Möglichkeiten, Musik und Sprache (Gesang) aktiv zu erleben und nicht nur den „Unterhaltungswert aus der Konserve“ zu nutzen. Gerade durch eigene, selbst initiierte und selbst gestaltete Musikerlebnisse, bei denen die Kinder ihre musikalischen Ressourcen entdecken und zu nutzen in der Lage sind, ergeben sich viele Spielaktionen, die Kinder dazu führen, eigene Stimmungslagen mit dem Ausdrucksmittel „Musikgestaltung“ zu verbinden. Musikwissenschaftler sprechen hier von der Begegnung bzw. der Deckungsidentität von „inneren und äußeren Tönen“. Für die

unterschiedlichen Musikspiele können einerseits vorhandene Musikinstrumente genutzt aber auch selbstgebaute Musikinstrumente eingesetzt werden. Dieser Spielform kann auch das „Tanzspiel“ zugeordnet werden, weil Tanz- und Musikspiele häufig ineinander übergehen. Tanzspiele bestehen nicht nur aus traditionellen Tänzen – vielmehr erleben Kinder viel Freude an einer rhythmischen Bewegung nach Musik, an Körperkontakt mit anderen Mittänzern und an veränderbaren Beziehungen während des Tanzspiels. Dabei kann es sein, dass die Bewegungsgestaltung während des Tanzspiels frei assoziiert oder auch vorgegeben ist. Entscheidend bleibt allerdings immer das Zusammenspiel von Musik, Ausdruckskraft, Melodie, Rhythmus und der eigenen Tanzgestaltung und -bewegung.

8. Im ***„Finger- und Handpuppenspiel“*** können sich Kinder mit den unterschiedlichen Personen identifizieren, sich in ihnen selbst entdecken oder von ihnen abgrenzen, je nachdem welche Verhaltensweisen und Persönlichkeitsmerkmale die dargestellten Charaktere präsentieren. Mit der Fingerpuppe bis zur Handpuppe können Spielszenen aufgeführt werden, um Kinder damit in eine Selbstbetrachtung zu führen oder Stellungnahmen bzw. Einschätzungen vorzunehmen, um über sich oder andere Menschen, Handlungsaspekte oder Handlungsfolgen nachzudenken. Die Faszination dieser Spielform hat bis heute bei Kindern trotz der medialen Welt nicht nachgelassen. Das Besondere an dieser Spielform ist der Umstand, dass die Spielakteure in einer beziehungsnahen Kommunikation mit den Kindern stehen und jederzeit situationsorientiert in eine neue, aktuelle Interaktion mit Kindern treten können.

9. Das ***„Marionetten-, Stockpuppen-, Stabpuppen- und Figurenspiel“*** kann als eine Fortsetzung der zuvor genannten Spielform genannt werden. Dabei findet das Spielszenario in einem fest umrissenen Raum statt, mit mehr oder weniger Elementen (Bühnenbilder, Licht, Geräusche, benutzbare Gegenstände, szenische Gestaltung der „Bühne“ ...). Dabei erwecken die Spieler die Holz-/Papierfiguren zum Leben und bauen häufig direkte Lebenssituationen der Kinder in ihre Spielhandlungen ein. Je älter die Kinder sind, desto eher ist es auch möglich, sie in die aktiven Spielhandlungen mit aufzunehmen und zum gestaltenden Akteur werden zu lassen.

10. Das ***„Symbol- oder Fiktionsspiel“*** ist ein sogenanntes „So-tun-als-ob-Spiel“ und wird von vielen Spielforschern als die hauptsächliche und eigentliche Spielform von Kindern bezeichnet. So geben Kinder sowohl den ausgewählten Spielgegenständen als auch der ausgewählten Spielhandlung ein „eigenes Gesicht“. Dabei werden Puppen

zu Kindern, Stühle zu Schiffen, Tische zu Höhlen, Kartons zu Schatzkisten oder beispielsweise bunte Stifte zu Zauberstäben. Auf der einen Seite können Symbol- und Fiktionsspiele als Solospiele, auf der anderen Seite aber auch als Parallel- oder kommunikationsverbindende Spiele durchgeführt werden. Diese Spielform wird zwar häufig auch als „Rollenspiel" bezeichnet, sie ist aber unter genauerer Betrachtung noch kein wirkliches Rollenspiel.

11. Das ***„Rollenspiel"*** ist ein festes, von Kindern thematisch geleitetes Zusammenspiel von mindestens zwei Personen, die sich in fiktive Rollen begeben (haben). Meist sind es Darstellungen von Personen und Situationen, die Kinder erlebt haben oder in ihrer Vorstellung so erleben wollen. Im Rollenspiel erproben Kinder ihre eigenen Verhaltensweisen oder nutzen es zur Verarbeitung von erlebten Konfliktsituationen aus ihrem Alltag. Je jünger die Kinder sind, desto einfacher sind diese Rollenspiele, und mit zunehmendem Alter werden sie immer differenzierter und umfassender, bis sie in ein sogenanntes „soziales Rollenspiel" münden. Hierbei werden die Rollen exakt verteilt und spielerisch immer differenzierter ausgefüllt; die benutzten Requisiten ähneln immer stärker den Gegenständen in der Realität; und die Ansprüche an soziale, emotionale und kognitive Kompetenzen steigen mit der Zunahme der Rollenspielkomplexität. Durch das Rollenspiel versuchen Kinder unbewusst, die von ihnen dargestellten Situationen besser zu verstehen, neu wahrzunehmen und differenzierter zu durchschauen, ihre Lebenssituation zu stabilisieren und durch die spielerische Darstellung ihre erlebten Gefühle auszudrücken. Sofern das Rollenspiel als Verarbeitungshilfe dienen soll, kann es ihnen helfen, einen neuen Abstand zur bereits erlebten oder in der Zukunft anstehenden Situationen zu gewinnen, auch um mögliche Handlungsalternativen zu finden und ausprobieren zu können.

12. Das ***„Schattenspiel"***, das auch als Schemenspiel oder Figurenschattenspiel bezeichnet wird, übt aus unterschiedlichen Gründen einen besonderen Reiz auf Kinder aus. So ist es vor allem die Zweidimensionalität, die Körperlosigkeit, das Fantastische und Unfassbare, das häufig lautlos dargestellte Spiel und die manches Mal grotesk wirkende Darstellung, die Kinder in ihren Bann ziehen. Neben den (selbst hergestellten) Figuren können aber auch Personen ein „Menschenschattenspiel" durchführen, bei dem dann vielfältigste „Tricks" angewandt werden können – beispielsweise ist es nicht schwer, größere Gegenstände zu verschlucken, mit übernatürlich groß wirkenden Drachen zu kämpfen, plötzlich zu verschwinden oder zu fliegen. Hier können sowohl „fantastische Geschichten" als auch „belastende

Lebenssituationen" zum Thema werden – es können Ängste thematisiert und im Nachhinein aufgegriffen und bearbeitet werden.

13. Der Begriff ***„Freispiel"*** (auch Freies Spielen genannt) ist eigentlich ein redundanter Begriff, da jedes Spiel für Kinder frei sein sollte. In ihm wählen die Kinder aus, was sie zu welcher Zeit an welchem Ort mit wem spielen möchten. Dabei liegt die Betonung zunächst weniger auf dem Aspekt der Freiheit als vielmehr auf dem Begriff des Spiels. Das heißt, dass ein Freispiel durch sehr unterschiedliche Spielhandlungen der Kinder charakterisiert ist. Voraussetzung für ein freies Spielen ist demnach die Existenz einer Spielfähigkeit der Kinder, weil Spielhandlungen sonst nicht zustande kommen können. Kinder, die keine oder nur eine sehr eingeschränkte Spielfähigkeit besitzen, erleben eine Freispielzeit als Überforderung und wissen mit dieser ungeplanten Zeit wenig bis gar nichts anzufangen. Häufig fühlen sich Kinder dadurch veranlasst, motorisch aktiv zu sein (um der Aktivität willen) oder anderen Kindern mit unsozialen Verhaltensweisen gegenüber zu treten. Dies geschieht *nicht* aus einem eigenen Wollen heraus, sondern vielmehr aus dem Bedürfnis nach Stressreduktion! Spielfähige Kinder hingegen nehmen eine Freispielzeit gerne in Anspruch, um eigene Spielideen zu verfolgen, selbständige Spielhandlungen aufzubauen, ausgewählte Spielmaterialien in ihren Spielablauf aufzunehmen und Spielerlebnisse zu genießen. Entscheidend ist also beim Freispiel die Ausgangssituation der Kinder. Das Freispiel darf daher weder zu einem starren Zeitfenster im Tagesverlauf von Kindern werden noch darf es dazu „missbraucht" werden, um Kindern im Freispiel Selbständigkeit und Verantwortungsbewusstsein „beizubringen". Diese weit verbreiteten Vorstellungen haben beispielsweise über Jahrzehnte hinweg die Kindergartenpädagogik geprägt und letztlich auch dazu beigetragen, dass der Bildungsauftrag nur eingeschränkt umgesetzt werden konnte. Zum Schluss sei zu dieser Spielform angemerkt, dass Eltern und Fachkräfte selbstverständlich die Möglichkeit und eine damit verbundene Aufgabe haben, dem Freispiel neue Spielimpulse zu geben, wenn der Ideenreichtum der Kinder ausgeschöpft zu sein scheint.

14. ***„Interaktionsspiele"*** sind zumeist eher kurze Spielhandlungen, die von einem Spielleiter initiiert, begleitet und gesteuert werden, wobei die Abläufe und Gestaltungsmöglichkeiten der ursprünglichen Spielstrukturen auch verändert werden können. Ursprünglich stammt diese Spielform aus der therapeutischen und damit gruppendynamischen Arbeit, bei der es um Selbsterfahrung und Sensibilisierung für andere Menschen geht. Interaktionsspiele kennen weder die Katego-

rien „richtig & falsch" bzw. „Sieger & Verlierer" noch geht es darum, dass sich einzelne Mitspieler in den Interaktionsspielen besonders hervortun. Sie dienen vielmehr der Erweiterung der eigenen Wahrnehmungsfähigkeit, der Verbesserung der Wahrnehmungsoffenheit für andere Menschen und bestimmte Situationen, der Erweiterung eigener Handlungsmöglichkeiten, der Verbesserung der Kommunikations- und Konfliktfähigkeit, der Erweiterung eines Kooperationsverhaltens und der Veränderung eigener stereotyper Denk- und Verhaltensmuster. Trotz dieser Schwerpunkte erfassen die Interaktionsspiele immer die ganze Person, die sich in bestimmten Interaktionssituationen erfahren kann und damit in die Lage versetzt wird, über sich und das bisherige Kommunikationsverhalten, über Einstellungen und Sichtweisen, konstruktive oder destruktive Handlungsmomente zu reflektieren.

15. Die umfangreichste „Spielsammlung" in der gesamten Spielliteratur entstammt der Spielform der ***„Sozialen Regelspiele"*** (auch Gemeinschaftsspiele genannt). Auch wenn alle anderen Spielformen mehr oder weniger auf irgendwelchen Regeln basieren, so hat diese Bezeichnung dennoch ihren Sinn: Soziale Regelspiele sind in den meisten Fällen so aufgebaut, dass sie einen Wettkampfcharakter haben und die Konkurrenz der Mitspieler eher provozieren; sie bestehen in ihrer Struktur aus einem festgelegten Ablauf und verlangen von allen Mitspielern, die bekannten Regeln bis zum Ende des Spiels zu beachten und auch einzuhalten. Es gibt viele Kinder, die einen Leistungsvergleich mit den Mitspielern suchen, um möglichst selbst der/die Bessere zu sein. Allerdings muss an dieser Stelle deutlich darauf hingewiesen werden, dass für diese Spielform eine Vielzahl spezifischer Verhaltensweisen notwendig ist (beispielsweise ein Grundmaß an Belastbarkeit, Frustrationstoleranz, Empathie und Anstrengungsbereitschaft). Alle beteiligten Mitspieler müssen in der Lage sein, sich mehr auf den Spielgegenstand selbst, die Spielaufgabe und den -verlauf einzulassen und damit weniger die subjektive, persönliche Wertigkeit in den Mittelpunkt des Sozialen Regelspiels zu stellen. Kinder, deren seelische Grundbedürfnisse eher unbefriedigt geblieben sind, haben weitaus größere Schwierigkeiten, sich auf diese anspruchsvolle Spielform einzulassen, als Kinder, die durch eine Grundbedürfnisbefriedigung zu ihrer Selbstkompetenz finden konnten. Gleichzeitig ist bekannt, dass der Auf- und Ausbau eines sozialen Regelbewusstseins bei Kindern ein Lernprozess ist, der einen Zeitraum von ca. 10 Jahren umfasst. So ist verständlich, dass Kinder ihre eigenen Regeln entwickeln, um sich an ihnen selbst messen zu können. Sollte ein Mitspieler also die Regeln missachten oder innerhalb des Spielab-

laufes verändern, so würde damit entweder das ganze Spiel als beendet erklärt oder die anderen Mitspieler einigen sich darauf, diesen regelverletzenden Spieler vom weiteren Spielverlauf auszuschließen. Diese Konsequenz kann und darf aber nicht dem Kind selbst angelastet werden, weil es offensichtlich „in seiner Sozialentwicklung noch nicht soweit ist". Schon hier wird sicherlich deutlich: Das Soziale Regelspiel wird häufig viel zu früh in die Pädagogik eingeführt und mit Kindern erlebt (Beobachtungen dokumentieren, dass Soziale Regelspiele mit Kindern zwischen dem dritten und vierten Lebensjahr nicht unüblich sind, anstatt diese Spielform erst bei Kindern ab dem fünften, sechsten Lebensjahr verstärkt zu nutzen). Daher steht diese Spielform – aus entwicklungspsychologischer Sicht betrachtet – in der Reihe der Spielformen erst im Abschlussbereich.

16. Zum Schluss der Spielformen kann der große Bereich des ***„Theaterspiels"*** genannt werden. Darunter fallen zunächst viele andere Begriffe wie beispielsweise das „Pantomimische Spiel", das „Märchenspiel", „das Maskenspiel", „Schwarzes Theater" und schließlich, als die anspruchvollste Spielform, das „Planspiel". Um jedoch auch hier dem Spielgedanken treu zu bleiben sei angemerkt, dass jede Form des Theaterspiels nur dann als *Spiel* bezeichnet werden kann, wenn alle Akteure gemeinsam das Stück aussuchen und bestimmen, die Texte auf ihren Bedeutungsgehalt für alle Mitspieler hin überprüfen und gegebenenfalls modifizieren (umschreiben), die Rollen selbst verteilen und gegebenenfalls neue Rollen hinzufügen oder vorhandene Rollen aus dem festgelegten Stück verbannen können. Theaterspiele leben von den Einfällen der Mitspieler, sind offen für Erweiterungen und bieten Platz, um interessante Ideen und Einfälle zu integrieren. Theaterspiele werden von Kindern dann besonders gerne angenommen, wenn sie auch in die gesamte Bühnengestaltung aktiv einbezogen werden, so dass das Ganze zu einem einzigen, großen Spiel wird, in dem Handwerk und Konstruktion, Bewegung und Musik, Tanz und Produktion sinnverbunden miteinander vernetzt sind.

17. Sogenannte ***„Denk- und Lernspiele"*** sind im Gegensatz zu den vorher benannten sechzehn Spielformen im eigentlichen Sinne keine Spiele. Hier handelt es sich vielmehr um „Lern- und Übungs*formen*", die einerseits nur den kognitiven Bereich von Kindern trainieren sollen und damit andererseits nur bestimmte Teilfunktionen des Menschen ansprechen. Sie sollen Wissen vermitteln, kognitive Lernprozesse stimulieren und können ohne Schwierigkeiten bestimmten richtlinienorientierten Lernzielen zugeordnet werden. Jedem aufmerksamen Betrachter wird damit klar, dass bei diesen „Übungen" ein ursprünglicher *„Spiele-Charakter" nicht mehr zu erkennen ist*. Daher kann an

dieser Stelle auch nicht auf diese „Spielform", die keine ist, eingegangen werden.

3.9 Spielen und Lernen: ein zusammengehöriges Geschehen

Kinder lernen auf vielfältigste Weise: durch Nachahmen, Erproben, Experimentieren, Vergleichen, Wiederholen, Fragenstellen, Antwortsuche, Zuhören, Erzählen, Üben, spontanes Erproben ... Wichtig ist dabei weniger eine eindimensionale Handlung sondern vielmehr eine aktive Tätigkeit, die sich aus den unterschiedlichsten Lernmöglichkeiten zusammensetzt. Dabei zieht das Kind immer und immer wieder Erfahrungen aus seinen vielfältigen Handlungen, durch die es in seinen gedanklichen Annahmen bestätigt oder irritiert wird, die es in Erstaunen versetzen, fröhlich oder wütend, ängstlich oder traurig werden lassen, in eine Anspannung oder zur Entspannung führen, handlungsmotivierend oder handlungsverunsichernd wirken.

Kinder gewinnen auf diese Art und Weise Erkenntnisse und entwickeln Sichtweisen bzw. Einstellungen, entdecken neue Facetten ihrer Talente, bauen durch Versuch und Irrtum unterschiedliche Fähigkeiten auf und entwickeln in zunehmendem Maße Fertigkeiten, die ihnen helfen, ihre eigenen Handlungsimpulse zielgerichtet umzusetzen.

Nun stellt sich die Frage, ob auch *das Spiel* mit seinen unterschiedlichen Spielformen dazu beiträgt, dass diese o. g. Lernmöglichkeiten aktiviert, unterstützt bzw. auf- und ausgebaut werden.

Seit Rousseau und Fröbel ist bekannt, dass das Spiel in einem entscheidenden Maße einen Einfluss auf die Erweiterung des kindlichen Lernpotenzials besitzt und damit vielfältige Kompetenzen des Kindes fördert, angefangen von einer Stabilisierung der Ich-Identität über die Verbesserung der Belastbarkeit bis hin zu einer Erweiterung der sozialen Sensibilisierung.

Im Spiel spiegeln sich dabei nicht nur die Seelenstruktur des Kindes und seine Einschätzung des subjektiv erlebten Selbstbildes wider; vielmehr gibt es durch sein Spielverhalten auch einen Einblick in seine zukünftige Entwicklung! Auf den Punkt gebracht weisen alle bedeutsamen Forschungsergebnisse auf folgende drei Aspekte hin:

Das Spiel

- ist von entscheidender Bedeutung für die Persönlichkeitsentwicklung des Kindes
- ist der Nährboden für den Auf- und Ausbau außergewöhnlich vieler personaler und schulischer Fertigkeiten
- erweist sich auch als eine Grundlage für später notwendige berufliche Merkmale

Doch auch wenn diese Erkenntnisse schon lange vorliegen und weitestgehend in der Praxis bekannt sind, erschreckt uns auf der anderen Seite die Tatsache, dass es zunehmend mehr Kinder und Jugendliche gibt, die bereits kaum noch spielen (können).

Wenn das Spiel als eine aus der tiefen Neugierde entstandene, freiwillige, spontane und geplante, lebendige und freudvolle Auseinandersetzung des Kindes mit sich und seiner Umwelt verstanden werden kann, wird deutlich, was dieses Grundverständnis mit den gerade vorgenommenen drei Aspekten zu tun hat.

Das Spiel trägt immer wieder dazu bei, selbst aktiv zu werden, sich den unbekannten Dingen des Lebens zuzuwenden und sich mit ihnen auseinanderzusetzen, Lösungsstrategien für Handlungsabsichten zu entwerfen und einzusetzen, Neues zu wagen und bekannte Handlungsmuster zu erweitern, Gewohnheiten und Routine zu überwinden und damit kreative Aspekte in seinem Handlungsspielraum zu integrieren. Betrachtet man diese „lebensbedeutsamen Grundleistungen", dann wird auch an dieser Stelle schon eine Tatsache besonders deutlich: Kinder erwerben im Spiel sogenannte *„generalisierende Fähigkeiten"* und entwickeln *„generalisierende Leistungen"*, die als Grundlage für außergewöhnlich viele Fertigkeiten des Menschen notwendig sind.

Im Einzelnen sind es folgende Merkmale:

- ***Vernetzungen und Verbindungen herstellen***: zwischen unterschiedlichen Dingen kombinieren und koordinieren können
- ***Analysen vornehmen***: Situationen, Zustände, Dinge und Personen herauslösen und differenziert betrachten können
- ***Zuwendung aufbringen***: Interesse, Aufmerksamkeit, Kontakt und Beziehungen zu den Dingen, zu den an einer Tätigkeit beteiligten Personen und den Abläufen herstellen
- ***Synthesen bilden***: Teile eines Ganzen wieder zusammenfügen und Sinnverbindungen/Zusammenhänge herstellen können
- ***Vergleiche anstellen***: Gemeinsamkeiten bzw. Unterschiede zwischen Personen, Dingen und Ereignissen erkennen können

- ***Codierungen verinnerlichen***: Gedächtnisleistungen und damit die Merkfähigkeit weiterentwickeln können
- ***Systematisierungen vornehmen***: eine strukturierte, gezielt und aufgebaute Vorgehensweise entwickeln und umsetzen können
- ***funktionelle Systeme entwickeln***: geeignete Schemata im Bereich der Kognition und der Handlungsvielfalt aufbauen, um selbst gesetzte oder erwartete Strategien zur Verfügung zu haben
- ***Wahrnehmung erweitern***: die Vielfalt der Sinnestüchtigkeit ausformen, sie immer wieder aufs Neue aktivieren und in eine permanente Phase der Präzisierung bringen
- ***Kreativität entwickeln***: bisherige Handlungskonzepte auf ihre Effizienz hin überprüfen und neuartige Strategien entwerfen und ausprobieren können
- ***Regelsysteme erkennen und zu nutzen wissen***: einzelne Tätigkeiten aufeinander abstimmen können

Es besteht kein Zweifel daran, dass sich diese Grundleistungen *nicht nacheinander* sondern immer *in einer Abhängigkeit voneinander* entwickeln. Betrachtet man diese Zentralfunktionen, wird schnell deutlich, dass sie einerseits in fast allen Spielen zu entdecken sind und gleichzeitig die *Grundlage des Lernens* bilden.

Insoweit überraschen folgende Aussagen zum Spiel in keiner Weise, wenn es beispielsweise heißt: Spielen und Lernen bilden eine nicht zu trennende Einheit; oder:

Spielen ist Lernen bzw. Lernen ist Spiel.

3.10 Voraussetzungen zur Förderung des Spiels

Wenn das Spiel des Kindes als eine *grundlegende Haupttätigkeit* seines Lebens gesehen und als solche auch eingestuft werden muss, dann ist es erforderlich, dass Kinder auch entsprechende *Voraussetzungen zum Spielen* benötigen, um entsprechende Entwicklungsprozesse auf- und auszubauen. Entsprechend der Beschaffenheit dieser Bedingungen wird das Spielverhalten von Kindern eher gefördert oder behindert – schlimmstenfalls unterbunden. Gleichzeitig ermöglichen oder verhindern die vorhandenen Spielbedingungen die vielfältigen Spielformen, die jede für sich ganz spezifische Lernerfahrungen initiiert und in einen weiteren Gestaltungsprozess führt. Grundsätzlich zählen zu den wesentlichen Spielbedingungen die Merkmale Zeit, Platz, Materialien, MitspielerInnen, Entscheidungsfreiheit und Ruhe.

- ***Zeit:*** Je jünger die Kinder sind, desto intensiver sind sie ganz in ihre Spiele vertieft. Beobachtungen haben ergeben, dass kleine Kinder bis zu neun Stunden am Tag spielen, wenn man ihnen die Möglichkeit dafür einräumt. Spielen ist die Zeit, die frei von äußeren Erwartungen oder Verpflichtungen ist, und sie ist für Kinder immer ausgefüllt. Dabei spielt es keine Rolle, ob sie auch tatsächlich – von einer Außensicht betrachtet – immer „aktiv" sind. Das Spielen ist durch Tätigkeiten *und* zurückgezogenes Beobachten, wildes Agieren *und* stummes Betrachten, Gespräche mit anderen *und* eine innere Zwiesprache mit sich selbst gekennzeichnet, in denen das Kind seinem subjektiven Spielerlebnis nachgeht. Unterbrechungen stören diesen Ereignisprozess ganz erheblich.
- ***Platz:*** Zunächst nutzen kleinere Kinder ihren unmittelbaren Lebensraum für ihre Spielaktivitäten. Solange sie noch im Kinderwagen oder im „Laufstall" sind und noch nicht den freien Gang beherrschen, fixieren sie sich auf ihre eigene, kleine Spielfläche. Mit zunehmendem Alter richten sie ihre ganze Aufmerksamkeit auf ihr gesamtes, weiteres Umfeld. So werden alle Räume der Wohnung, der eigene Garten und/oder öffentliche Rasen- und Spielflächen, öffentliche Plätze, Wiesen und Wälder, die Wohnungen ihrer Spielkameraden und alle zur Verfügung stehenden Flächen zu ihrem Spielplatz, den sie nach eigenen Vorstellungen und Möglichkeiten (um-)gestalten und nutzen. Angesichts der Tatsache, dass alle Spielräume ihren eigenen Charakter und ihre eigenen Besonderheiten besitzen, ist es notwendig, dass Kinder diese unterschiedlichen Spielorte kennen lernen und nutzen, damit sie vielfältigste Erfahrungen in abwechslungsreicher Umgebung und großzügiger Vielfalt machen können. Es bleibt nicht aus, dass Kinder aufgrund eigener Spielvorstellungen andere Maßstäbe an Ordnung oder Sauberkeit anlegen als Erwachsene! Sie sollten daher darauf achten, das Spiel der Kinder nicht durch einengende Regeln oder normativ geprägte Erwartungen einzuschränken, unattraktiv werden zu lassen oder gar zu unterbinden.
- ***Materialien:*** So vielfältig die Spielformen und Ausdrucksmöglichkeiten der Kinder sind, so vielfältig sind ihre Spielmaterialien. Ob es der eigene Körper ist (mimisches Ausdrucksspiel) oder ob es die unterschiedlichsten Materialien zum Bauen und Werken sind, die zur Herstellung von Spielgegenständen benötigt werden, ob es Verkleidungsutensilien für das Rollenspiel oder Bäume und große Steine sind, die zu Kletter- und Fangspielen einladen, ob ein unübersichtliches Gelände dem Versteckspiel dient oder Zelte und Höhlen als Burgen umgedeutet werden, ausgediente Elektrogeräte zum Zerlegen als Fundus für Experimentier-

spiele benötigt werden oder – selbst entwickelte – Musikinstrumente die Fantasie anregen, Stifte und Farben zum Malen oder zur endgültigen Gestaltung von Kulissen eingesetzt werden – immer sind es vielfältigste und sehr unterschiedliche Dinge, die das Spiel reichhaltiger werden lassen. Bei allen Materialien geht es aber nicht in erster Linie um fertige Spielmittel – vielmehr müssen die Materialien auch immer wieder entgegen ihrer funktionalen Bestimmung zweckentfremdet werden können und veränderbar sein, Neugierde provozieren und die Fantasie des spielenden Kindes anregen. (Anmerkung: Im klassischen Verständnis des Spiels sind daher „Spiele" mit dem Gameboy oder PC-„Spiele" *Beschäftigungen und keine Spiele!*)

- ***MitspielerInnen***: Da das Spiel – je nach Spielform und Absicht des Kindes – sehr unterschiedliche Funktionen besitzt, ermöglicht es der spielenden Person, entweder mit sich alleine und dem Spiel zu kommunizieren *oder* mit sich, dem Spiel und anderen Menschen (Gleichaltrigen, älteren und jüngeren Kindern, Eltern, Großeltern, Nachbarschaftskindern oder ErzieherInnen) zu interagieren. So kann das Kind in diesen Spielsituationen Erlebnisse, Erfahrungen und (Sinnes-)Eindrücke verarbeiten, zukünftige, für das Kind bedeutsame Situationen kognitiv bzw. emotional ordnen oder „einfach nur" mit Freude eine Spielhandlung erleben. Doch bei allen Spielerlebnissen gibt es einen „roten Faden": Das Spiel unterstützt das Kind dabei, seine eigene Identität zu finden bzw. zu stabilisieren bzw. seine soziale Kompetenz zu erweitern. Und hierbei bekommt es Hilfe und Anregungen durch seine MitspielerInnen. Sie sind es, die durch ihre Spielimpulse neue Aspekte in ein Spiel hineintragen und so dafür sorgen, dass das spielende Kind zu neuen, inneren Auseinandersetzungen finden kann.
- ***Entscheidungsfreiheit:*** Da jedes Spiel aus seiner „Zweckfreiheit" heraus lebt und durch sich selbst zum Umgang mit den Spielmaterialien bzw. MitspielerInnen auffordert, gewinnt jedes Spiel für Kinder nur dadurch einen (An-)Reiz, wenn es motivierende Merkmale enthält. So lebt das Spiel in erster Linie aus der kindeigenen Freude heraus, sich auf die Spielhandlung selbst einlassen zu wollen. In der Praxis ist häufig zu beobachten, dass immer wieder zwischen „sinnvollen" (konstruktiven) und „sinnlosen" (destruktiven) Spielen unterschieden wird. Eine solche Differenzierung ist weder fachdidaktisch noch entwicklungspsychologisch haltbar, weil jedes Kinderspiel sinnvoll und damit entwicklungsbedeutsam ist. Gerade sogenannte „didaktisierte Spiele" bieten kaum die Möglichkeit, eigenen Fantasien und kreativen Gestaltungsmöglichkeiten nachgehen zu können. Wo dann durch Erwachsene entsprechende Spielreglementierungen folgen oder gar disziplinierend auf Kinder eingewirkt wird, ist der Sinn eines Spiels im originären Sinne nicht mehr vorhanden.

- **Ruhe:** Auch wenn es bei den unterschiedlichsten Spielformen häufig lebendig und laut zugeht, brauchen Kinder Ruhe, um sich weitestgehend ungestört in ihren Spielsituationen wohlfühlen zu können. Nahezu jedes Spiel ist durch einen Spielaufbau gekennzeichnet – so gibt es einen Einstieg, eine intensive Hauptphase und einen Abschluss. Störungen von außen würden dabei diese Struktur unterbrechen und für Kinder durcheinander bringen. Mögen manche „Ratschläge“ der Erwachsenen, ein Spiel so oder so zu gestalten, auch noch so gut gemeint sein, ändert dies nichts an der Tatsache, dass Spielabläufe dadurch eine andere Wendung als vom Kind beabsichtigt bekommen. Damit kann sich ein Kind aber nicht mehr in *sein* Spiel fallen lassen.

Aufgrund dieser hohen Bedeutung des Spiels für die Entwicklung der Kinder ergeben sich viele Fakten, mit denen sich (sozial-, heil-)pädagogische Fachkräfte auseinandersetzen müssen.

4. Aufbau und Zusammenhänge von Wahrnehmung und Sensorischer Integration

Gute Schulleistungen sind wie Früchte eines Baumes. Aber so, wie man Früchte nicht einfach erzwingen kann, kann man dies mit Schulleistungen genauso wenig tun. Wenn der Baum, seine Wurzeln und die Krone gesund sind, er genügend Nahrung erhält, der Boden geeignet ist, dann, und nur dann kann er gute Früchte hervorbringen.

Alle Informationen über unseren Körper und unsere Umwelt erhalten wir über die Sinnesorgane. Ohne diese ist keine Auseinandersetzung mit sich und der Welt (z. B Mathematik) möglich.

Wahrnehmen wird als ein aktiver Prozess verstanden, bei dem das Kind mit allen Sinnen seinen Körper und seine Umwelt kennen lernt.

Dieser Vorgang lässt sich gut mit dem Wachstum eines Baumes vergleichen, zu dem Wurzeln, Stamm, Äste, Blätter und Früchte gehören. „Die Nahrung kann zunächst nur von unten über die Wurzeln aufgenommen werden. Das Gedeihen und Wachsen zeigt sich aber in den Blättern und Früchten“ (Schaefgen 1991, 208). Anhand dieses „Baummodells“ wird die Wahrnehmungsentwicklung und dessen Störungen beschrieben (vgl. Ayres 1992; Schaefgen 1991; Zimmer 1995).

4.1 Körpersinne – Nahsinne

Die Körpersinne, auch Basissinne genannt, stellen die Grundlage für die gesamte Entwicklung eines Kindes dar, vergleichbar mit den Wurzeln eines Baumes. Dazu gehören die Sinnesorgane

- der Haut (taktil)
- der inneren Organe (viszeral)
- der Muskeln, Sehnen und Gelenke (kinästhetisch)
- des Innenohres (vestibulär)

- *Die Wurzeln symbolisieren die Basissinne*

Die Verflechtung dieser Sinneseindrücke vermitteln uns die Informationen über den eigenen Körper und bilden das Fundament für das „Selbst".

4.2 Fernsinne

Der Stamm symbolisiert unsere Fernsinne. Sie betreffen folgende Sinnesorgane:

- Auge (visuell)
- Ohr (auditiv)
- Zunge (gustatorisch)
- Nase (olfaktorisch)
- Haut (taktil epikritisch)

- *Fernsinne, durch den Stamm symbolisiert*

Durch sie können wir aktiv mit unserer lebenden und dinglichen Umgebung in Kontakt treten, sie wahrnehmen, erkunden, begreifen, verändern, nutzen usw.
Diese Unterteilung geschieht aber nur theoretisch, in der Praxis sind alle Sinne eng miteinander verbunden, bedingen sich gegenseitig und können oft nicht klar getrennt werden.

4.3 Sensorische Integration

Unter Sensorischer Integration (SI) versteht man ein Entwicklungsprinzip, das für jeden Menschen gilt. Die SI umfasst grundsätzlich drei Prozesse:

- Reizaufnahme
- Weiterleitung & Verarbeitung
- Ausgabe

- *Die Äste symbolisieren die Verknüpfung der Sinne in der SI (Sensorischen Integration)*

Durch die Sensorische Integration wird erreicht, dass alle Abschnitte des ZNS (Zentralnervensystems) zusammenarbeiten und der Mensch sinnvoll und adäquat auf seine Umwelt reagieren kann.

4.4 Lernvoraussetzungen

Früchte und Blätter lassen erkennen, ob ein Baum gesund entwickelt ist. Eltern von Vorschulkindern haben den Wunsch, dass ihre Kinder „Früchte" zeigen, wenn sie in die Schule kommen. Sie sollen Lesen, Schreiben und Rechnen lernen. Um diese Kulturtechniken unproblematisch erwerben zu können, müssen aber bestimmte Lernvoraussetzungen vorhanden sein.

Die Lernvoraussetzungen und Grundfähigkeiten werden in unserem Beispiel als Blätter symbolisiert, ohne die keine Früchte heranreifen können, andernfalls können Probleme entstehen.

Beispiele der benötigten Fähigkeiten als Lernvoraussetzungen:

- Lateralität
- Körperkoordination
- Visuelles Vorstellungsvermögen

- Konzentrationsfähigkeit
- Kontaktfähigkeit
- Handlungsplanung
- Differenziertes Körperschema
- Auditives und visuelles Gedächtnis
- Selektionsfähigkeit
- Wortverständnis
- Abstraktionsvermögen
- Gleichgewichts- / Muskeltonusregulation
- Sprachliche Fähigkeiten
- Selbststeuerungsfähigkeit
- Organisationsfähigkeit, Anweisungen umsetzen können
- Körperkoordination
- Visuelles Vorstellungsvermögen
- Konzentrationsfähigkeit
- Kontaktfähigkeit, Handlungsplanung
- Differenziertes Körperschema
- Auditives und visuelles Gedächtnis
- Selektionsfähigkeit

4.5 Lernerfolge

Lernerfolge und Grundfähigkeiten müssen sich wie Blätter und Früchte entwickeln und hängen von der Versorgung der Wurzeln ab.

Wenn diese Grundvoraussetzungen sich gut entwickeln und wachsen, dann trägt der Baum auch Früchte, und zwar:

- Lesen
- Rechnen
- Schreiben
- Soziale Kompetenzen
- Selbstbewusstsein
- und vieles mehr, damit das Leben gelingt

Schon in der Bibel wird der Mensch in Psalm 1 mit einem Baum verglichen: *„Der ist wie ein Baum, gepflanzt an den Wasserbächen, der seine Frucht bringt zu seiner Zeit, und seine Blätter verwelken nicht, und was er macht, das gerät wohl."*

Kinder brauchen konkrete Erfahrungen mit den Dingen, damit sie aus ihrem Tun innere Bilder aufbauen können, die ihnen dabei helfen, die Welt um sie

herum zu begreifen. Vor allem durch ihr eigenes Tun gelingt es ihnen, sich selbst zu erleben und in einen sinnvollen Zusammenhang zu ihrer Umgebung zu stellen. Sie erschließen sich mit allen ihren Sinnen ihren Weg ins Leben. Aufgrund der gesellschaftlichen Entwicklungen werden derzeit vor allem Augen und Gehör angesprochen – Kinder benötigen aber ihren ganzen Körper und all ihre Sinne, um ihre Umwelt zu „erfassen“ und Anstöße für neue Fragestellungen und weitere Entwicklungen zu finden.

4.6 Welche Konsequenzen sollten aus diesen Erkenntnissen gezogen werden?

- Bewegung und Handeln sind Schmieröl und Dünger für das Gehirn.
- Die Kindheit, in der die vielfältigen Sinneserfahrungen gemacht werden müssen, ist zu kurz, um sie mit Fernsehen, Autoreisen, Rumsitzen, Handydaddeln und PC-Spielen zu vertrödeln.

- Stundenlange Hausaufgaben, Nachhilfe, Stubenarrest, Lerndruck bedeuten „Früchte erzwingen wollen“. Lieber daran arbeiten, dass Wurzeln, Stamm, Verzweigungen und Blätter besser gedeihen.
- Lernen, vor allem am Nachmittag, sollte mit Bewegung verknüpft werden, „Lernen in der Hängematte“.

Michaela Wenzel aus Moers (Motopädin, Heilpädagogin, Montessoripädagogin) hat diese vier Kernsätze treffend beschrieben.

Die vorangegangenen Ausführungen stellen eine anschauliche Zusammenfassung der Komplexität der Wahrnehmungsentwicklung dar und sind entnommen aus: http://www.matheschwaeche.de/images/wahrnehmung/wahrnehmung-lernvoraussetzungen.jpg

5. Wahrnehmung und Sinnesorgane im Einzelnen

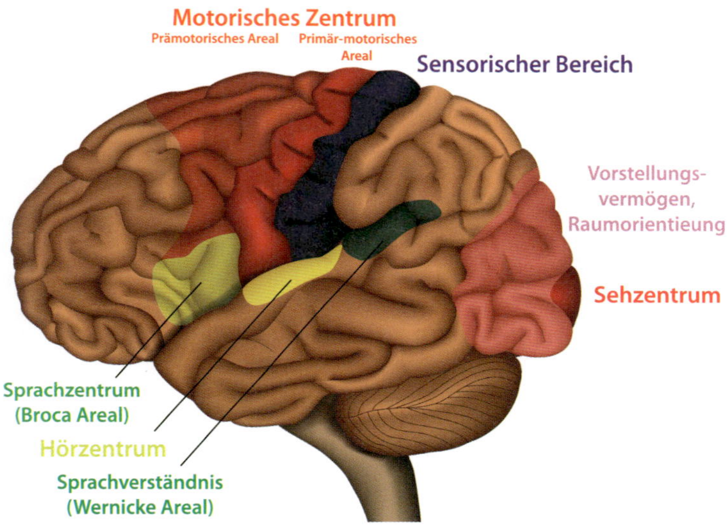

5.1 Die Sinnesbereiche

Felder der Sinneswahrnehmung

5.2 Wahrnehmung durch äußere Reize

Eine gute Entwicklung aller Sinne und deren optimales Zusammenspiel ist Grundlage allen Verhaltens und Lernens.

Sehen, hören, schmecken, tasten ... ein Katalog der Sinne

Häufig ist im Alltag vom „siebten Sinn“ die Rede. Auch in der Wissenschaft spricht man in der Regel von den sieben Sinnessystemen des Menschen.

5.2.1 Visuelles System

Man nennt es auch Gesichtssinn oder Sehen.

Auge – Sehen – die visuelle Wahrnehmung der Welt über das Auge

Mit dem Auge nehmen wir optische Reize auf. Die meisten Instruktionen erhalten wir über den visuellen Sinn („Gesichtssinn“). Der Sehsinn ist bereits einige Wochen vor der Geburt funktionstüchtig, allerdings noch nicht reif, so dass ein Säugling nur eingeschränkt scharf sehen kann.
Über das Auge werden visuelle Reize wahrgenommen wie:

- Helligkeit
- Formen
- Farben
- Gestalten
- Kontraste
- Bewegungen
- Linien
- Räumlichkeiten

Zur visuellen Wahrnehmung gehört die **Figur-Grund-Wahrnehmung:**
- Wesentliches von Unwesentlichem unterscheiden
- Visuomotorische Koordination: Zusammenspiel von Augen und Händen
- Wahrnehmungskonstanz: Erkennen von Größe, Farbe, Form etc.
- Raum-Lage: Raum-Lagebeziehungen ausgehend vom Bezugssystem
- Räumliche Beziehungen: Beziehung zwischen Gegenständen in Bezug zu sich selbst
- Formwahrnehmung: Formen unterscheiden, zuordnen
- Farbwahrnehmung: Farben sehen und unterscheiden
- Visuelles Gedächtnis: Gesehenes wieder abrufen können

5.2.2 Auditives System

Man nennt es auch akustische Wahrnehmung, Gehörsinn, Gehör oder Hören. Mit Hilfe des auditiven Systems ist man „ganz Ohr“.

Mit dem Gehör können wir Töne, Geräusche, und Klänge aufnehmen und differenzieren. Außerdem dient es als Grundlage der sprachlichen Kommunikation. Auch können Entfernungen und Richtungen festgestellt werden. Bereits im Mutterleib nimmt das Kind Geräusche, Stimmen und Musik wahr. Dadurch entsteht die Möglichkeit zu lauschen, zu hören, zuzuhören und aufeinander zu hören.

Das Ohr nimmt auditive Reize wahr, wie:

- Geräusche
- Töne
- Rhythmen
- Klänge
- Laute
- Worte

Für den auditiven Bereich bedeutsam sind

- **Auditive Aufmerksamkeit**: Konzentration auf das Gehörte
- **Figur-Grund-Wahrnehmung:** Zentrale Reize vor ihrem Hintergrund wahrnehmen
- **Auditive Lokalisation:** Reize räumlich einordnen (Richtungshören)
- **Auditive Diskrimination:** Laute und Töne differenzieren
- **Auditive Merkfähigkeit:** Gehörtes speichern und wieder abrufen können
- **Verstehen des Sinnesbezugs:** Erfassen des Inhaltes des Gehörten

5.2.3 Gustatorisches System

Es wird auch Geschmack oder Schmecken genannt, es bringt uns mit der Zunge auf den Geschmack.

Der Geschmackssinn dient dem Unterscheiden von Nahrungsmitteln. Genuss von Lebensmitteln ist erst durch dieses System möglich. Der Geschmacksinn entwickelt sich bereits im Mutterleib, der Säugling kann nach der Geburt Geschmack schon differenzieren.

Man kennt vier Grundgeschmacksarten:

- süß
- salzig
- sauer
- bitter

Die Zunge nimmt gustatorische Reize über ihre Geschmacksknospen auf, nachdem der Speichel Stoffe aufgelöst hat:

- süß
- scharf
- mild
- herb
- bitter
- sauer
- unreif
- faulig

Dadurch wird geprüft, was für den Menschen bekömmlich ist und was nicht.

5.2.4 Olfaktorisches System

Es wird auch Geruch oder Riechen genannt, immer der Nase nach, so funktioniert das olfaktorische System.

Der Geruchssinn ist beim Menschen im Vergleich zu Tieren weniger ausgebildet.
Die Nase dient als Schutzsystem, Gerüchen sind mit prägnanten Erinnerungen verbunden.
Olfaktorische Wahrnehmung: Die Nase nimmt die Riech- und Duftstoffe wahr, urteilt nach

- angenehm, unangenehm
- sympathisch oder unsymphatisch

Die Geruchswahrnehmung ist im Gehirn sehr stark mit Emotionen assoziiert.

5.2.5 Taktiles System

Auch Tastsinn oder Fühlen genannt: Die Haut ist das größte Sinnesorgan und besitzt verschiedene Rezeptoren für Berührung, Druck, Spannung, Dehnung, Vibration, Strukturbeschaffenheit, Temperatur und Schmerz. Berührungsreize sind von großer Bedeutung für die kognitive und emotionale Entwicklung. Ohne ausreichende taktile Stimulation kommt das Nervensystem aus dem Gleichgewicht.

Berührungsreize werden über die Haut wahrgenommen. Man unterscheidet die **passive** Berührungs- und Vibrationsempfindung am eigenen Körper (z. B.

durch Streicheln, Waschen, Massieren, Kratzen, Stechen), andererseits das Erkunden der Umwelt durch **aktives** Tasten und Fühlen mit Hilfe von Händen, Füßen und Mund. So entwickelt sich die Formwahrnehmung, um z. B. Gegenstände zu unterscheiden oder Qualitäten zu erkennen, wie rau, glatt, kalt, warm.

Das taktile System entwickelt sich als erstes Sinnesorgan, im Mutterleib beginnt das Kind durch Berühren der Gebärmutterwand Reize am Körper zu spüren. Auch das Empfinden von Temperatur entwickelt sich schon in dieser Phase. Für den Säugling dient die Haut als wichtigstes Kommunikationssystem. Über die Haut werden Berührungen entsprechende Bedeutungen gegeben. In der Regel folgt Behagen auf Wärme oder sanftes Streicheln, unangenehme Empfindungen auf Kälte oder grobe Berührungen. „Die taktile Kommunikation ist die erste Sprache des Kindes, auf der die verbale Sprache aufbaut." (Zimmer 1995, 106)

Bereiche der taktilen Wahrnehmung:

- Temperaturwahrnehmung
- Schmerzempfindung
- Berührungen wahrnehmen und lokalisieren
- Formwahrnehmung

Die Haut nimmt Reize auf wie:

- Berührung
- Härte
- Vibration
- Weichheit
- Temperatur
- Gegendruck
- Widerstand
- Zurückweichen

5.2.6 Kinästhetisches System

Das kinästhetische System übermittelt dem Gehirn die Stellung der Körperglieder und somit der Körperhaltung. Rezeptoren in Gelenken, Muskeln und Sehnen sind für die Reizaufnahme zuständig.

Körperliche Bewegungen wahrnehmen: das kinästhetische System umfasst den Sinn für Raum-, Zeit-, Kraft- und Spannungsverhältnisse der eigenen Bewegung.

Die Tiefensensibilität (Propriozeption)
Diese Informationen erhält man vom Körper selbst durch Rezeptoren in Muskeln, Gelenken. Die Tiefensensibilität befähigt uns zu Bewegungen und zur Körperkontrolle. Hautsinn und Tiefensensibilität sind miteinander verbunden und arbeiten eng zusammen, um die Basis für ein Körperbewusstsein herzustellen.

Als kinästhetischen Sinn versteht man die Lage- und Bewegungsempfindung ohne visuelle Kontrolle, „Wahrnehmung der Raum-, Zeit-, Kraft- und Spannungsverhältnisse der eigenen Bewegung“ (Zimmer 1995, 113). Über Rezeptoren, Sehnen und Muskeln werden kinästhetische Reize aufgenommen und zum Gehirn geleitet, das wiederum über den Spannungszustand der Muskeln (Tonus) informiert. Die kinästhetische Wahrnehmung entwickelt sich schon im Mutterleib; im Fruchtwasser spürt das Kind seine eigenen Bewegungen.

Bereiche der kinästhetischen Wahrnehmung

- **Stellungssinn**: Stellung der Gelenke und Körperteile zueinander empfinden
- **Bewegungssinn**: Wahrnehmung der Richtung und Geschwindigkeit
- **Kraftsinn**: Dosierung der Muskelkraft oder Konstanthalten der Kraft
- **Spannungssinn**: Regulierung der Muskelspannung

Der Zusammenhang mit anderen Systemen

Es besteht eine enge Beziehung zwischen den taktilen und kinästhetischen Systemen. Ein Gegenstand, der nur passiv taktil wahrgenommen wird, vermittelt weniger Informationen, als wenn er aktiv, d. h. durch Bewegung erfasst wird. Es wird daher oft der Begriff taktil-kinästhetische Wahrnehmung gebraucht, um die enge Verknüpfung zu verdeutlichen

5.2.7 Vestibuläres System

Es wird auch Gleichgewichtssinn genannt, dank des vestibulären Systems bleiben wir in der Balance.

Der Gleichgewichtssinn sitzt im Innenohr und dient der Wahrnehmung von Lageveränderungen und zusammen mit den Augen und den Muskeln zur Kontrolle von Bewegungen. Durch die vestibuläre Wahrnehmung besitzt man die Fähigkeit, sich in ein bestimmtes Verhältnis zum Raum zu versetzen.

Der Gleichgewichtssinn reagiert auf die Schwerkrafteinwirkung sowie auf die Bewegung und die Lage des Körpers im Raum. Er ist bereits im fünften Schwangerschaftsmonat sehr gut entwickelt. Gleichgewichtsstimulation regt die Sprache an und hat eine positive Wirkung auf das auditive System (= Hörsinn).
Bewegung ist ein Grundbedürfnis des Kindes und die Voraussetzung für jedes Lernen. Eingeschränkte Bewegungsmöglichkeiten können zu einer verlangsamten und unvollständigen Entwicklung der Wahrnehmung und der Sprache führen. Bewegungs- und Sinnesförderung sind in der heutigen Zeit besonders wichtig, da die Kinder oft zu wenig Angebote für die Basissinne bekommen, während sie akustisch und visuell überfordert werden.

Der vestibuläre Sinn ist für die Aufrichtung gegen die Schwerkraft und das Gleichgewicht zuständig. Er gewährleistet die Orientierung im Raum und das

Gleichgewichtssystem

Wahrnehmen und Regulieren von Beschleunigung und Drehbewegungen. Dies ermöglicht das aufrechte Gehen. Er hat eine große Bedeutung für die „Anpassung des Menschen an seine Umwelt" (Zimmer 1995, 125). Schon während der Schwangerschaft werden durch die Bewegung der Mutter vestibuläre Reize vom Kind registriert.

Bereiche der vestibulären Wahrnehmung:

- **Statisches Gleichgewicht:** Gleichgewicht im Stand
- **Dynamisches Gleichgewicht:** Gleichgewicht in der Fortbewegung
- **Gleichgewicht auf verschiedenartigem Untergrund:** z. B. labil oder erhöht
- **Objektgleichgewicht:** Balancieren von Materialien (statisch und dynamisch)

Der Zusammenhang mit anderen Systemen

Das vestibuläre System ist eng mit dem kinästhetischen und visuellen System verbunden. Es hat großen Einfluss auf die Kontrolle der Augenbewegungen und die Regulierung des Muskeltonus', aber auch auf die psychische Befindlichkeit (vgl. Ayres 1992, 84 ff., 96 ff.).

5.2.8 Viscerales System – Körperinnenwahrnehmung

Ein wenig beachtetes System ist der viscerale Sinn, auch Körperinnenwahrnehmung genannt. Darunter versteht man die Empfindungen aus den inneren Organen. Nur wenn unser Wohlbefinden durch Schmerz oder Missbehagen beeinträchtigt wird, gelangen sie in unser Bewusstsein. Schon ein Säugling ist in der Lage (zunächst ganz allgemein und ungenau) angenehme und unangenehme Gefühle in seinem Körper zu differenzieren, später lernt das Kind exakter und genauer zu lokalisieren. *Bereiche visceraler Wahrnehmung:* Atmung, Herzschlag, Magen, Darm und Blase.
Trigeminale Wahrnehmung: Die freien Nervenenden des Trigeminusnerves enden in der Gesichtshaut und in den Schleimhäuten von Nase, Mund und Augen. Sie dienen der taktilen Wahrnehmung im Gesicht, wie z. B. dem Fühlen des Windes. Dabei werden die olfaktorische und die gustatorische Wahrnehmung unterstützt.

5.2.9 Die Figur-Grund-Wahrnehmung

Diese ist eine visuelle Wahrnehmungsfunktion und bezeichnet die Fähigkeit, eine Stimulus-Figur vor einem Hintergrund abgrenzen zu können bzw. aus einer Mehrzahl von Reizen herausfiltern zu können. Bei sich bewegenden Objekten fällt es sehr leicht, diese von einem Hintergrund zu differenzieren. Bei unbeweglichen Formen, Objekten oder Abbildungen wird es, auch abhängig von der Ähnlichkeit des Hintergrundes, schwieriger.

Interessant ist zu beobachten, dass es Kindern leichter fällt, Abbildungen von bereits bekannten Gegenständen vor einem Hintergrund zu erkennen, als das bei geometrischen Formen möglich ist. Kephart geht hier der Vermutung nach, dass jegliche Figur-Grund-Wahrnehmung ihren Ursprung in der taktil-kinästhetischen Wahrnehmung des Körpers hat. Die Erfahrungen werden also zunächst auf körperlicher Ebene durch das Anfassen und Abtasten eines Gegenstandes und erst danach visuell gemacht. Das Erkennen geometrischer Formen setzt demnach voraus, dass das Kind bereits auf der taktil-kinästhetischen Ebene Erfahrungen mit geometrischen Körpern gemacht hat, um zweidimensionale Eigenschaften, wie eckig oder rund, erkennen zu können.

Nach Piaget beinhaltet die Figur-Grund-Wahrnehmung jedoch nicht nur das Erfassen einer Figur, sondern auch das Erfassen von räumlichen Beziehungen, wie benachbart und getrennt. Hierbei spielt es eine Rolle ob man erkennt, dass sich etwas beieinander bzw. in der Nähe voneinander innerhalb ein und desselben Wahrnehmungsfeldes befindet. Genauso gut können sich aber auch Figuren oder Umrisse gegenseitig durchdringen oder teilweise vermischen, so dass die Fähigkeit zur visuellen Trennung gefordert ist. Damit diese erfolgen kann, müssen Winkel, Geraden und Kurven der Dinge zueinander in räumlicher Beziehung gesetzt, Merkmale und Unterschiede erkannt und analysiert werden. Als Beispiel lässt sich die Schrift und insbesondere die Schreibschrift nennen. Greifen die Buchstaben in vielen Schnörkeln ineinander, ist eine visuelle Trennung der einzelnen Buchstaben für die Erkennung des Wortes erforderlich.

5.2.10 Auge-Hand-Koordination

Die **Auge-Hand-Koordination** ist die Fähigkeit, Aktivitäten auszuführen, für die gleichzeitig Hände und **Augen** benötigt werden, beispielsweise Aufgaben, bei denen wir die über die **Augen** aufgenommene Information (visuell-räumliche Wahrnehmung) verwenden, um die Hände dabei zu leiten, eine Bewegung auszuführen.

Die Hand-Koordination ist die Grundlage für viele alltägliche Bewegungen. Das Tippen einer Nachricht auf dem Smartphone, das Öffnen eines Türschlosses oder das Schälen einer Karotte wäre ohne sie nahezu unmöglich. Das Schreibenlernen und damit weitere schulische Leistungen hängen in großem Maße schon davon ab, ob das Kind einen Stift problemlos halten kann. Treten dabei bereits Schwierigkeiten auf, kann es zu weiterführenden Lernstörungen kommen.

5.2.11 Die Sinne im Zusammenspiel

Reizübertragung und Wahrnehmung
Die Sinnesorgane (Auge, Nase, Ohr, Zunge, Haut, Innenohr, Rezeptoren in Gelenken, Muskeln, Sehnen) nehmen Reize aus der Umwelt auf. Indem diese Reize eine physikalische Wirkung in den Sinnesrezeptoren haben, entstehen Impulse, die auf dem Weg zum Gehirn über mehrere Stufen analysiert und strukturiert werden.
In sensorischen Zentren der Großhirnrinde werden die analysierten und strukturierten Ergebnisse der Reizaufnahme verarbeitet.
Es beginnen Prozesse wie:

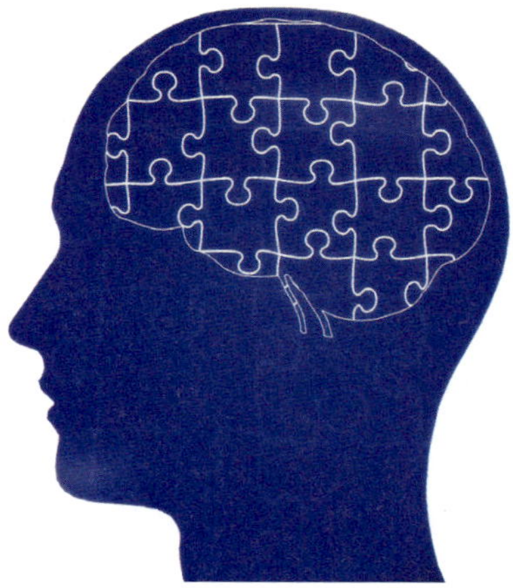

- Erinnern
- Assoziieren / Kombinieren
- Urteilen / Erkennen
- Verstehen

Diese Prozesse führen zum Verständnis des Wahrgenommenen und sind die Grundlage für das Zeigen eines bestimmten Verhaltens auf die Reize, die Augenlidbewegung oder Drehen des Kopfes in die Richtung, aus der Geräusche kommen.
Die Wahrnehmung ist von Mensch zu Mensch unterschiedlich, denn jeder Mensch hat individuelle Gedächtnisinhalte, Stimmungen und Denkprozesse, sowie eine unterschiedliche Gewichtung der einzelnen Komponenten. Während einige Menschen eher bildlich denken, orientieren sich andere eher an anderen Sinneseindrücken und Erfahrungen, wie z. B. Schmerz und Glück.

Wahrnehmungsgesetze
Es können nicht alle Reize, die auf uns einströmen, wahrgenommen werden, da uns dies überfordern würde (Reizüberflutung).
Wir nehmen Reize wahr, die

- „stark" genug sind, um eine Empfindung hervorzurufen
- die absolute Reizschwelle überschreiten
- der Beschaffenheit eines bestimmten Sinnesorgans entsprechen (Musik nur über das Ohr, Bilder nur über die Augen)

Bei verschiedenen Sinnesbereichen:

- *auditiv:* Tickende Armbanduhr in sechs Metern Entfernung
- *gustatorisch:* Ein Teelöffel Zucker in sieben Liter Wasser
- *olfaktorisch:* Ein Tropfen Parfüm in einer sechs Zimmer Wohnung
- *taktil:* Ein Sandkorn aus einer Höhe von einem cm auf die Wange fallen lassen

Reize strömen spontan und unkontrolliert auf uns ein. Wir nehmen Reize wahr, die unsere Aufmerksamkeit erregen, nicht alle und niemals gleichzeitig.

Das Gehirn kürzt den Wahrnehmungsprozess durch Schlüsselreize ab, um schneller beurteilen, bewerten und sie in einen sinnvollen Zusammenhang bringen zu können. Durch die schnellere Verarbeitungsgeschwindigkeit geht jedoch die Flexibilität verloren, mit der eintreffende Informationen offen interpretiert werden können. Dies führt dann zu Täuschungseffekten.

Der Mensch hat sich ein Gerüst aus Eindrücken und Erfahrungen aufgebaut, die für das Gehirn realistisch sind. Sehen wir nun ein Bild, das unsere Wahrnehmung täuscht, durchschauen wir es zunächst einmal nicht, da wir unbeirrbar an unseren Überzeugungen festhalten. Wir erleben nur das, was wir – bewusst oder unbewusst – erwarten.

Ist dies nun eine Schale (helles Gebilde) oder sind es zwei Gesichter (dunkles Gebilde)?

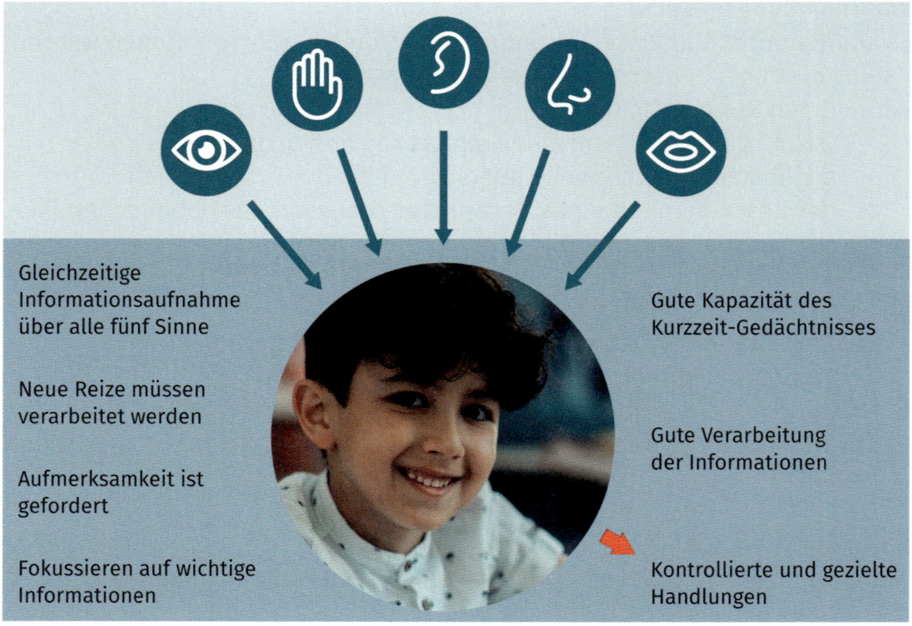

Wer? Wie? Was? Wieso? Weshalb? Warum? Wer nicht fragt ...
Neugierde ist das Benzin, das den Motor der Fragen antreibt. Die Antworten auf diese Fragen setzen die Bewegungen des Lernens in Gang, die Basis für grundlegendes Wissen.
Nicht die Frage selbst oder etwa die Antwort ist das wesentliche Element – es ist vielmehr der Prozess des selbständigen Denkens, der dahinter steht und der dazugehörige Transfer, der ein Verstehen auf unterschiedlichen Ebenen ermöglicht.

„Ich habe keine besondere Begabung,
ich bin nur leidenschaftlich neugierig."
Albert Einstein

„Nichts ist im Verstand,
was nicht zuvor in der Wahrnehmung wäre."
Thomas von Aquin

20 % „Was du mir sagst, das vergesse ich."

30 % „Was du mir zeigst, daran erinnere ich mich."

20 % „Was du mich selbst tun lässt, das verstehe ich."

Hier ein Beispiel, wie viele Sinne eingesetzt werden müssen, um einen Apfel in seiner kompletten Beschaffenheit zu erfassen.

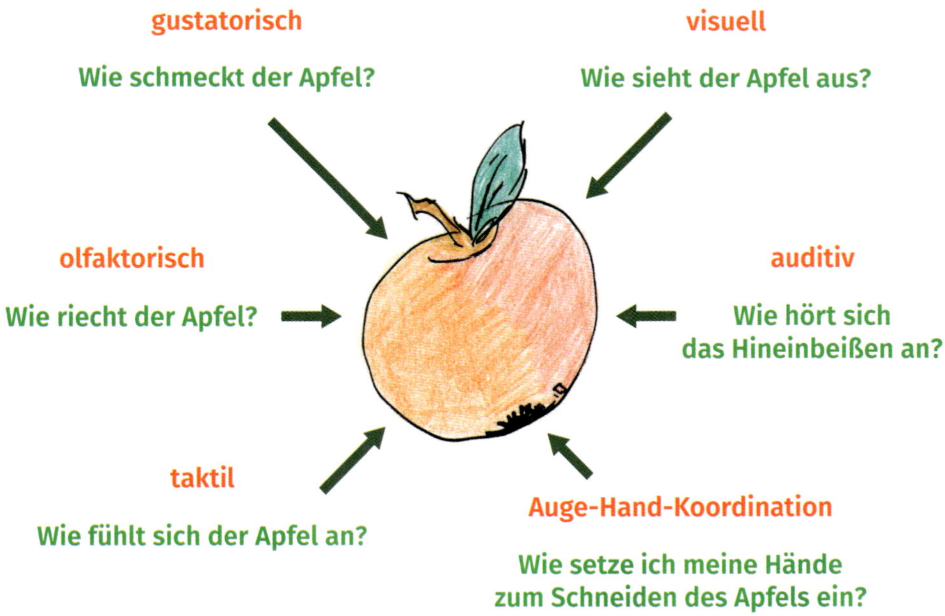

6. Bewegung und Wahrnehmung hängen zusammen

Die Bewegungsangebote der Umwelt definieren die Möglichkeiten kindlicher Erkenntnis mit!

Verantwortungsvolle Bewegungserziehung bietet deshalb Kindern eine breite, reiche und wohldosierte Bewegungsumwelt, die dem Kind hilft, selbst (!) aus der Vielfalt sinnlicher Darbietung jene Information zu gewinnen, die es subjektiv für sinnvoll erachtet.

Allerdings ist der Fokus auf die jeweiligen Sinnesorgane ungleich verteilt, die für den Säuglings- und Kleinkindbereich vorwiegend das Sehen, Hören, Riechen, Schmecken und Fühlen ausmachen.
Damit das Kind seine Persönlichkeit entwickeln kann, muss es die Welt mit allen Sinnen begreifen. Beim Krabbeln, Klettern oder Hüpfen nimmt es sich selbst und seine Umgebung intensiv wahr. Dabei beeinflusst die Wahrnehmung (was es sieht, hört, fühlt) alle Bewegungen. Durch Bewegung werden wieder neue Reize wahrgenommen. Dieses **Zusammenspiel von Wahrnehmung und Bewegung** wird **als Sensomotorik** bezeichnet. Das Kind erlebt im Spiel die Auswirkungen von Bewegung, Kraft und Geschwindigkeit und lernt dabei, seine Bewegungen sehr genau zu steuern und zu dosieren. Und wenn es **durch viel Bewegung Spannungen abbauen** kann, ist es auch bereit, konzentriert und zielgerichtet zu spielen und zu lernen (siehe nachfolgende Darstellung auf Seite 98).

BEWEGUNG

ermöglicht dem Kind erst eine

Auseinandersetzung mit seiner sozialen Umwelt

Auseinandersetzung mit seiner materiellen Umwelt

Auseinandersetzung mit sich selbst

Auseinandersetzung mit der räumlichen Umwelt

7. Das menschliche Gehirn

7.1 Grundlagen der Wahrnehmung

Es ist hier nur eingeschränkt möglich, das Gehirn und seine sehr komplexe Funktionsweise zu beschreiben.

Dennoch ist es wichtig, zu wissen und vor allem zu verstehen, wie das Gehirn funktioniert und was beim Lernen im Gehirn passiert, um tatsächlich effektiv lernen und die eigene Leistungsfähigkeit steigern zu können.

Das menschliche Gehirn wiegt etwa 1.200 bis 1.600 Gramm und verfügt über ca. 100 Milliarden Nervenzellen. Dabei setzt sich das Gehirn aus mehreren Hauptbereichen zusammen, nämlich dem Großhirn, dem Kleinhirn, dem Zwischenhirn und dem Hirnstamm.

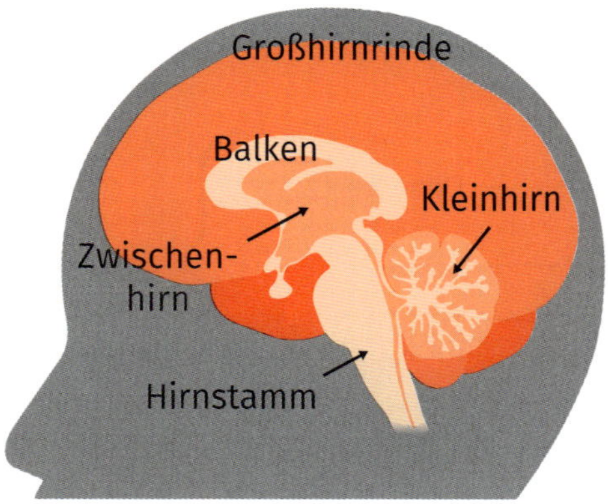

Jeder dieser Bereiche ist für bestimmte Aufgaben zuständig und regelt unterschiedliche Abläufe im Körper, beispielsweise die Atmung und den Herzschlag oder Emotionen, wie Freude und Angst. Dabei besteht jeder Bereich aus Millionen von Nervenzellen, und durch Nervenstränge und Synapsen werden Informationen als elektrische Impulse und chemische Botenstoffe weitergeleitet, entschlüsselt, verarbeitet und gespeichert.

Damit das Gehirn funktionieren kann, benötigt es vor allem Sauerstoff, eine längere Unterversorgung mit Sauerstoff kann zu irreversiblen Hirnschäden führen.

Im Grunde kann das Gehirn mit einer „Straßenkarte“ verglichen werden. Durch das Lernen und durch unterschiedlichste Erfahrungen im Laufe des Lebens entstehen Straßen im Gehirn und je öfter diese Straßen benutzt werden, desto besser sind sie ausgebaut.
Wer das Gehirn und Lernen verstehen möchte, kommt ohne einen Blick auf dessen Grundbausteine, die Nervenzellen (Neuronen), nicht aus.

Sie bestehen aus: Zellkörper, Dendrit, Axon, Synapse und Neurotransmitter – diese fünf Begriffe sind alles, was man im Zusammenhang mit den Neuronen wirklich wissen muss, um das Lernen zu verstehen.

7.1.1 Die Beschaffenheit einer Nervenzelle / eines Neurons

Sie besteht aus drei Grundelementen:

1. dem Zellkörper mit dem Zellkern. Er enthält im Wesentlichen dieselben Dinge, die sich auch in den Zellen anderer Organe finden.

An diesem Zellkörper befinden sich zwei Arten von Fortsätzen:

2. die Dendriten und
3. die Axone.

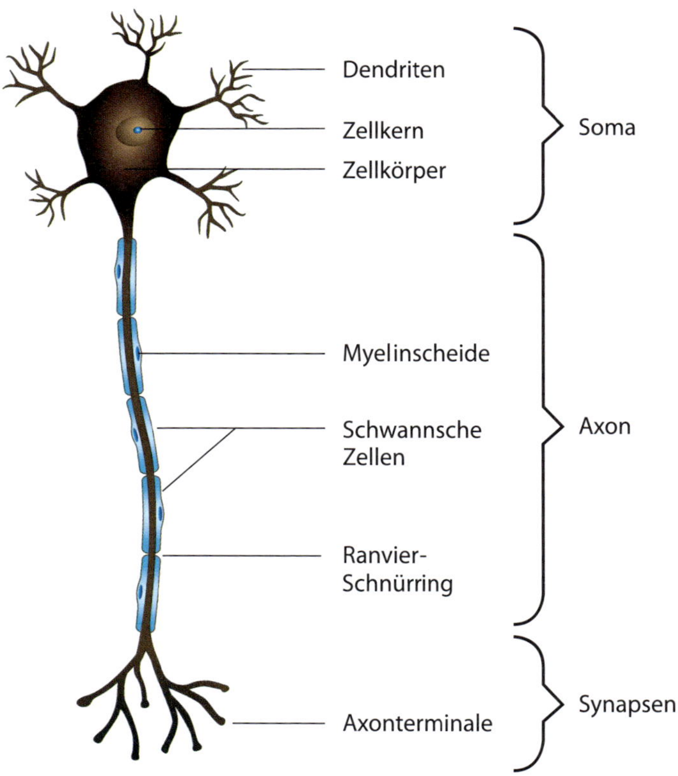

Aufbau einer Nervenzelle

Eine Nervenzelle besitzt viele Dendriten, aber nur ein einziges Axon.

Diese drei Grundelemente machen die typische Struktur einer Gehirnzelle aus.

7.1.2 Wie Neuronen funktionieren

Die Arbeitsweise ist erstaunlich einfach: Immer wenn die Summe der Eingangssignale einen bestimmten Schwellenwert überschreitet, sendet die Zelle ein Ausgangssignal. Bleibt die Eingangserregung unter der Grenze, reagiert die Zelle nicht. Am Ende der axonalen Verzweigungen stellt eine besondere Struktur, die Synapse, den Kontakt zu anderen Neuronen her.

Die meisten Synapsen funktionieren folgendermaßen: Je stärker die Erregung im Axon, desto mehr Moleküle einer Überträgersubstanz schüttet die Synapse aus.
Der Überträgerstoff (Neurotransmitter) wandert zur Zielzelle.
Manche Neurotransmitter erhöhen die elektrische Erregung der „angesteuerten“ Zelle, andere hemmen sie.

Das Netzwerk des Gedächtnisses
Demnach aktiviert das Lernen immer wieder eine Anzahl miteinander verknüpfter Pyramidenzellen. Deren Verbindung verstärkt sich nach und nach, „neuronale Netzwerke“ entstehen. Je öfter sich der synaptische Lernprozess wiederholt, desto leichter lässt sich dieses „Netzwerk“ aktivieren.

Die Bedeutung für das Lernen
„Synaptisches Lernen“ in der Großhirnrinde ist langsam und lebt von der Wiederholung. Dabei kommt es nicht auf die absolute Zeitdauer an. „Häufiger, aber kürzer üben“ lautet der Rat, was man aber nicht übertreiben sollte.
Ebenso sollte man nicht immer wieder die gleichen Inhalte wiederholen. Im Gegenteil -Stumpfsinn scheint der Hauptfeind des Lernens zu sein. Es ist erfolgversprechender, das Gehirn auf stets etwas andere Weise anzuregen, ihm durch variierte Aufgaben und andere Herangehensweisen immer wieder neuen Anlass zur Auseinandersetzung mit dem Thema zu geben – je reicher und vielfältiger, je mehr Sinne einbezogen werden, desto besser.

7.1.3 Der Hippocampus

Ist ein Teil des limbischen Systems. Das „Limbische System“ ist eine Sammelbezeichnung für eine Funktionseinheit aus Teilen des Großhirns sowie Teilen des Zwischenhirns. Zum limbischen System gehören u. a. Hippocampus und Amygdala (Mandelkern). **Er ist die Schlüsselstelle für das Lernen**

Das limbische System spielt die wichtigste Rolle bei der Übertragung von Informationen ins Langzeitgedächtnis. Es liefert die emotionale Bewertung auf-

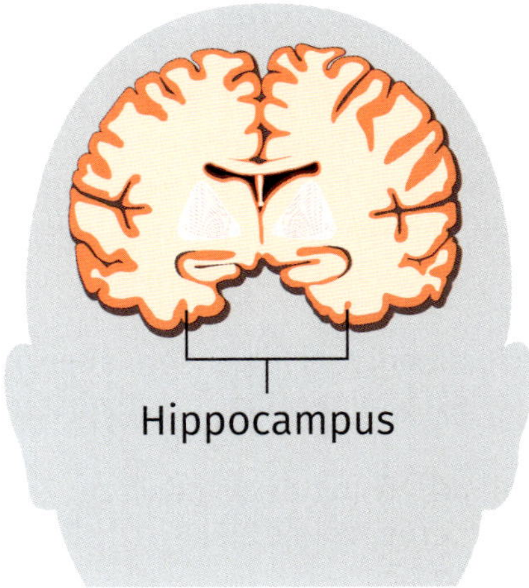

genommener Informationen und filtert diese für die Übertragung ins Langzeitgedächtnis.

Es bewertet alles nach „gut“ und „schlecht“ und steuert damit das Verhalten. Durch die emotionale Bewertung spielt es eine entscheidende Rolle bei Lernvorgängen und beim Abrufen von neuen (Lern-)Informationen aus der Hirnrinde.

Im Hippocampus werden sämtliche an einem Tag gesammelten Eindrücke, Erlebnisse, Informationen – z. B. Lerninhalte – erst einmal „zwischengespeichert“.

Da der Hippocampus aber nur eine begrenzte Kapazität besitzt, müssen diese Informationen in die Großhirnrinde (dem Sitz des Langzeitgedächtnisses) überspielt werden. Dort werden sie mit bereits vorhandenen Inhalten verknüpft und dauerhaft „gespeichert“. Dieser Prozess der Gedächtnissicherung findet vor allem im Schlaf statt.

7.1.4 Die Amygdala

Sie ist etwa so groß wie eine Mandel und ebenso geformt. Daher trägt sie den griechischen Namen: Amygdala – Mandelkern. Die Amygdala liegt etwa in der Mitte unseres Kopfes und ist paarig angelegt.

Alles, was unsere Augen, Ohren und die anderen Sinne aufnehmen, wird an die Wahrnehmungsareale des Gehirns weitergeleitet. Von diesen Arealen

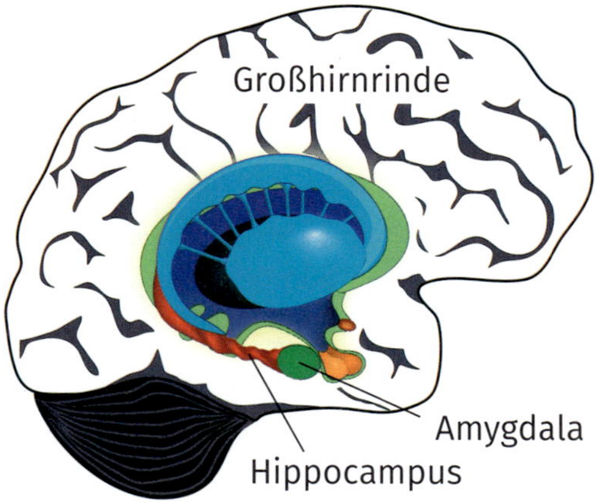

geht alles zur Amygdala und wird von ihr streng geprüft. Nähert sich Unheil oder eine Gefahr, wird sofort die Abwehr mobilisiert.

Sie ist eine sehr empfindlichen „Alarmanlage“. Bei Gefahr geraten wir in Erregung, springen zurück oder schlagen blitzschnell zu.

Angst ist ein normaler und notwendiger Teil unseres Lebens. Viele Situationen, in denen wir Angst verspüren, werden im Laufe unseres Lebens erlernt; aber Angst kann auch von Nachteil sein. Heute wissen wir aus der Hirnforschung, dass Angst Kreativität ausschließt. Beim Lernen „unter Angst“ lernen wir die Angst gleich mit. Große Angst macht also „dumm“!

Unbewusste Erinnerungen können auch direkt in der Amygdala gespeichert werden. Werden diese wachgerufen, so stellt die Amygdala den Körperzustand wieder her, so wie er beim Speichern des ursprünglichen Erlebnisses geherrscht hat (Herzklopfen, schwitzende Hände, schneller Atem usw.).

Daraus schließen wir für das Lernen:
Es muss also eines stimmen: *die emotionale Atmosphäre*, denn negative Emotionen aktivieren den Mandelkern und blockieren den Lernprozess.

Damit wird deutlich, dass Lernen in guter Stimmung und mit Freude am besten funktioniert. Nur so kann nämlich das Gelernte auch später überhaupt zum Problemlösen verwendet werden. Angst hat beim Lernen also nichts zu suchen – schon gar nicht in Schule und Kindergarten.

7.1.5 Der Botenstoff Dopamin, einer der Botenstoffe für Glücksgefühle

Dopamin ist ein „Modulator“ für das Lernen. Es wirkt beim Lernen wie ein Verstärker. Es spielt eine zentrale Rolle bei Freude und beim Glücksgefühl. Die beste Lernsituation ist also die, in der man interessante Entdeckungen macht, klare Ziele erreichen kann – und Leistungen erzielt, auf die man stolz sein kann. Ist also eine Aufgabe richtig gelöst, belohnt uns das Gehirn mit Dopamin. Es wird bei Erfolg ausgeschüttet. So macht richtiges Lernen nicht nur schlau, sondern auch glücklich.

7.1.6 Das limbische System

Es ist die Zentralstelle des endokrinen, vegetativen und psychischen Regulationssystems. Es verarbeitet Reize aus dem Körperinneren und von außen, steuert das emotionale Verhalten und die Gefühle. Außerdem ist es auch am Gedächtnis beteiligt.

Störungen des limbischen Systems führen zu Veränderungen der emotionalen Verhaltensweisen und beim Tier des artspezifischen Verhaltens. Bei Epi-

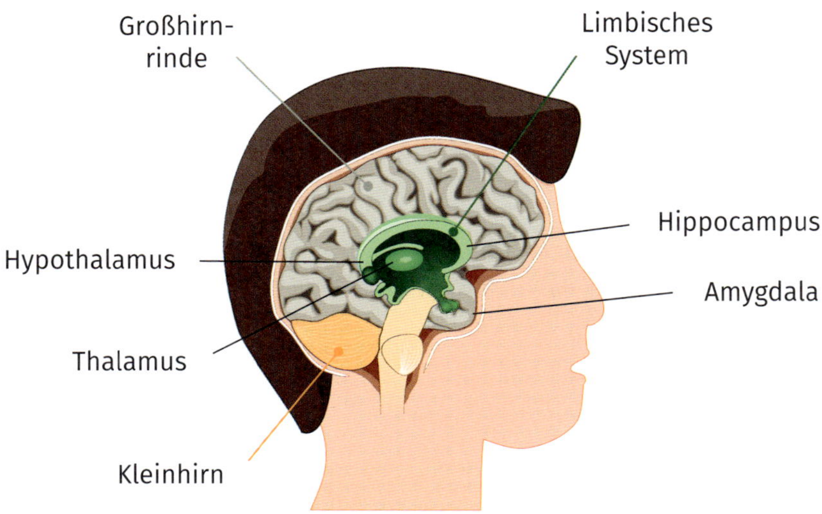

lepsien und Psychosen sind häufig solche Störungen nachzuweisen, wobei deutliche Verhaltensänderungen (z. B. Wutanfälle, Angstgefühle, Geruchshalluzinationen usw.) auftreten. Begleitet werden sie von vegetativen Reaktionen, wie z. B. Änderungen des Blutdrucks. Schäden im Hippocampus sorgen für Gedächtnisdefekte.
Zur Limbischen Funktionseinheit gehören Teile des Groß-, Mittel- und Zwischenhirns:

- der Hippocampus,
- Amygdala (Mandelkern)
- Gyrus cinguli
- Hypothalamus
- Teile des vorderen Thalamus
- Septum
- der Schläfenlappen
- und einige weitere Hirnzentren

Verschiedene Neurotransmitter wie Glutamat, Acetylcholin, Dopamin, GABA und Serotonin, sind für die Funktion wichtig.

7.1.7 Das Gehirn als Basis des Gedächtnisses und der Wahrnehmung

Alle geistigen Funktionen beruhen letztlich auf chemischen und elektrophysikalischen Vorgängen in verschiedenen, voneinander abgrenzbaren Bereichen des Gehirns und sind bei der Auseinandersetzung des Menschen mit seiner Umwelt evolutionär entstanden. Die gegenüber den Primaten besonders herausragenden Leistungen des Menschen bezüglich des räumlichen Sehens

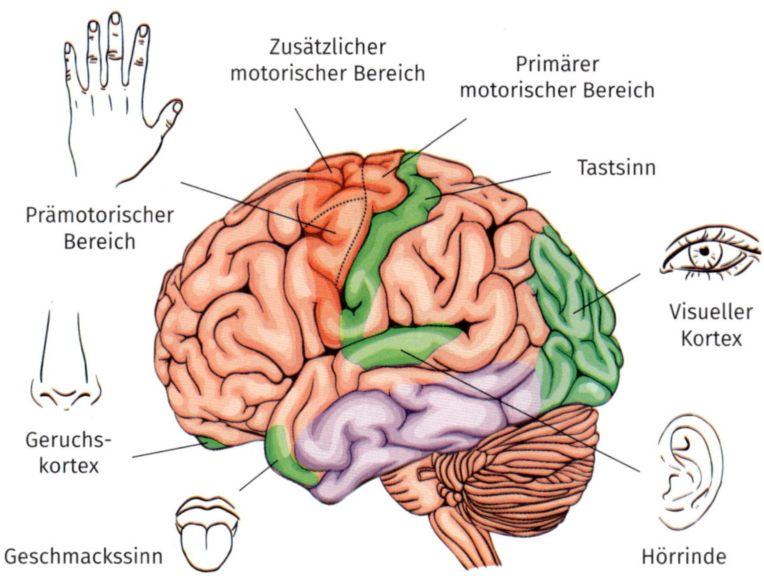

und Vorstellungsvermögens, des Lernens und des Gedächtnisses sowie des sprachlichen Ausdrucksvermögens und der Begriffsbildung haben sich in den letzten 4 Millionen Jahren entwickelt und sind an archäologischen Funden nachweisbar. Insbesondere das Gedächtnis als Grundlage aller höheren geistigen Aktivitäten beruht auf bestimmten Hirnstrukturen und Nervenschaltungen, die durch häufigen Gebrauch bis zu einem Grade stabilisiert werden können, dass die Gedächtnisinhalte für das ganze Leben erhalten bleiben (vgl. Stangl 2018).

Der primäre motorische Cortex ist für willensgesteuerte Bewegung, der sensorische Bereich für die Empfindung von Schmerz, Temperatur, Position und Bewegung zuständig. Über die Sehrinde, das Sehzentrum wurde schon gesprochen. Der Brocasche Bereich ist Zentrum für Sprache und Artikulation, der Wernickesche Bereich für das Verständnis gesprochener Sprache.

Fähigkeiten, wie lautes Lesen oder Rechnen auf dem Papier usw., entstehen durch Zusammenarbeit dieser speziellen Bereiche. Die Zentren sind über die beiden Gehirnhälften unterschiedlich verteilt. Es bestehen Verbindungen zwischen den Hemisphären.

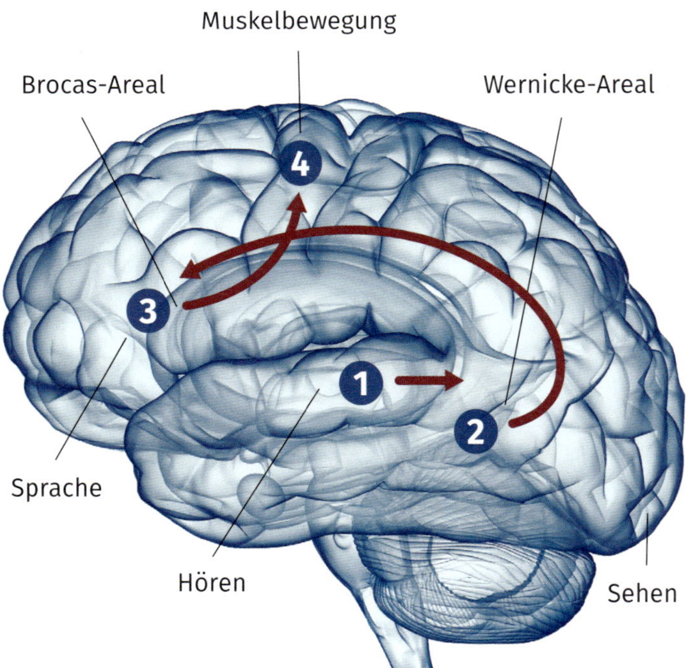

„Sprechen eines gehörten Wortes"

Den Menschen zeichnen besondere geistige Fähigkeiten aus: rationales oder emotionales Handeln, einsichtiges Verhalten, abstraktes Denken und Lernfähigkeit. Sie erfordern die Zusammenarbeit verschiedener Gehirnbereiche, besonders mit dem Limbischen System (vgl. Stangl 2018).

7.1.8 „Karten" im Kopf

Das Lernen hinterlässt im menschlichen Gehirn messbare Spuren. Die Großhirnrinde (der Cortex) ist der wesentliche Ort dieser Repräsentationen. Aufgrund der Art, wie Neuronen im Cortex miteinander verschaltet sind, sind die dort eingehenden Signale nach Häufigkeit und Ähnlichkeit repräsentiert. Dies wird als kortikale Karte bezeichnet.

Die Bereiche der Körperoberfläche sind im Gehirn auf der kortikalen Karte sinnvoll angeordnet. Wichtige Bereiche der Körperoberfläche nehmen auf der Karte mehr Platz ein, z. B. Hände, Lippen und Zunge, die für das Tasten sehr wichtig sind.

Was heißt das nun für das Lernen? Lernt jemand z. B. Geige zu spielen, so vergrößert sich dadurch, dass er mit der linken Hand immer wieder die Saite der Geige greift, jenes Areal in der Großhirnrinde, das für die Finger seiner linken Hand zuständig ist. Bei Musikern ist die akustische Landkarte im Cortex etwa um ein Viertel größer als bei Nichtmusikern – vorausgesetzt, das Musizieren beginnt in der Kindheit und es wird viel geübt.

7.2 Die Entwicklung des neuronalen Netzwerkes

Vielfältige Veränderungen beim Lernprozess führen zu jeweils speziellen Nervennetzen innerhalb des ZNS (Zentralen Nerven Systems); die Verbindung zwischen den Neuronen besteht in den miteinander verschalteten erregenden Synapsen.

1) Aktivierung von bestimmten Nervenzellen durch einen äußeren Reiz. Sie bilden ein Nervennetz.
2) Auch nach Beendigung des Reizes sind die Nervenzellen aktiv.
3) Die Effektivität der Übertragung wird verstärkt durch die Langzeitpotenzierung.
4) Das verschaltete Nervennetz stellt die Gedächnisspur dar.
5) Nach dem Lernprozess wird das Nervennetz schnell wieder vollständig aktiviert, auch wenn der Reiz nicht vollständig ist.

Eine Langzeitverstärkung kann auch durch räumliche Nervenreize eintreten, da zwei Synapsen erfolgreich an der Aktivierung beteiligt sind.
Durch die gemeinsame Langzeitverstärkung der Synapsen, die gleichzeitig auf ein Neuron Neurotransmitter übertragen, werden diese verschaltet und ihre zugehörigen Neuronen zu einem Nervennetz verbunden.

Beispiel:
Die Bildung von Assoziationen ist folgendermaßen erklärbar: Eine Gruppe von Synapsen mit Informationen vom Bild einer Amsel und eine andere Gruppe mit Informationen über den Amselgesang.

Übertragung auf ein Neuron: Die Effektivität dieser gleichzeitig aktiven Synapsen wird erhöht und die Synapsen werden miteinander verschaltet, sodass die zugehörigen Neuronen zu einem Nervennetz gehören = beide Sinnesreize wurden durch assoziatives Lernen miteinander verknüpft, sodass auch die Registrierung von nur einem Sinnesreiz zur Wahrnehmung „Amsel" führt.

Die Entstehung von falschen Assoziationen sind kaum möglich, da nicht zusammengehörige Sinneswahrnehmungen nur selten gleichzeitig eintreffen (Bild einer Amsel und Lerchengesang).

Viele Lernprozesse entstehen in der Erweiterung von Nervennetzen im Gehirn durch Bildung von Gedankenverbindungen. Neu Gelerntes wird umso leichter im Gehirn verankert, je mehr Gedankenverbindungen zu bereits Bekanntem geknüpft werden können, je mehr Synapsen also durch den Lernprozess aktiviert werden. Man lernt also umso leichter etwas dazu, desto mehr man bereits weiß: Lernen ist also ein sich selbst verstärkender Prozess.

Durch Gebrauch der neu verschalteten Synapsen und Neuronen (durch Übung des Gelernten) wird die Effektivität der Erregungsübertragung in diesen Nerven weiter verstärkt. Infolgedessen wird der Zugriff auf die Wissensinhalte erleichtert und beschleunigt. Umgekehrt kann die Verstärkung einer Synapse rückgängig gemacht werden, wenn auf das Gelernte nicht zugegriffen wird, die betreffende Nervenbahn also längere Zeit ungenutzt bleibt. Solche Synapsen können sogar zurückgebildet werden.
Die Nervenzellen sind also nicht starr vernetzt, die neuronalen Netze werden in Abhängigkeit von ihrer Nutzung ständig umgebaut.
Der Umbau der Synapsen und Nervenzellen = neuronale Anschaulichkeit.
Diese Neuronale Anschaulichkeit = Grundlage der Hirnentwicklung und Basis aller Lernprozesse.
Sie spielt die zentrale Rolle bei der Reorganisation des Gehirns nach Verletzungen. Dies ermöglicht es dem Menschen, lebenslang auf Veränderungen zu reagieren und sich diesen anzupassen.

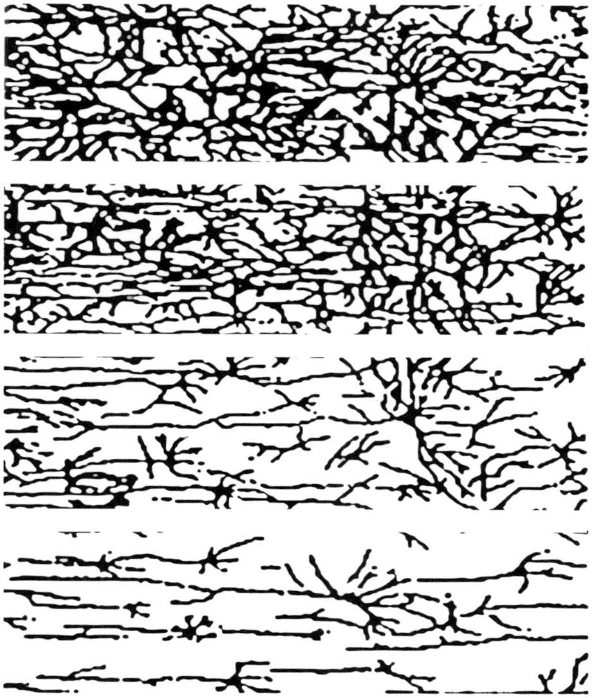

Im Alter von 2 Jahren

Im Alter von 15 Monaten

Im Alter von 3 Monaten

Bei der Geburt

Wachstum der neuronalen Netzwerke

7.3 Diese Sinne werden für die Leistung des Lesens und Schreibens benötigt!

7.4 Diese Sinne werden für die Leistung des Rechnens benötigt!

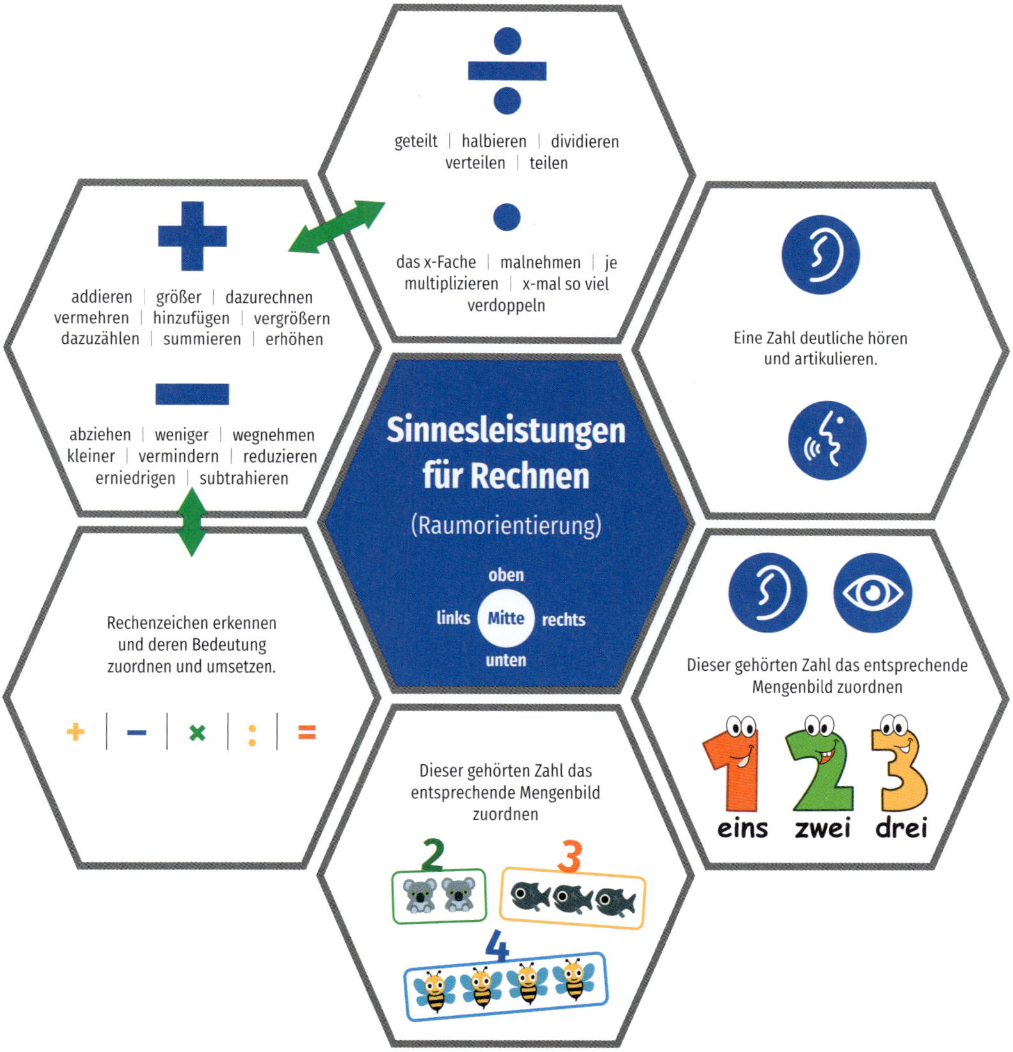

8. Die Funktionen der beiden Gehirnhälften: Denken – Verknüpfen von Informationen

Denken heißt vor allen Dingen: Verknüpfung von Information zu höherwertigen, intelligenteren Informationen. Gut strukturierter Lernstoff wird viel leichter behalten als unstrukturierter.
Reize über die verschiedenen Wahrnehmungskanäle verbinden sich durch geistige Anstrengung, die der Mensch unternimmt, um sich etwas zu merken.

Die Kombination aus beiden begründet unterschiedliche **Lerntypen**:
- den visuellen (den durch Sehen Lernenden)
- den auditiven (den durch Hören Lernenden)
- den audio-visuellen (den durch Hören und Sehen Lernenden)
- den haptischen (den tastsinnorientiert Lernenden)
- den olfaktorischen (den geruchsorientiert Lernenden)

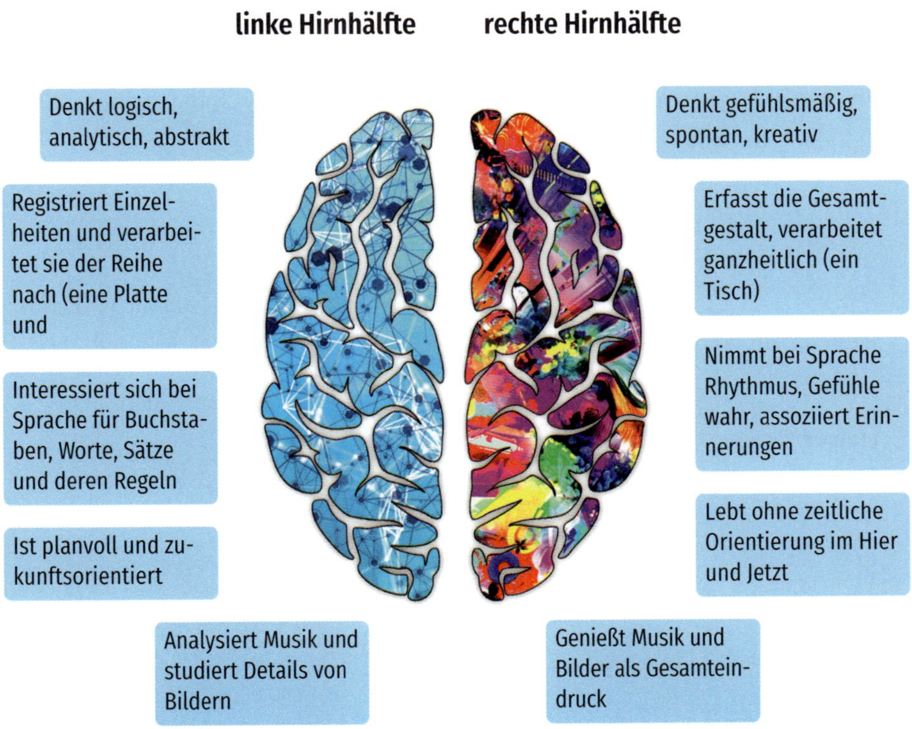

Funktionen der beiden Gehirnhälften

- den abstrakt-verbalen (den durch den Begriff und seine Bedeutungen Lernenden)
- den kontakt- bzw. personenorientiert Lernenden
- den medium-orientiert Lernenden
- den Einsicht- bzw. Sinn anstrebenden Lernenden

Keiner dieser Typen existiert für sich allein, vielmehr gibt es nur Mischtypen, die sich flexibel den jeweiligen Gegebenheiten anpassen können.

Hinzu kommt noch Folgendes: Die meisten Menschen nutzen die **beiden Hälften ihres Gehirns** zu unterschiedlichen Typen geistiger Aktivität: Während die linke Seite eher für „akademisch / logische“ Tätigkeiten eingesetzt wird, setzen wir die rechte Hälfte eher für die „gefühlsbetonte“ Vorgänge des Erfassens und Erfahrens ein.

Es zeigt sich aber, dass sich, wenn beide Bereiche des Gehirns gezielt trainiert werden, Lernstoff umso stärker einprägt, da er nun sowohl vom Verstand als auch vom Gefühl her verankert ist.

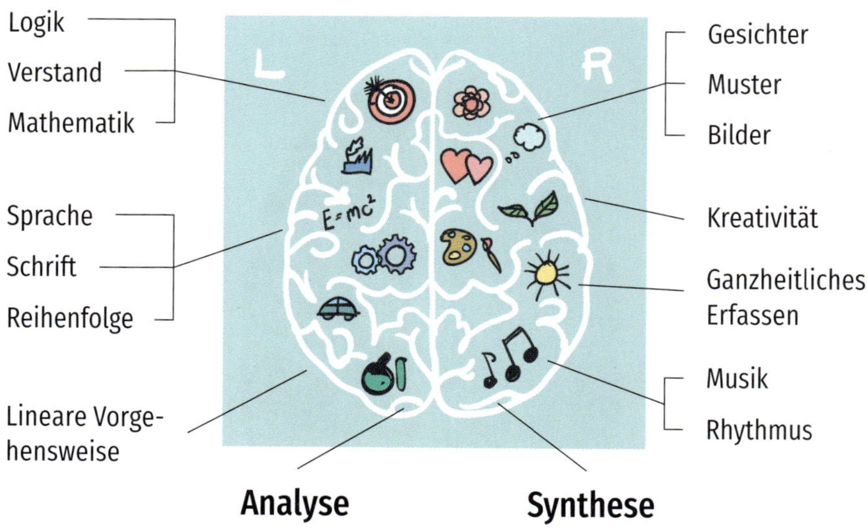

Das menschliche Gehirn, seine Zweiteilung und deren Funktionen

9. Die Lernstruktur

Lernvorgänge – Eingangskanäle
An allen Lernvorgängen sollten möglichst viele Sinnesorgane und damit Eingangskanäle beteiligt sein! Die Eingangskanäle müssen, wenn nötig, der Situation angepasst werden.

So speichern wir Wissen

Durch das Wiederholen beim Lernen passiert Folgendes im Gehirn: Die Synapsen werden regelmäßig neu aktiviert. Dadurch werden die **Kontakte zwischen den Nervenzellen verstärkt**. Etwas nicht nur einmal auswendig zu lernen, sondern ab und an zu wiederholen, fördert also das langfristige Speichern im Gedächtnis.

Noch einfacher geht es, wenn wir das **Lernen mit Geschichten, Bildern oder Anekdoten verknüpfen** und wirkliches Interesse am Thema zeigen. Das liegt daran, dass sich unser Gehirn besser diejenigen Inhalte merken kann, auf die wir uns beim Lernen intensiv konzentriert haben und die wir uns vorstellen können. Deshalb eignen sich alltagsrelevante Beispiele und kreative Hilfsmittel optimal als wirklich nachhaltige Methoden zum Lernen. Wenn sich Kinder selbständig durch Ausprobieren die Lösung erarbeiten, sorgt dies für ein Aha-Erlebnis, das das Gehirn so schnell nicht wieder vergisst.

Doch auch die **Emotionen**, die wir durch geeignetere Lernmethoden, als stumpfes Auswendiglernen, anregen, begünstigen das langfristige Speichern von Informationen im Gedächtnis.

10. Die Macht der Sprache

Die Sprache hat einen großen Einfluss auf die Wahrnehmung. Denken und Handeln werden schon von einzelnen Begriffen geleitet. Andere können uns zum Beispiel durch bestimmte Wörter gezielt manipulieren, positiv wie negativ. Oftmals ist uns der Einfluss der Worte jedoch gar nicht bewusst. Außerdem finden Hirnforscher und Psychologen immer mehr Hinweise darauf, dass wir uns mit unserer Muttersprache bestimmte Denkmuster aneignen, die uns ein Leben lang begleiten und prägen. Unsere Muttersprache beeinflusst also im großen Maße unsere Weltsicht.
Sprache ist also nicht nur ein Kommunikations- sondern auch ein beachtliches Machtmittel. Sie bestimmt Denk- und Handlungsmuster und kann sowohl überzeugen als auch entlarven.

Neben der Tatsache, dass Sprache für die Wahrnehmungsentwicklung von großer Bedeutung ist und über die Sprache auch die Intelligenz ein großes Stück weit gefördert wird, beeinflusst sie, speziell im Umgang mit Kindern, deren Verhalten und Reaktionen.

Bereits scheinbar kleine Änderungen in unserer Sprache können erstaunliche Wirkung haben. Mit einer neuen Ausdrucksweise können wir automatisierte Verhaltensweisen ändern.

Sie als PädagogInnen begleiten Kinder und Eltern in einer wichtigen Lebensphase. Sie stellen mit ihnen Weichen für ihren späteren Lebensweg. Manche Kinder haben einen erhöhten Förderbedarf, als andere Kinder. Es ist wichtig, Eltern und Kinder dabei zu begleiten, sie so anzunehmen, wie sie sind und sie im Rahmen des Möglichen liebevoll und kompetent zu fördern und zu unterstützen.
Achten Sie auf Ihre Sprache. Achten Sie darauf, welche Wörter Sie benutzen und wie Sie das tun. Erkennen Sie die Macht der Sprache an und damit auch Ihre Verantwortung.

Eine Grundlage ist die klare, wertschätzende Grundhaltung im Umgang mit dem Kind und mit seinen Eltern. Auf dieser Basis fällt es den Kindern und auch den Eltern leichter, Ihre Empfehlungen anzunehmen. Mit einer solchen Sprache geben Sie den Kindern und auch den Eltern Halt, Orientierung und Sicherheit.
Kinder haben ein feines Gespür für die Kraft und Wirkung von Wörtern. Wir tun ihnen und uns etwas Gutes, wenn wir eine wertschätzende, klare und wohlwollende Sprache sprechen. Dann können sie leicht mitmachen. Kinder brauchen eine klare, eindeutige Sprache, um verstehen zu können, was man von ihnen will.

10.1 Wertschätzende und wirksame Kontaktaufnahme

- Ansprechen
- Anschauen
- Atmen

Jedes Kind beherzigt das intuitiv: Wenn sie uns etwas mitteilen oder etwas erfahren wollen, sprechen sie uns namentlich an, schauen uns in die Augen und machen dann eine klitzekleine Pause, bevor sie weitersprechen. Das klingt so: „Mama!“ Danach schauen sie die Mama an und sagen erst dann, was sie sagen wollen.
Achten Sie immer darauf, dass Sie Ihrem Gesprächspartner wohlgesonnen sind. Sie werden merken, wie einfach Gespräche nach diesem wertschätzenden Start verlaufen.

10.2 Die Auswahl der Worte

Klare Aufforderungen sind das Wichtigste: Klare Fragen, Aufforderungen oder Aussagen. Vermischungen und Unklarheiten sollten vermieden werden.

Üblich ist aber meist ein Gemisch von Frage und Aufforderung.

Hier einige Beispiele:
Statt *„Kommst du bitte!?“* besser *„Jan, komm bitte!“.*
Statt *„Würdest du dich bitte hinsetzen?!“* besser *„Kevin, setz dich bitte!“.*

Dabei ist es bedeutsam, den Namen wohlwollend auszusprechen. Klare und eindeutige Aufforderungen machen allen Beteiligten das Leben leichter. Gerade Kinder, die auf eine klare und eindeutige Führung besonders angewiesen sind, können bei dieser eindeutigen, klaren Sprache mitmachen und damit Erfolgserlebnisse erzielen.

Mit kurzen, vollständigen Sätzen bringen Sie ihre Aussagen auf den Punkt. So weiß das Kind, was Sie von ihm wollen.
Geordnete, kurze Sätze haben eine ordnende Wirkung. Sie fördern beispielsweise die eigene Konzentration und stärken die Aufmerksamkeit der Kinder und Gesprächspartner. Es lohnt sich, im eigenen Gespräch auf vollständige, kurze Sätze zu achten.

10.3 Bewusstes Wandeln von Negationen

Beispiele:
Statt „*Schrei nicht so!*" besser „*Nicht schreien bitte!*".
Statt „*Renn nicht so!*" besser „*Nicht rennen bitte!*".
Statt „*Ist das nicht schön!*" besser „*Das ist schön!*".
Statt „*Wollen wir nicht rausgehen bei dem schönen Wetter?*" besser „*Bei dem schönen Wetter gehen wir raus!*".
Statt „*Das kannst du so nicht machen!*" besser „*Mach das nicht so!*".
Statt „*Vergiss nicht deinen Schal!*" besser „*Nimm bitte deinen Schal!*".

Hierher gehört auch das weit verbreitete „tu das nicht", „ich kann nicht ... " und „du kannst nicht ...".
Sagen Sie den Kindern und ihren Eltern das, was Sie wollen. Doch bedeutet dies, dass Sie sich das erst einmal selber klarmachen und dann auch so formulieren. Dies leitet ein Umdenken ein und ermöglicht neue Sichtweisen.

10.4 Schlüsselwörter, die Hetze und Druck aufbauen

„*Schnell*" *und* „*müssen*" sind hier Schlüsselwörter. Sie kennen sie sicherlich auch aus Ihrem eigenen Sprachgebrauch. Die meisten „müssen" bezeichnen Handlungen, die in der Zukunft liegen. Hier können Sie das „müssen" ganz leicht wandeln. Gebrauchen Sie einfach die Zukunftsform.

Beispiele:
„Ich muss morgen einkaufen gehen." Im Futur lautet dieser Satz: „Ich werde morgen einkaufen gehen." Sätze mit Futur ordnen den zeitlichen Ablauf und schaffen Struktur. „Müssen" schafft Zwänge. Lieber sollten wir einfach tun. Statt zu fragen „Wann müssen wir losfahren?" können wir fragen: „Wann fahren wir los?"

Modalverben, zu denen *müssen, können, wollen, dürfen* usw. gehören, werden oft eher willkürlich gebraucht. Es lohnt sich, ihnen mehr Aufmerksamkeit zu schenken, denn auch sie haben eine Wirkung auf uns.

Sätze wirken ebenfalls. Das Wort „*eigentlich*" ist oft ein Hinweis darauf, dass wir uns selbst mit einer Aussage belügen. Alternativ können wir Aussagen klarer fassen.

Verwenden Sie lieber kurze Sätze. Es ist leichter, kurze, vollständige Sätze zu bilden. Mit kurzen Sätzen lässt sich leichter Ordnung schaffen.

Bringen Sie Ordnung in Ihre Sätze. Ein geordneter Satzbau bringt auch in Ihnen etwas in Ordnung, schafft innere Ordnung.

10.5 Verhalten und Leistungen nicht negativ bewerten

Beispiele:
Sie bemerken, dass ein Kind eine gestellte Aufgabe nicht verstanden hat oder nicht bewältigen kann. Nicht förderlich wäre folgende Ansprache:
„Du hast das nicht verstanden!" Besser: ***„Ich erkläre es dir noch einmal."***

Hierbei wäre noch zu erwähnen, dass es dann sinnvoll ist, diese 2. Erklärung mit anderen Worten vorzunehmen. Oft liegt bei den Kindern ein Verstehensproblem vor.
„Kannst du das nicht?" Besser: ***„Du kannst das! – So wie du es machst, ist es in Ordnung!"***

Der Gebrauch von Aktiv- und Passivsätzen beeinflusst uns. **Aktivsätze geben uns Aktivität** mit auf den Weg. **Passivsätze haben etwas von „leiden". Passivsätze aktivieren unser Opfergefühl und signalisieren Fremdbestimmung.**

Beispiel:

Aktiv: Jan wirft den Ball

Passiv: Der Ball wird von Jan geworfen (vgl. Defersdorf 2008)

10.6 Alternativen zu dem negativen Wort „Falsch!"

Schülern sollte ein konstruktives Feedback gegeben werden!
„Fehler sind da, um gemacht zu werden", „Fehler sind Schritte auf dem Weg zur Lösung", „Aus Fehlern lernt man", viele Erwachsene finden diese Sätze gut.

Jedoch: In der Interaktion mit Kindern zeigt sich oft, wie wir auf Fehler wirklich reagieren, nämlich reflexhaft und selten ermutigend – nämlich mit „Falsch!". Das liegt auch daran, dass es im Unterricht, in der Förderung oder beim häuslichen Lernen mitunter schnell gehen muss. Da nutzt man gern Abkürzungen: Wenn etwas nicht richtig ist, ist es halt falsch, fehlerhaft, verkehrt. Das ist die Wahrheit und die kann doch nicht schaden – oder doch?
Man kann Schülern bei Fehlern stattdessen ein konstruktives Feedback geben, sie ermutigen und so ihr Durchhaltevermögen fördern.

- Ein häufiges „Falsch“ demotiviert selbst Kinder mit guter Frustrationstoleranz, und es spiegelt nicht die ganze Leistung des Kindes wider. Selbst in einer Matheaufgabe, die objektiv falsch gelöst ist, findet sich ein guter Ansatz. Der sollte positiv verstärkt werden, damit das Kind mit Freude und Zuversicht zum richtigen Ergebnis finden kann. Durchhaltevermögen kann nur entwickeln, wer an seine eigene Lernfähigkeit glaubt. Dafür müssen wir Kinder positiv bewerten.

10.7 Sprach- und Kommunikationsfähigkeit

Mit der Entfaltung der Wahrnehmung ist die Entwicklung der Sprache eng verbunden. Die Sprachentwicklung ist eine wesentliche Grundlage unserer pädagogischen Arbeit in einer Einrichtung.
Wir alle wissen, wie wichtig das Sprechen für die alltägliche Kommunikation ist.
Durch Rollenspiele, Bilderbücher, Lieder, Geschichten, Reime, Fingerspiele und Angebote zur Wahrnehmungsförderung werden die Kinder spielerisch zum Sprechen herausgefordert. In Gesprächen und Kinderkonferenzen lernen die Kinder, sich frei zu äußern und mitzuteilen.

Durch diese verschiedenen Aktivitäten werden folgende Teilbereiche gefördert und erweitert:

- Sprachverständnis
- Mundmotorik
- Aussprache
- Wortschatz
- Ausdrucksfähigkeit
- Grammatik

11. Wahrnehmungsstörungen

11.1 Wahrnehmungsstörungen erkennen

Ganz allgemein äußern sich Wahrnehmungsstörungen durch verschiedenste Merkmale – hier nur einige Beispiele:

- Bei einer Störung der Hörwahrnehmung hat das Kind Schwierigkeiten, Gehörtes richtig zu verstehen und einzuordnen, und es reagiert daher häufig nicht angemessen.
- Eine Störung der Sehwahrnehmung kann unter anderem bewirken, dass ein Kind Entfernungen nicht richtig einschätzen kann und Schwierigkeiten mit der räumlichen Orientierung hat.
- Bei Störungen der Grob- und Feinmotorik stellt sich das Kind tollpatschig und ungeschickt an, beispielsweise beim Dreiradfahren oder bei Alltagsanforderungen, wie Schuhe binden und Kleidung zuknöpfen.
- Wenn die Wahrnehmung der Haut gestört ist, kann das Kind sehr berührungs- und schmerzempfindlich sein, oft wehrt es sogar Zärtlichkeiten vehement ab.
- Bei einer Überempfindlichkeit des Gleichgewichtssinns vermeidet das Kind alle Bewegungen, die das Gleichgewicht stimulieren: Schaukeln, Klettern, Balancieren.
- Nicht zuletzt gehen Wahrnehmungsstörungen sehr oft mit Konzentrationsschwierigkeiten und Verhaltensauffälligkeiten einher.

Bei Verdacht auf Wahrnehmungsstörungen sollte man das Kind unbedingt **ärztlich untersuchen** lassen. Am besten wendet man sich an einen Kinderarzt oder einen Neurologen, der gegebenenfalls die ärztliche Verordnung für eine notwendige Therapie ausstellen kann (zum Beispiel Ergotherapie oder Krankengymnastik).

Zeigt ein Kind deutliche Verhaltensauffälligkeiten, wenden sich Eltern oft als Erstes an eine **Erziehungsberatungsstelle**. Auch das ist sehr zu empfehlen, denn dort bekommt man nicht nur solide pädagogische Anleitungen für den Alltag, sondern gegebenenfalls auch Hinweise auf sinnvolle Therapie- und Fördermöglichkeiten.

Als dritte sehr wichtige Möglichkeit, um Wahrnehmungsstörungen möglichst früh zu erkennen, sollten Eltern das Gespräch mit den Erzieherinnen im Kindergarten suchen, denn oftmals äußern sich Wahrnehmungsstörungen zu Hause ganz anders als in einer **Gruppensituation**. Bei einer Störung der Hörwahrnehmung beispielsweise spielt die Geräuschkulisse im Kindergarten eine wichtige Rolle. Das betroffene Kind ist ab einem gewissen Lärmpegel nicht mehr in der Lage, gezielte Informationen aufzunehmen, da es die Hintergrundgeräusche nicht ausblenden kann. Die Folge: Es versteht Gesagtes nicht und kann daher nicht angemessen reagieren. Zu Hause ist das anders. Dort hat man weder den Lärmpegel einer großen Gruppe, noch muss man ihn über einen Gruppenraum hinweg übertönen, sondern kann das Kind direkt ansprechen. So fallen einem die Verständnisschwierigkeiten des Kindes weniger auf.

11.2 Die Perspektive wechseln

Um ein betroffenes Kind nicht durch unangemessene Vorwürfe zu frustrieren, sondern stattdessen mehr Verständnis für seine Situation aufzubringen, sollten Eltern und Erzieher einmal versuchen, sich in seine Lage zu versetzen. Zum Beispiel mit diesem kleinen Experiment, das eine **Störung der Hörwahrnehmung** nachzuempfinden hilft: Man steckt sich ein Paar Ohropax in die Ohren und versucht, sich in einem größeren Personenkreis an einem Gespräch zu beteiligen. Das dürfte schwierig sein, da durch die Geräuschkulisse in der Runde einzelne Informationen nicht mehr deutlich ankommen. Auf alle Fälle kostet es viel Konzentration und ist daher auf Dauer äußerst anstrengend – eine Situation, mit der betroffene Kinder ständig zu kämpfen haben.

Ein weiterer Versuch, um sich in ein Kind mit **feinmotorischen Schwierigkeiten** hineinzuversetzen: Man klebt sich an jeder Hand zwei Finger mit Tesafilm zusammen (auf der einen Seite Zeige- und Mittelfinger, auf der anderen Mittel- und Ringfinger) und versucht anschließend, etwas Hübsches zu basteln. Wer sich auf diese Weise für einige Zeit mit Papier, Schere und Kleber abgemüht hat – vermutlich ohne sonderlichen Erfolg –, wird das nächste Mal vorsichtiger sein, ehe er zu einem Kind sagt: „Ein bisschen mehr Mühe könntest du dir schon geben!“

11.3 Störungen der Wahrnehmung

Eine Wahrnehmungsstörung ist eine Störung in der Aufnahme, Weiterleitung und/oder Verknüpfung der Informationen von Sinnesreizen. Bei einer gestörten Wahrnehmung existiert ein Widerspruch zwischen dem Reiz und der Wahrnehmung. Die Sinneseindrücke werden dabei zu wenig gefiltert, um sinnvoll verarbeitet werden zu können bzw. sie wirken zu stark auf das Gehirn ein. Ohne die Tätigkeit des Gehirns können z. B. psychische Funktionen wie Sprache, Denken, Bewegung und Emotionen gar nicht ablaufen. Die Folge sind dann „unangemessene“ Reaktionen und Handlungen, wie Entwicklungsauffälligkeiten und/oder Lernstörungen.

Durch die gestörte Reizverarbeitung im Gehirn werden die Botenstoffe im Gehirn aufgrund eines Ungleichgewichts im Hirnstoffwechsel nicht mehr genügend produziert oder zu rasch wieder abgebaut. Eine geordnete Informationsverarbeitung ist nicht mehr gewährleistet.

11.4 Wahrnehmungsdefizite, die das schulische Lernen behindern

Mehrere Faktoren können zu Wahrnehmungsstörungen führen:
- *biologische Faktoren:* Allergien, Reizarmut, Bewegungsmangel, Nahrungsmittelunverträglichkeit oder Geburtsschäden
- *soziale Faktoren:* frühkindlicher Stress, Traumata, Misshandlungen, Vernachlässigungen
- *gestörte Familiensysteme* bzw. Umgebungsbedingungen, wie Scheidung der Eltern
- schnell wechselnde bzw. unstrukturierte und/oder *chaotische Tagesabläufe*

Wahrnehmungsstörungen können sich bemerkbar machen in
- verminderter Erfassungsspanne: nicht alle Informationen, die einströmen, werden aufgenommen
- Reizüberflutung: es werden mehr Reize aufgenommen, als verarbeitet werden können; Unterschiede von Reizeindrücken können nicht wahrgenommen werden; Unwichtiges und Wichtiges wird gleich behandelt
- verlangsamter Umstellfähigkeit: durch unstrukturierten Tagesablauf oder schnell wechselnde Angebote kommt es zur Überforderung
- serialer Störung: schlechtes Erkennen und Reproduzieren von aufeinander folgenden Abläufen (z. B. Wortaufbau, Wortbild); Schwierigkeit zu planen und Handlungsabläufe zu durchschauen
- mangelhafter Codierung und Optimierung erlernter Abläufe: komplexe Bewegungen müssen einzeln gelernt werden (z. B. Schuhe zubinden)
- gestörter Schall-Lokalisation: die Schallquelle im Raum kann nicht bestimmt werden
- Beeinträchtigung der Figur-Grund-Wahrnehmung: Sprache kann nicht von Störgeräuschen unterschieden werden
- verkürzter Hör-Gedächtnis-Spanne: nacheinander eintreffende akustische Informationen können nur begrenzt im auditiven Kurzzeitgedächtnis gespeichert und abgerufen werden

Zunächst muss unterschieden werden, ob das Kind im Sehen, Hören, Riechen, Fühlen oder im Gleichgewichtssinn beeinträchtigt ist, auch mehrere Störungen gleichzeitig sind möglich.
Das Kind kann entweder **zu viele oder zu wenige Reize** aus seiner Umwelt aufnehmen:

- Ein **Zuviel** an Reizen führt zu einer Überforderung des Kindes, das dann dazu neigt, ängstlich und blockiert zu reagieren und daher vielleicht ein starkes Bindungsbedürfnis zu den Eltern aufweist (Sicherheit suchen).
- Eine **verringerte** Wahrnehmung von Reizen lässt Kinder unruhig und manchmal auch aggressiv werden. Sie suchen ständig nach Eindrücken, die möglichst stark sein müssen, damit sie vom Kind wahrgenommen werden. Diese Kinder machen eher einen überaktiven Eindruck und begeben sich häufig in riskante Situationen.

Solche Wahrnehmungsstörungen können einzeln oder zusammen bei ADS (Aufmerksamkeits-Defizit-Syndrom) und ADHS (Aufmerksamkeits-Defizit-Hyperaktivitäts-Syndrom) auftreten. Es handelt sich um eine Störung im Informations-Verarbeitung-Prozess im Gehirn und macht sich durch leichte Ablenkbarkeit, Unaufmerksamkeit, Verträumtheit, Impulsivität, Hyperaktivität bemerkbar. Nicht selten sind dies Begleiterscheinungen einer Legasthenie/ Dyskalkulie.

11.5 Sinnesleistungen und deren Defizite im späteren schulischen Alltag

Bewegung macht klug!
Bewegungsspiele fördern die Entwicklung des Kindes!

Positive Auswirkungen von Bewegung

Mit viel Bewegung kann Wahrnehmungsstörungen und späteren Schulproblemen vorgebeugt werden. Alle Kinder bewegen sich gerne. Die motorische Geschicklichkeit hängt aber stark davon ab, welche Bewegungserfahrungen ein Kind machen konnte. Nicht nur die Körperbeherrschung verbessert sich, je mehr sich ein Kind bewegt. Das Gehirn braucht ständig Anregungen, um optimal zu funktionieren; mit genügend Bewegung wird es sich besser entwickeln.

11.5.1 Hörverarbeitung

Hören ist ein zweistufiger Prozess. Er besteht aus dem peripheren Hören, d. h. der Verarbeitung durch das Organ Ohr, und aus der weiteren, zentralen Verarbeitung im Gehirn.
(Bei Kindern mit einer Lese-Rechtschreibschwäche oder Legasthenie ist oft diese zentrale Verarbeitung beeinträchtigt.)

Mein Kind hört mir nicht zu

Oft haben die Eltern den Eindruck, dass ihr Kind „schlecht hört" – „alles muss ich ihm/ihr dreimal sagen" – sie gehen zum HNO-Arzt, dieser erstellt ein Audiogramm und bestätigt dann meistens ein gutes Hörvermögen, d. h., das Ohr ist gesund, die Schallaufnahme (das periphere Hören) ist in Ordnung. Was geschieht aber mit dem vom Ohr aufgenommenen Schallereignis?

Wir hören nicht nur mit den Ohren

Die Schallwelle wird über den Gehörgang zum Trommelfell geleitet und versetzt das Trommelfell in Vibration. Diese Vibration wird über die Gehörknöchelchenkette weiter in die Schnecke im Innenohr geleitet. Die in der Schnecke entstehende Wanderwelle wird in der Schnecke frequenzabhängig ausgeleitet und in Nervenimpulse umgewandelt. Diese Nervenimpulse wandern danach auf der Hörnervenbahn über 4 bis 6 Zwischenschaltstellen zum Sprachzentrum. Wenn nun die eine oder andere Zwischenschaltstelle nicht so gut mitarbeitet, tritt ein Effekt wie beim „Stille-Post-Spiel" auf: Es kommt auf der anderen Seite etwas anderes an, als vorher losgeschickt wurde.
Die Beeinträchtigung dieser neuronalen Weiterverarbeitung wird als zentrale Fehlhörigkeit bezeichnet und ist in der Öffentlichkeit noch viel zu wenig bekannt.

Das Kind ist leicht ablenkbar und kann sich nicht konzentrieren

Wenn die Nebengeräusche vom Kind viel lauter empfunden werden (Selektionsschwäche), nimmt es z. B. die Stimme der ErzieherIn/des Lehrers viel schlechter wahr und muss sich viel mehr anstrengen, um aufmerksam teilnehmen zu können. Dadurch verbraucht es mehr Energie und benötigt viel mehr Erholungspausen. Das Kind schaltet dann entweder ab, oder wird unruhig und zappelig.

Da die Aufnahmefähigkeit schneller abnimmt, führt der Mangel an Konzentrationsfähigkeit zu einem Rückgang der Mitarbeit und einem mangelhaften Erwerb des Unterrichtstoffes – es entstehen Wissenslücken.

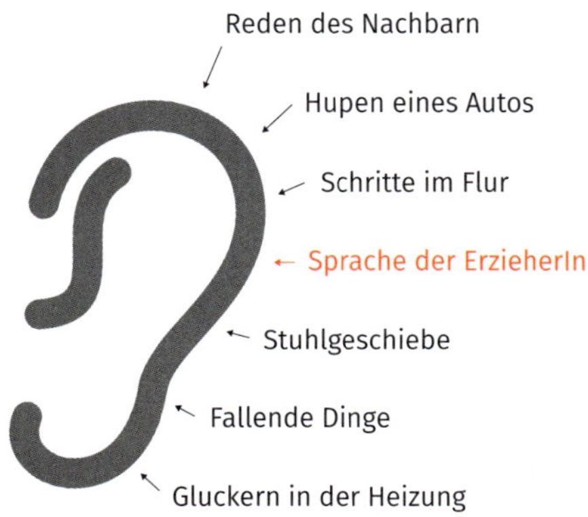

Hörsituation des normal hörenden Kindes

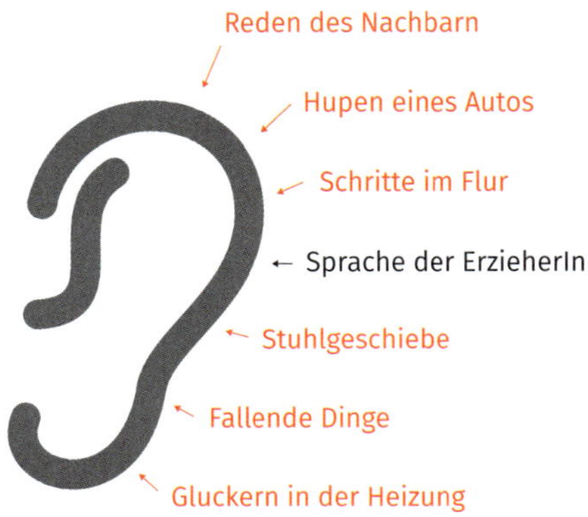

Hörsituation des fehlhörigen Kindes

Durch die einsetzenden Misserfolge erlebt sich das Kind dann oft selbst als dumm und unbegabt. Die Bereitschaft in diesem Bereich zu üben, nimmt stetig ab. Um sich vor der ständigen Frustration und Blamage zu schützen, kommt es zu Vermeidungsstrategien und in weiterer Folge zu Verhaltensauffälligkeiten. Das Kind kommt dann zur Lernförderung oder zum Psychologen. Wird die Ursache dieser Verhaltensauffälligkeiten nicht erkannt, kann diesen Kindern auch nicht wirksam geholfen werden – ihr Leidensweg geht weiter.

12. Verhaltensauffälligkeiten

12.1 Angst und Aggressivität

Angst und Aggressivität zeigen ähnliche körperliche Symptome (blass werden, zunächst schwere Atmung, dann beschleunigte Atmung und schnellerer Herzschlag, ...).

Über die Ursachen von Angst gibt es verschiedene Theorien:

- *Theorie nach Freud: Angst ist von Anfang an vorhanden.*
- *Der lerntheoretische Ansatz: Angst wird als Reaktion erlernt.*

Theorien über Aggressivität:

- *Die Triebtheorie (Freud): Aggression ist ein Grundtrieb des Menschen*
- *Die Frustrations-Aggressions-Hypothese (Dollard): Aggression wird ausgelöst durch eine vorangehende Frustration.*
- *Berkowitz: Frustration löst nicht direkt Aggression aus, sondern Angst, und diese Angst führt dann zu aggressiven Reaktionen.*

Quellen aggressiven Verhaltens:

- *Erlittene Aggressivität:* Dazu gehören z. B. körperliche Strafen im Elternhaus, auch wenn sie nur in geringem Ausmaß eingesetzt werden, da das Kind eine „sozial minderwertige Form der Konfliktlösung" lernt.
- *Beobachtete Aggressivität:* Das Kind übernimmt das Verhalten, das es bei anderen beobachtet, allerdings meist nur dann, wenn die beobachtete aggressive Person mit ihrem Verhalten Erfolg hat, also direkt oder indirekt belohnt wird.

Auch ein verwirrender Erziehungsstil, bei dem das Kind für das gleiche Verhalten unterschiedliche Reaktionen erfährt, oder ein Laisser-faire-Stil, der dem Kind keine Orientierung über richtiges und falsches Verhalten bietet, kann aggressives Verhalten auslösen.

Hinter demonstrativ aggressivem Verhalten steht immer Angst. Daher muss man bei aggressiven Kindern immer versuchen herauszufinden, wovor sich das Kind fürchtet und dort gezielt mit der Hilfe beginnen.

12.2 Erkennungsmerkmale für späteres Schulversagen

12.2.1 Frühsymptome der neurotischen Leistungsänderung

Hiermit ist gemeint, dass ein Kind Leistungsanforderungen als bedrohlich erlebt und mit Leistungsversagen reagiert. Hierfür gibt es Frühsymptome, die schon im Kindergartenalter auftreten.

- *Mangelndes intentionales Verhalten (zweckbestimmt; zielgerichtet)*

Dies bedeutet, dass das Kind nicht fähig ist, die Umgebung so wahrzunehmen wie andere Kinder das tun. So hat eine sorgfältig gestaltete Umgebung keinen Aufforderungscharakter, das Kind weiß mit Spielen nichts anzufangen, bei Spielvorschlägen scheitert es daran, das geeignete Material dafür zu finden.

- *Spielhemmung*

Sie ist ein häufiges Zeichen für spätere Verhaltensauffälligkeiten: Einem Kind, das nicht spielen kann, fehlt das Erleben der Freude an kindlicher Tätigkeit und an neuerworbenen Fähigkeiten. Es lernt auch nicht, im Spiel Konflikte zu lösen und kann dann auch mit realen Konflikten nicht umgehen.

- *Ungeduld*

Das Kind erlebt Wartenmüssen als Unrecht, alle müssen seine Wünsche sofort erfüllen, es kann auch vorläufige Lösungen nicht akzeptieren.

- *Aggressive Gehemmtheit*

Diese Kinder sind häufig überangepasst, Konflikte und Widerspruch werden vermieden, die Kinder glauben, sich Zuneigung durch ständig angepasstes Verhalten verdienen zu müssen.

12.2.2 Frühsymptome der Legasthenie

Legastheniker haben häufig in folgenden Bereichen Schwierigkeiten:

- Synästhesie = verschiedene Sinneseindrücke können nur schwer miteinander verbunden werden.
- Synthese und Analyse auf der Abstraktionsebene = sie können Teile nicht zu einem Gesamtbild zusammenfügen und aus einem Gesamtbild kein Teilbild herauslösen.

- Symbolbildung = leichte Figuren können nicht mit dem Sinngehalt verbunden werden.

12.2.3 Hilfe im Kindergarten

- *Konzentrationsschwächen*

Man spricht erst dann von einer Konzentrationsschwäche, wenn das Kind sich auch mit selbst gewählten Beschäftigungen nur kurze Zeit befassen kann. Ein Grund dafür kann Reizüberflutung sein und so kann man Hilfe leisten, indem man einen Raum für das Kind zur Verfügung stellt, in dem nur wenig Material und damit wenige Reizeinflüsse vorhanden sind.

- *Herabsetzung der Prägnanz*

Prägnanz ist die Fähigkeit, Bilder oder andere Sinneseindrücke (akustisch, optisch, ...) so genau wahrzunehmen, dass bereits geringe Differenzen zwischen Sinneseindrücken erkannt werden können. Mangelhafte Prägnanz ist eine Syndromkomponente von Legasthenie, da ja gerade Lesen und Schreiben genaue Differenzierung erfordern (z. B. 1 und 7, n und m, ...)

- *Orientierungsschwäche*

Besondere Schwierigkeiten ergeben sich bei der Orientierung, wie sie die Unterscheidung von links und rechts, oben und unten erfordert. Das führt z. B. dazu, dass das Kind Schwierigkeiten hat d, b, p, q auseinanderzuhalten.

12.3 Sprachauffälligkeiten

Gesichtspunkte der Beurteilung von Sprache sind:

- Formale Richtigkeit (Syntaktik)
- Inhaltliche Stimmigkeit (Semantik)
- Bedeutungsgehalt (Pragmatik) = Die Bedeutung des Gesagten ist klar
- Sprechverlauf = rhythmischer Redefluss

Fehler in der Kindersprache und deren Ursache

- *Sensorische Fehler* → die Wahrnehmung des Kindes ist noch nicht ausreichend differenziert, es kann die gehörte Sprache nicht durchgliedern

- *Motorische Fehler* ➡ die Artikulationsfähigkeit des Kindes ist noch nicht genügend entwickelt
- *Reproduktive Fehler* ➡ die Erinnerungsfähigkeit des Kindes ist noch mangelhaft, häufig handelt es sich um Flüchtigkeitsfehler. Der Zuhörer versteht trotzdem den Sinn

Sprachstörungen, alarmierende Zeichen

Unter einer Sprachentwicklungsstörung versteht man eine nicht altersgemäß entwickelte Sprache. Symptome einer möglichen Sprachstörung sind:

- Verringerter Wortschatz
- Erschwerte Wortfindung
- Fehlerhafte grammatische Durchgliederung
- Stammeln (Dyslalie)

Die Ursachen einer Sprachstörung müssen in fachärztlichen Untersuchungen ausfindig gemacht werden, erst dann kann eine sinnvolle Behandlung stattfinden (je nachdem ob die Ursache eine verringerte Hörfähigkeit oder z. B. eine Intelligenzdefekt ist, sieht die Behandlung völlig unterschiedlich aus).

Stottern, die häufigste Sprechstörung

Folgende Punkte sind bei der Betrachtung des Stotterns wichtig:

- Stottern kann ein Symptom der Verdrängung sein und weist dadurch auf eine psychosomatische Störung hin. In diesem Fall muss nicht nur das Symptom, also das Stottern, behandelt werden, sondern dessen Ursache.
- Es gibt keine Beweise für eine Veranlagung zum Stottern.
- Es gibt kaum Stotternde, die in jeder Situation stottern (d. h. beim Singen, Flüstern, Schreien)

Möglichkeit der Hilfe

Zur Heilung von Sprachstörungen stehen heute folgende Methoden zur Verfügung:

- Behandlung durch eine ausgebildete SprachheilpädagogIn / LogopädIn
- Durchführung einer Psychotherapie (z. B. in Form einer Spieltherapie) durch eine entsprechend ausgebildete DiplompsychologIn
- Durchführung einer Heilpädagogischen Spieltherapie, durch eine entsprechend ausgebildete HeilpädagogIn
- Durchführung einer Verhaltenstherapie, durch eine entsprechend ausgebildete VerhaltenstherapeutIn

12.4 Auditive Verarbeitungs- und Wahrnehmungsstörungen

Diese zeigen sich durch verschiedene Symptome: Ähnlich klingende Laute werden verwechselt oder wichtige Informationen nicht aus Umgebungsgeräuschen herausgefiltert. Das vom Ohr richtig Gehörte wird vom Gehirn anders verarbeitet, so dass der Mensch andere Informationen subjektiv wahrnimmt. Das Hörorgan selbst ist also nicht betroffen. Durch Training kann die Hörverarbeitung in die richtigen Bahnen gelenkt werden.

12.4.1 Wie funktioniert „zentrale Hörverarbeitung"?

Der Weg vom Hörnerv zum primären Hörzentrum wird als zentrale Hörverarbeitung bezeichnet. Der akustische Reiz wird über verschiedene Kernregionen des Mittelhirns zum auditiven Kortex weitergeleitet.

In den zentralen Arealen des Gehirns werden die vom peripheren Hören gelieferten Signale in sinnvolle Informationen umgesetzt.

Auch wenn alle beteiligten Strukturen gesund sind, kann das Hören dadurch erschwert sein, dass die zentrale Hörverarbeitung nicht optimal funktioniert, dass zu leise gehört wird oder einzelne Tonhöhen unterschiedlich stark gehört werden. Dann werden Geräusche anders wahrgenommen, z. B. bedeutungsvolle Informationen aus Stör- bzw. Umgebungsgeräuschen nur schwer herausgehört, der Sprecher einer Gruppe oder die Stimme des Erwachsenen nur ungenügend wahrgenommen oder der Sinn von Wörtern nicht verstanden. Ähnlich klingende Laute können vom Hörer nicht unterschieden werden.

Eine weitere Voraussetzung einer optimalen Hörverarbeitung ist die Zusammenarbeit beider Hirnhälften (Lateralität). Ist kein dominantes Ohr ausgeprägt oder wechselt die Lateralität, wird Gehörtes verzögert oder nicht in der richtigen Reihenfolge wahrgenommen.

Ein Ausgleich der zentralen Hörverarbeitung findet durch ein Training statt. Auditiv wird dabei so stimuliert, dass die Wahrnehmung und Verarbeitung des Nutzschalls (z. B. Sprache) sich verbessern. Störschall und unerwünschte Höreindrücke (z. B. Tinnitus) werden vermindert oder ganz zum Abklingen gebracht.

Definition
Im deutschen Sprachraum gibt es viele unterschiedliche Bezeichnungen für Auditive Verarbeitungs- und Wahrnehmungsstörungen (AVWS):

- AVWS = auditive Verarbeitungs- und Wahrnehmungsstörung

- ZAWS = zentral auditive Wahrnehmungsstörung
- ZAVWS = zentral auditive Verarbeitungs- und Wahrnehmungsstörung
- ZAVST = zentral-auditive Verarbeitungsstörung
- Zentrale Hörwahrnehmungsstörung
- Auditive Verarbeitungsstörung
- Zentrale Fehlhörigkeit
- Zentrale Hörstörung
- Rezeptive Hörstörung
- Seelentaubheit
- Worttaubheit
- Hörstörung aus psychischen Gründen

Auswirkungen

Kinder und Erwachsene mit AVWS haben folgende Schwierigkeiten:

- sie können sich in lauten, geräuschvollen Situationen nicht auf das Hören konzentrieren
- Straßenlärm, Husten, ein heruntergefallener Bleistift überlagern die Stimme der Eltern oder des Lehrers
- es fällt ihnen schwer, gesprochene Sprache aus dem Störlärm herauszufiltern
- sie ermüden bei rein auditiv gestellten Aufgaben schnell
- sie können die Richtung, aus der ein Geräusch kommt, nicht richtig zuordnen
- Lautsprecheransagen an Flughäfen und Bahnhöfen werden nicht verstanden

Auffälligkeiten

Bei einer starken Häufung der unten genannten Auffälligkeiten empfiehlt sich die Vorstellung bei einem Phoniater und Pädaudiologen:

- Keine konstante Hörreaktion bereits im Säuglingsalter
- Kinder neigen dazu, sich in lauten geräuschvollen Situationen die Ohren zuzuhalten oder die Situation zu verlassen
- Das Kind findet es im Kindergarten, in großen Einkaufszentren, bei Familienfeiern und Festen zu laut
- Sprachentwicklungsverzögerung, die sich trotz intensiver logopädischer Behandlung nicht beheben lässt
- Buchstaben oder Wortendungen werden weggelassen
- Ähnlich klingende Wörter werden vertauscht (Nuss – muss, dem – den, Tanne – Kanne, Äquator – Ecuador)
- Probleme beim Auswendiglernen von Gedichten oder Liedern

- Die Kinder schalten nach einiger Zeit ab, da sie die hohe Konzentration, die sie für das Hören benötigen, nicht auf Dauer aufrecht erhalten können
- Häufiges Nachfragen bei auditiv gestellten Aufgaben in lauter Umgebung
- Unangemessenes Verhalten oder keine Reaktion des Kindes bei auditiv gestellten Aufgaben, Probleme beim Durchführen mehrteiliger mündlicher Anweisungen
- Die Richtung, aus der ein Geräusch kommt, kann nicht richtig eingeordnet werden, das Kind wendet sich nicht oder verspätet dem Sprecher zu
- Es hört meist nur mit einem Ohr, nicht mit beiden Ohren gleichzeitig
- Wenn viele Personen durcheinander reden, ist das Kind häufig sehr laut, und will so erreichen, sich selbst besser aus dem Stimmengewirr herauszuhören
- Fehlende Sprachmelodie, monotones Sprechen
- Bei mehrteiligen mündlichen Anweisungen kann es sich häufig nur einen Teil der Aufgabe merken
- Große Empfindlichkeit bei schrillen und lauten Geräuschen
- Häufig werden das Radio, der CD-Player oder der Fernseher zu laut eingestellt

Ursachen

Die Ursachen einer AVWS sind bis heute nicht geklärt. Allerdings gibt es bestimmte Faktoren, die dafür in Frage kommen könnten:

- Umwelteinflüsse, z.B mangelndes Lernangebot
- Ständige Mittelohrentzündungen im Kleinkindalter
- Häufige, lang andauernde Paukenergüsse (Schleim hinter dem Trommelfell) im Kleinkindalter
- Traumatische Erlebnisse
- Sprachentwicklungsverzögerungen in Kombination mit anderen Entwicklungsverzögerungen (z. B. Motorik)
- Familiäre Häufung von AVWS
- Hirnreifungsverzögerungen, frühkindliche Hirnschädigungen
- Sauerstoffmangel während und nach der Geburt
- Frühgeburt

Häufigkeit

Die Häufigkeit von AVWS wird in der Literatur unterschiedlich eingeschätzt, bei Kindern geht man von 2–3% aus. Das Verhältnis zwischen Jungen und Mädchen beträgt 2:1.

Bei Erwachsenen nimmt man eine Häufigkeit von 10–20% an.

Diagnostik

Besteht ein begründeter Verdacht auf AVWS muss eine umfangreiche, interdisziplinäre Diagnostik erfolgen.

- Gründliche Anamnese über die bisherige Entwicklung des Kindes
- Überprüfung des allgemeinen Lern- und Leistungsprofils
- Überprüfung des peripheren Hörvermögens (Audiogramm + Tympanogramm). Es dürfen keine Mittelohrentzündung, kein Paukenerguss und keine Mittelohr- oder Innenohrschwerhörigkeit vorliegen
- Aufmerksamkeitsprobleme müssen ausgeschlossen werden
- Begleitbefunde abklären: ADS (Aufmerksamkeitsdefizitstörung), Hyperaktivität, SES (Sprachentwicklungsstörung) und periphere Hörstörungen können gemeinsam mit AVWS auftreten. Eine diagnostische Abklärung ist sinnvoll, da festgestellt werden sollte, welches das übergeordnete Störungsbild ist
- Ausschluss einer Sehstörung / bei Bedarf Überprüfung der visuellen Wahrnehmung
- Psychoakustische Testverfahren
- Psychometrische Testverfahren

Hier ein Beispiel für notwendige Sinnesleistungen beim späteren Schreiben eines diktierten Textes:

Gehör: *Hören des Satzes*

Sprachlicher Assoziationscortex: *Sinnerfassung des Satzes*

Auditiver Kurzzeitspeicher: *Speicherung des Satzes im Kurzzeitgedächtnis*

Propriozeption / Muskeltonus: *Guter Haltungshintergrund als Voraussetzung für die freie und gezielt gesteuerte Beweglichkeit Oberkörper (Sitzhaltung), Arm und Hand beim Schreibvorgang*

Phonematische Differenzierung: *Über die Lautanalyse erkennt das Kind die Buchstabenreihenfolge im Wort während des Schreibvorganges*

Propriozeption Hand: *Handsteuerung beim Schreibprozess und die sofortige kinästhetische Rückmeldung über den bereits ausgeführten Bewegungsvorgang*

Visuelle Wahrnehmung: *visuelle Kontrolle des Geschriebenen*

Gedächtnis: *Denkprozess für Rechtschreibregeln*

Propriozeption Mund: *In der Regel nicht sichtbare Innervation der Mundmotorik zur Unterstützung der Lautanalyse*

Visuelle Wahrnehmung: *Abruf von visuellen Wortbildern bei auditiv nicht zu differenzierenden Wörtern*

Gehör: *Erfassen der Satzfortführung durch die Lehrkraft*

Die Komplexität der beim Schreibprozess erforderlichen Fertigkeiten setzt gut integrierte Sinnesleistungen, Aufmerksamkeit und eine altersgemäße Konzentrationsfähigkeit voraus.

Synchrone auditive, visuelle und proprioceptive Reizverarbeitung

Die synchrone Integration von
Symbolfolgen: Erkennen der Form, der Raumlage und Reihenfolge von Buchstaben (Graphemen)
Lautfolgen: (Heraushören der Buchstabenreihenfolge innerhalb eines Wortes mittels Unterstützung durch die Mundmotorik – siehe dort (Phonemen)
Bewegungsfolge: automatisierte Bewegungssteuerung der Schreibhand über Muskeln und Gelenke

12.5 Psychosomatische Auffälligkeiten

Einnässen stört immer die Familie, manchmal auch das Kind.
Zunächst erklären wir wichtige Fachbegriffe:

- nächtliches Einnässen (Enuresis)
- Einnässen tagsüber (Diuresis)
- Einnässen von früher Kindheit an (primäre Enuresis), es hat nie eine kontrolliertes Harnlassen (Miktion) gegeben
- Einnässen, nachdem eine kontrollierte Miktion schon vorlag (sekundäre Enuresis)
- tägliches Einnässen (Enuresis perpetua)

Nur bei sehr wenigen Enuretikern ist eine organische Ursache dafür verantwortlich, die der Urologe feststellen kann. Es gibt sehr viele Hypothesen über Enuresis.

Möglichkeiten zur Hilfe
Richtige Hilfe hängt davon ab, wie Enuresis überhaupt entsteht. Dazu gibt es verschiedene Theorien.
Man glaubt, dass das Kind
- eine gestörte Mutter-Kind-Beziehung aufweist
- eine zu geringe Bestätigung für seine Leistungen findet
- eine Umwelt, der es sich zärtlich verbunden fühlt, nicht findet
- Enttäuschungen in aggressiver Weise zu kompensieren versucht

Bei diesen Ursachen wird eine analytische Behandlung empfohlen, dem Kind soll dadurch geholfen werden, seine Persönlichkeitsstruktur zu ordnen.

Die lerntheoretische Betrachtungsweise geht davon aus, dass auch die Entleerung der Harnblase (Miktionsverhalten) erlernt werden kann. Es ist aber dem Kind nicht geholfen, wenn die Eltern es immer wieder in der Nacht wecken, um das Einnässen zu verhindern. Der Weckreiz muss automatisch dann einsetzen, wenn ein gewisser Druck der Harnblase schon besteht. So wurde eine Hilfe erfunden, die ich selbst unter dem Namen Klingelhose kenne. Diese Hose reagiert, sobald nur ein Tropfen Harn auf die Hose gelangt und es ertönt ein Klingelton. Das Kind will unterbewusst diesen Weckton nicht hören, und nach einiger Zeit verspürt es, noch bevor es zum Weckruf kommt, den Harndrang. Diese Hilfe wird vor allem bei primären Enuretikern angewandt.

Andere psychosomatische Störungen sind Daumenlutschen, Nägelkauen, Haarausreißen.

13. Auffälligkeiten bei der Figur-Grund-Wahrnehmung

Beeinträchtigungen der Figur-Grund-Wahrnehmung können sich auf unterschiedliche Weise auf das schulische Lernen auswirken:

- Ein Verrutschen in den Zeilen beim Lesen sowie
- das nicht Wiederfinden von Textstellen im Buch oder Heft, sobald der Blick einmal von der Stelle abgewandt wurde
- Das Kind hat eventuell Schwierigkeiten, Dinge von der Tafel oder aus dem Buch ins Heft zu übertragen. Hier kann besonders ein unstrukturiertes Tafelbild irritierend wirken
- Allgemeine Probleme beim Lesen und/oder Schreiben können auftreten, da hier Buchstaben innerhalb eines Wortes erkannt und isoliert werden müssen
- Insgesamt hat das Kind Schwierigkeiten beim Suchen von Formen, Buchstaben und Zahlen und es hat Probleme aus vielen Dingen ein bestimmtes herauszusuchen (zum Beispiel ein bestimmtes Puzzle-Teil, einen bestimmten Baustein etc.)
- Durch die eingeschränkte Wahrnehmungsleistung ist das Kind weniger fokussiert und Ausdauer und Konzentration zeigen sich beeinträchtigt

Unbehandelte Teilleistungsschwächen führen zu Verhaltensauffälligkeiten

Leider werden oft nur die Auswirkungen gesehen und nicht die Ursachen. Kindern ist aber schlecht zu helfen, wenn sie wegen zunehmenden Misserfolgen verhaltensauffällig werden, diese Verhaltensprobleme behandelt, Teilleistungsstörungen aber nicht gesehen werden.

Die Behandlung von Verhaltensauffälligkeiten durch eine Spiel- oder Gesprächstherapie bzw. andere Therapieformen wirkt dann eher wie eine Schmerztablette, mit der sich zwar die Schmerzen lindern lassen, aber die Krankheit nicht geheilt werden kann.

Unbehandelte Teilleistungsschwächen führen zu Lernschwierigkeiten

In der Schule beginnt eine neue Art des Lernens: Das Erlernen von künstlich erdachten Sehzeichen (Buchstaben und Zahlen) und deren Zuordnung zu bestimmten Lauten, die „Buchstabensprache und Zahlensprache", stellt unser Gehirn vor eine unnatürliche Aufgabe. Dies erfordert vor allem ein komplexes und präzises Zusammenspiel im Bereich der Seh- und Hörverarbeitung.

Beeinträchtigungen in diesen Bereichen werden vor Schuleintritt meist nicht erkannt und führen dann, bei offensichtlich normal bis sehr gut begabten Kindern, überraschend zu Schwierigkeiten beim Lesen und/oder Schreiben bzw. Rechnen – bis zu 25 % der Schulanfänger sind davon betroffen.

Lernerfolge sind für Schulanfänger Lebenserfolge!
Lernschwierigkeiten sind daher für diese Kinder eine große seelische Belastung und beeinträchtigen die schulische und psychische Entwicklung des Kindes.
Dies muss jedoch nicht sein! Die Beeinträchtigungen in der zentralen Seh- und Hörverarbeitung können schon im Vorschulalter erkannt und behandelt werden.

14. Vorschulmethodik und Aufbau

14.1 Die Entwicklung zur Schulbereitschaft und Schulfähigkeit

Da in der Schule die Leistung des Kindes ins Zentrum rückt, ist für die Entwicklung zum „schulreifen" Kind vor allem die Ausbildung verschiedener Fähigkeiten in zwei Bereichen von großer Bedeutung: Auf der einen Seite bestimmen Arbeitshaltung, Konzentration und Ausdauer die Art der Durchführung von Handlungsabläufen, andererseits setzen Leistungsmotivationen die Handlungsimpulse.

Die **Arbeitshaltungen** entwickeln sich mit der verstärkten werkschaffenden Spieltätigkeit des Kindes. Die Aufmerksamkeit kann bis zur Vollendung des geplanten Werkes aufrechterhalten werden. So sind die Verlängerung der Zeitperspektiven und die Präzision der Zielstrukturen Ausdruck größerer Konzentration, zunehmender Ausdauer und wachsender Verpflichtung gegenüber selbst gestellten Aufgaben. Die Entfaltung von positiven Arbeitshaltungen wird durch konstruktives, aber einfaches Spielmaterial gefördert und durch das Erleben des Gelingens, die Anerkennung und das Lob der Erwachsenen bekräftigt.

Im Spiel mit anderen Kindern nimmt der **Wettbewerb** eine immer wichtigere Rolle ein. Die Kinder beteiligen sich länger an Wettbewerbssituationen und registrieren **Erfolg** oder **Misserfolg**. Kleinere Kinder sind nicht in der Lage, Misserfolge zu ertragen und emotional zu verkraften; aber auch Sechs- bis Siebenjährigen fällt es noch sehr schwer, im Spiel zu verlieren, da dies als Minderung des Selbstwertgefühls erlebt wird. Erst mit etwa sechs Jahren können Kinder Wettbewerb und mit einem (älteren) Partner abwechselndes Spiel verbinden.

Gegen Ende des fünften Lebensjahres verfügen die Kinder über ein **Anspruchsniveau**, das es ihnen ermöglicht, aus Erfolg und Misserfolg bestimmte Konsequenzen zu ziehen. Die spontane Leistungsbereitschaft resultiert aus der realistischen Selbsteinschätzung der Leistungsfähigkeit; die Kinder wählen nun eher Aufgaben, die ihren Fähigkeiten entsprechen und dadurch Erfolg erwarten lassen. Das persönliche Anspruchsniveau spielt auch bei der Kausalattribuierung eine Rolle; die Kinder führen ihren Erfolg bzw. Misserfolg auf bestimmte Ursachen zurück (Rollett 1997). Manche Kinder bemühen sich mit großer Ausdauer, Aufgaben zu bewältigen; andere wiederum sichern sich vor Misserfolgen ab, indem sie auf einem leicht erreichbaren Anspruchsniveau verharren. Die Frustrationstoleranz gegenüber Misserfolgen nimmt langsam zu.

Das Anspruchsniveau ist in engem Zusammenhang mit der **Leistungsmotivation** zu sehen. Erst die Fünf- und Sechsjährigen beziehen die Ziele auf ihre vorangegangenen Leistungserfolge, das heißt sie können aus ihren bisherigen Erfahrungen Folgerungen für die Zukunft ableiten. Die Leistungsmotivation mit Anspruchsniveaubildung ist erst bei Übergang zum Schulalter voll entwickelt; das motivierte Verhalten der Kinder enthält nun gleichzeitig Werthaltung (Bedeutung des angestrebten Ziels), emotionale Komponente (Furcht vor Misserfolg, Hoffnung auf Erfolg) und kognitive Bezugnahme (auf Vergangenheit und Zukunft) (vgl. Schenk-Danzinger 1987).

Das **„schulbereite" Kind** möchte neue kognitive Kompetenzen erwerben und Regeln entdecken, nach denen es die Fülle der bisherigen Erfahrungen zusammenfassen und verstehen kann. Auf der anderen Seite entsteht das Bedürfnis, an einer Gemeinschaft Gleichaltriger aktiv teilzunehmen; das Kind drängt zu regelhaften Gruppenordnungen. Sechs- bis siebenjährige Kinder sind zwar noch nicht fähig, das Gruppenleben selbst zu gestalten, aber sie wollen daran teilhaben, dazugehören und „Rollenträger" sein. Deshalb sind in der Schule die „Rollen" des Tafellöschers, Hefteausteilers und Blumengießers bei den Kindern sehr beliebt.

Neben den sozialen Kompetenzen sollte das Kind auch einen bestimmten **kognitiven Entwicklungsstand** als Voraussetzung für die Schulfähigkeit erreicht haben; das Kind sollte einen gut entwickelten Wortschatz (etwa 2.500 Wörter), ein erstes Zahlenverständnis (Zählen bis etwa 10–20, Rechnen bis 5) und eine ausgebildete Grafomotorik (detailgetreues Zeichnen) aufweisen. Eine weitere wichtige Fähigkeit ist die der **willkürlichen Aufmerksamkeit**, deren Entwicklung stärker an das Alter gebunden ist als andere Bereiche, wie etwa die Sprache oder das soziale Verhalten. Im Vorschulalter sind die Kinder nur zu einer interessensgeleiteten Konzentration fähig. In der Schule wird jedoch von ihnen erwartet, dass sie auch Aufgaben erledigen, die keinen Spielcharakter haben. Mit etwa sechs Jahren tritt erstmals der dem Ruherhythmus entsprechende Alpha-Rhythmus im Gehirn auf; durch diesen wird willkürliche Entspannung möglich. Konzentriertes Arbeiten und somit gute Leistungen erfordern die Fähigkeit, sich anspannen, aber auch gezielt entspannen zu können.

Der **Schuleintritt** stellt für das Kind ein kritisches Lebensereignis dar; seine positive Bewältigung kann das weitere Lernverhalten beeinflussen. Vom Schulkind wird verlangt, einige Stunden des Tages stillzusitzen und seinen starken Bewegungsdrang zu unterdrücken, ruhig zu sein und zuzuhören, sich

an die gegebenen Situationen anzupassen und den Verlockungen zum Spielen zu widerstehen.
Beim Kind vollzieht sich nun der Übergang vom globalen Erfassen optischer und akustischer Gestalten zum teilinhaltlichen Erfassen abstrakter Formen ohne Sinnbezug, zu denen auch Buchstaben und Wortbilder gehören; diese Gliederungsfähigkeit ist für das Erlernen des Lesens, Schreibens und Rechnens von großer Bedeutung. Für die Kulturtechniken Lesen, Schreiben und Rechnen sind Lernprozesse im Rahmen einer Gruppe erforderlich, deren Aufbau aber auch mit einer Neustrukturierung des Gehirns einhergeht.

14.2 Erwartungen an das Schulkind

„Schulfähigkeit ist das Ergebnis einer gelungenen Kindheit“ *(Dr. Armin Krenz)*

Beim Eintritt in die Schule muss sich ein Kind mit vielfältigen Anforderungen auseinandersetzen. Dabei ist es wichtig, dass es auf folgende Kompetenzen zurückgreifen kann:

- Emotionaler Entwicklungsbereich, zum Beispiel:
  - gute Frustrationstoleranz
  - gesundes Selbstwertgefühl
  - Zuversicht in das eigene Lernvermögen
- Sozialer Entwicklungsbereich, zum Beispiel:
  - auf Andere Rücksicht nehmen
  - vertrauensvolle Kontakte zu Erwachsenen und Kindern aufbauen
  - Anforderungen an eine Gruppe für sich verbindlich annehmen
- Körperlich-motorischer Entwicklungsbereich, zum Beispiel:
  - körperlich und gesundheitlich belastbar
  - grob- und feinmotorisch geschickt sein
  - über ein geübtes Wahrnehmungssystem verfügen
- Kognitiver Entwicklungsbereich, zum Beispiel:
  - altersgemäße Sprach- und Kommunikationsfähigkeit
  - Interesse und Wissensdrang entwickeln
  - Beziehungen und Gesetzmäßigkeiten erkennen können (Formen, Mengen, Farben ...)

Die gelungene Entfaltung eines Kindes in allen Entwicklungsbereichen bildet die Grundlage für die Ausprägung folgender, für den schulischen Erfolg elementarer Eigenschaften:

- Konzentrationsfähigkeit
- Selbständigkeit
- Eigenverantwortung

- Arbeitshaltung
- Eigenmotivation
- Durchhaltevermögen

14.3 Gezielte Vorbereitung auf die Kulturtechniken

Bisher haben die Kinder vieles meist selbstverständlich und „nebenher“ gelernt, wie zum Beispiel Laufen, Sprechen, Essen und vieles mehr. Mit dem Schuleintritt beginnt aber eine ganz neue Art des Lernens: Die gelenkte bewusste Beschäftigung mit den einzelnen Lauten, Buchstaben und Zahlen.
Damit der, für die Sinnesorgane, hochkomplexe Vorgang des Lesen-, Schreiben- und Rechnenlernens gut gelingen kann, sind sogenannte Vorläuferfähigkeiten notwendig.
Die Entwicklung und Förderung dieser Fähigkeiten in den folgenden Kernbereichen ist das Ziel eines Vorschulprogramms.

14.3.1 Schreibvorbereitung

- Arbeitsblätter für die Formelemente der Schrift und das Symbolverständnis
- Formelemente wie z. B. Strich, Quadrat, Kreis, Dreieck, Oval, Spitze, Girlande, Schleife nachbilden und kreativ gestalten
- Grob- und feinmotorische Übungen
- Lockerungsübungen, Fingerspiele, Fingerübungen, Schwungübungen, Schulung der Auge-Hand-Koordination
- Anleitungen zur richtigen Schreibhaltung
- Hilfen und Hinweise zur Körper-, Hand- und Stifthaltung, für Rechts- und Linkshänder

14.3.2 Lesevorbereitung

Kennenlernen der Großbuchstaben
Bei der Lesevorbereitung wird den Kindern anhand der einzelnen Großbuchstaben gezeigt, dass es für einzelne Laute auch ein Schriftzeichen gibt. Die Buchstaben werden jedoch nicht geschrieben. Die Kinder werden durch das Ausmalen von einem Buchstabenblatt, mit der Buchstaben-Laut-Verbindung vertraut gemacht.
Großbuchstaben als Anlaut

Durch die Zuordnung des Lautes als Anlaut zu einzelnen Wörtern und Bildern (z. B. A bei Affe) wird die Buchstaben-Laut-Verbindung weiter vertieft und in einen größeren Zusammenhang gestellt.

Sprach- und Lesespiele
Durch Lernspiele, wie z. B. einem Memory, werden die Buchstaben-Laut-Verbindung, die Anlauterkennung, die Silbenkapitäne, u. a. m. weiter gefestigt.

14.3.3 Mathematisches Frühverständnis

Arbeitsblätter erschließen dem Kind die Mengen-Zahl-Verbindungen. Der Zahlenweg lässt die Kinder die Zahlen von 1 bis 10 in ihrem Zusammenhang ganzheitlich erleben. Welche Zahl folgt als Nächste, wer sind die Nachbarn jeder Zahl? Vorwärtszählen (-gehen) und Rückwärtszählen (-gehen).

Die **Würfelspiele** helfen den Kindern die Mengen-Zahl-Verbindungen zu vertiefen.

Der **Zahlentisch** unterstützt das natürliche Neugierverhalten und den Entdeckerdrang der Kinder, in dem er eine einzelne Zahl, bzw. deren Menge mit der Lebenswelt der Kinder verbindet (z. B. was gibt es nur einmal?).

Mathematische Früherziehung / Schwerpunkt Zahlenraum
Ein Schwerpunkt ist das Erfassen des Zahlenraumes. Es gehört zu den größten Schwierigkeiten, die Kinder haben können, keinen Begriff vom Zahlenraum zu haben – und dieses Problem ist im Vormarsch. Wir brauchen für unser Training eine große Hundertertafel, die zum Zählen an die Wand gehängt wird. So wie man einen Ort durchwandert, um ein Gefühl von der Struktur und Größe des Ortes zu bekommen, so muss man auch den Zahlenraum immer wieder durchwandern, damit ein Gefühl für Zahlen und Mengen entsteht.

Schwerpunkt Mengenbegriff
Ein weiterer Schwerpunkt ist das Erfassen von Mengen, besonders im Zahlenraum 1–10. Diese Aufgabe kann man sehr gut mit Würfelspielen erfüllen. Mit ihrer Hilfe prägt sich das Kind die Mengen im Zahlenraum Zehn und knapp darüber ein. Damit all diese Übungen erfolgreich sind, ist es wichtig, den Spielcharakter zu bewahren. Es soll nicht zur Pflicht werden, daher sollte man das Kind nicht zum Spielen zwingen. Das Erfassen der Menge wird durch den Zahlentisch unterstützt. Das Kind überlegt, welche Dinge zu einer Zahl besonders gut passen. Diese Dinge werden auf einen Tisch gelegt, wo sie die

ganze Woche über liegenbleiben. So hat das Kind die Möglichkeit, sich auch alleine damit zu beschäftigen.

Über mathematische Früherziehung
Zur mathematischen Früherziehung gehört das Vermitteln von Fähigkeiten und Fertigkeiten, die in der Schule für den Mathematikunterricht erforderlich, aber auch für viele andere Gebiete nützlich sind. Die Muttersprache lernen die Kinder meist ohne besondere Anstrengung und können dabei auch die grammatikalischen Regeln richtig anwenden. Für das mathematische Verständnis bringen die Kinder ebenfalls die Voraussetzungen mit. Was sie von uns brauchen, ist eine anregende Umwelt, die ihnen Gelegenheit bietet, die Welt der Zahlen kennenzulernen.

14.3.4 Sprache und Sprechen

Sprechen und sprachlicher Ausdruck
- Märchen mit dazugehörigen Verständnisfragen als Grundlage für das Nacherzählen und Dramatisieren, Bilder für Bildbeschreibungen

Sprachverständnis (phonologische Bewusstheit)
- Hör- und Lauschspiele, Übungen auf der Wort-, Silben- und Lautebene (Lautspiele, Reime, Silben, Anlaut, Mitlaut, Phoneme)

- Die Fantasie wird angeregt.
- Märchen sind nicht brutal, wenn man sie eher neutral erzählt, nicht unnötig dramatisiert und es den Kindern überlässt, sich die eigenen Bilder zu machen
- Sie können auch die Kinder eine Episode aus dem Märchen zeichnen lassen. Sie sehen dann, was für das Kind wichtig war
- Was die wenigsten wissen: Märchen sind auch für die Mathematik gut, weil sie das Vorstellungsvermögen trainieren

15. Förderplanung

15.1 Erstellen von Förderplänen

Förderpläne sind ein zentrales Planungs- und Reflexionsinstrument für individualisiertes Lernen. Sie bilden eine wichtige Grundlage für die Förder- und Erziehungsarbeit im Kindergarten. Individuelle Förderung hat neben der Verbesserung der Wahrnehmungsleistungen auch die Persönlichkeitsentwicklung und die ganzheitliche Förderung des Kindes im Blick. Dies gilt ebenso für Kinder mit einem erhöhten Förderbedarf im Bereich Wahrnehmung und Sprache sowie für Kinder mit besonderen Begabungen. Kinder mit Behinderungen und chronischen Krankheiten werden traditionell und schon lange durch Förderpläne in ihrer Entwicklung unterstützt und begleitet. Die Formulierung „Individuelle Entwicklungsbegleitung" würde diesen Vorstellungen eher entsprechen. Generell hat sich jedoch die Bezeichnung „Förderplan" etabliert. In den folgenden Ausführungen soll deshalb der Begriff Förderplan die Entwicklungsbegleitung einschließen.

Ziele / Inhalte:

- Ein Förderplan orientiert sich an den Stärken und wahrnehmungsfördernden Faktoren sowie an den Bedürfnissen des Kindes, er beschreibt die Fördermaßnahmen, die das Kind benötigt.
- Der Förderplan enthält Vereinbarungen, die berücksichtigt werden müssen, damit das Kind Lern- und Entwicklungsziele im Rahmen seiner Möglichkeiten erreicht.
- Der Förderplan ist keine Beschreibung aller Inhalte und Lernziele, die das Kind lernen soll, dafür gibt es Wochenpläne, Tagespläne oder Arbeitspläne.
- Beim Förderplan geht es darum, für ein individuelles Kind eine möglichst optimale Förderung zu finden und umzusetzen.

Dieses Gesamtkonzept der Förderung soll zusammen mit den Eltern sowie in Einzelfällen mit weiteren Partnern wie SozialpädagogInnen, ErzieherInnen, SonderpädagogInnen, TherapeutInnen, ÄrztInnen etc. abgesprochen werden. Individuelle Förderplanung gab und gibt es schon lange. In den Bereichen der sonderpädagogischen Unterstützung, Beratung und Bildung ist ein individueller Lern- und Entwicklungsplan ein unverzichtbares Instrumentarium der Förderung und Dokumentation. Er ist der Mittelpunkt heil- und sonderpädagogischen Wirkens über alle Fachrichtungen der Sonderpädagogik hinweg. Im Blick ist der Lern- und Entwicklungsfortschritt des Einzelnen. Hierzu werden alle am Entwicklungsprozess Beteiligten mit einbezogen. Die Diagnostik ist ausführlich; für das einzelne Kind kann in der Regel mehr Zeit aufgewendet werden, als dies allgemein möglich ist.

Dazu gehört, dass Kolleginnen und Kollegen sich viele Gedanken zu Fördermöglichkeiten für das betroffene Kind machen. Ebenso finden „Förderplangespräche“, also ein Austausch unter beteiligten Kolleginnen und Kollegen über die einzelnen Kinder statt. Gespräche zwischen Tür und Angel, in Pausen oder in nachmittäglichen Telefonaten sind nicht ausreichend.
Die ErzieherInnen sollten sich Unterstützungs- und Fördermöglichkeiten für ihre Kinder überlegen.

Im Ergebnis führt dies leider oft zu kurzfristigen Maßnahmen, statt zu einer langfristigen, von allen getragenen Planung. Eine Strukturierung dieser Gespräche, Telefonate und Elterngespräche in einem Förderplan hilft den Beteiligten und kostet effektiv kaum mehr Zeit. Sie kostet nur die Einsicht und die Vereinbarung, sich zu einem bestimmten Zeitpunkt über betroffene Kinder strukturiert auszutauschen (s. Kooperations-Protokollbogen im Anhang). Betrachtet man die Erhöhung der Effektivität, ist dieser Einsatz lohnenswert. Ein kindergarteneigenes Förderkonzept, in dem Abläufe und Strukturen geregelt sind, eine Verankerung der Förderplanung in den Arbeitsablauf der ErzieherInnen, ist im Hinblick auf eine individualisierte Förderung mit einer heterogenen Gruppe notwendig und hilfreich.

Individuelle Förderung – und die damit verbundene Arbeit mit Förderplänen – muss als ganzheitlicher Ansatz von Entwicklung verstanden werden. Wie kann es gelingen, dass jeder Einzelne besser lernen und seine Talente und seine Persönlichkeit entfalten kann? Dies ist die Ausgangsfrage für die Förderplangestaltung.
Die Förderplanung gelingt durch eine den Lernprozess begleitende Diagnostik, in der kollegialen Zusammenarbeit und der überprofessionellen Vernetzung sowie in der Einbeziehung der Eltern.
Die Förderplanung sollte im Gesamtkonzept des Kindergartens verankert sein. Es gibt nicht den „wahren und einzigen“ Förderplan. Die Gestaltung richtet sich nach den Gegebenheiten des Kindergartens beziehungsweise des Alters. Das Förderkonzept für einen Kindergarten zu erstellen und zu reflektieren ist eine wichtige Aufgabe im Bereich der Entwicklung vor Ort. Berücksichtigt werden sollten die vorhandenen Rahmenbedingungen des Kindergartens und die sich daraus ergebenden Möglichkeiten zur individuellen Förderung. Der Kindergarten kann ergänzende Angebote im Ganztagesbereich in die Förderplanarbeit miteinbeziehen.

15.2 Prozess der Förderplanung

Die Erstellung eines Förderplans ist kein abgeschlossener Prozess, sondern ein Kreislauf von Diagnose, Förderprozessen, Evaluation und Festlegung weiterer Förderschwerpunkte.

Die einzelnen Schritte der Förderplanung hängen zeitlich, organisatorisch und inhaltlich zusammen. An der Förderplanung können und müssen, je nach Einzelfall, auch Partner außerhalb des Kindergartens beteiligt werden. Immer einbezogen werden die Eltern. Der Förderplan legt die Entwicklungsziele auf Grundlage der Diagnostik, der Beobachtungen und der Information über das Kind fest und beschreibt dann die Umsetzungsmöglichkeiten, das Wer? Wo? Wann? und Womit?. Festgelegt wird, ob sich auch Eltern und außerschulische Partner an der Umsetzung des Förderplans beteiligen und in welchem Umfang.

Förderziele werden für einen gewissen Zeitraum festgelegt und anschließend überprüft. Die Perspektive, die Erreichbarkeit der Förderziele in dem angegebenen Zeitrahmen, muss mitbedacht werden. Systematische Förderplanung verlangt:

- Überschaubarkeit,
- Schwerpunktsetzung,
- realistische Ziele,
- Gewinnen von Informationen.

Im Zentrum der individuellen Förderung und Planung steht das Kind in seiner Gesamtpersönlichkeit. Seine Interessen, Fähigkeiten und Potenziale gilt es zu erfassen. Wer Kinder verstehen will, muss ihnen und ihren Eltern Fragen stellen. Eine Einbeziehung der Eltern ist ein wichtiger Baustein in der Diagnostik und bei der Auswahl der Förderziele.

Um dem Faktor Zeit gerecht zu werden, eignen sich

- kurze Elterninterviews zur Einschätzung des eigenen Kindes
- die Angaben der Stärken und Schwächen des Kindes aus Sicht der Eltern

Diese Einschätzung kann von den Eltern schriftlich vorgelegt werden. Der Blick auf die Stärken, auf die lern-fördernden Faktoren des Kindes zu richten, stärkt bei den Kindern vielfach das Selbstwertgefühl und damit das Zutrauen in die eigene Leistung. Die Schwächen, über die das Kind und seine Umwelt stolpern und die seine Entwicklung und seine Lernfähigkeit hemmen, sollen ebenfalls erfasst werden. Nicht nur beim Blick der Eltern und des Kindergartens auf das Kind, sondern oft auch bei unterschiedlichen ErzieherInnen decken sich Beobachtungen und Aussagen zum Kind nicht immer. Besonders hoch kann der Gewinn für die Förderplanung bei unterschiedlichen Professionen und Kompetenzen der beteiligten Personen sein. Beobachtende PädagogInnen führen tagtäglich Beobachtungen durch. Die Beobachtungen können meist aus Zeitgründen nicht schriftlich fixiert werden und werden dadurch auch teilweise schnell vergessen. Ungezielte Beobachtungen führen häufig dazu, nur dann ein Verhalten zu registrieren, wenn es als störend empfunden wird. Das gezielte Beobachten im Hinblick auf die Förderplanung unterscheidet sich davon deutlich.

Aus wissenschaftlicher Sicht werden im Rahmen der systematischen Beobachtung verschiedene Beobachtungsformen unterschieden:

a. Gelegenheitsbeobachtung
b. Gezielte Beobachtung (in geschaffenen Situationen)
c. Dauer- und Langzeitbeobachtung
d. Systematische Kurzzeitbeobachtung
e. Beobachtungen in standardisierten Situationen

In den Kindergartenalltag lässt sich oft nur ein kleiner Teil dieser Beobachtungssituationen integrieren. Ein Beispiel soll die Möglichkeit einer gezielten Beobachtung in einer geschaffenen Situation verdeutlichen. Sich innerhalb der Vorschulphase einen Überblick über die individuellen Lernvoraussetzungen des jeweiligen Vorschülers zu verschaffen, gehört zur wichtigen diagnostischen Aufgabe für den Schulanfang.

15.3 Struktur / Aufbau eines Förderplans

Wie vermeidet man unnötigen Papierkram, wie vermeidet man ein administratives Ausfüllen oder Ankreuzen eines viel zu umfangreichen Förderdokumentes, das für das nächste halbe Jahr im Schrank verschwindet?
Wichtig ist es, einige grundlegende Aspekte bei der Erstellung eines Dokumentes zu berücksichtigen. Hilfreich ist es, Förderplanvorlagen, die es in großer Anzahl bereits gibt, anzuschauen und zu vergleichen. Sie können als Arbeitsgrundlage dienen. Die Darstellungsweise kann variieren und den persönlichen Nutzungsmöglichkeiten angepasst werden. Ein kindergarteneigenes Förderkonzept und die Förderplanarbeit sind wichtige Bausteine in der Vorschulentwicklung. Der Kindergarten sollte sich auf ein gemeinsames Dokument verständigen. Das Dokument kann in seiner Ausführlichkeit durchaus variieren. Es kann für Kinder, die einen deutlich erhöhten Förderbedarf aufweisen, erweiterungsfähig sein. In der Grundstruktur sollte das Dokument jedoch einheitlich sein. Zu empfehlen ist das Erstellen einer Dokumentenvorlage, die sich am Computer bearbeiten und ausfüllen lässt. Ein Förderplan enthält die formalen Angaben zum Kind (Name, Geburtsdatum, Förderung außerhalb des Kindergartens) (s. Aufnahmebogen/Profil im Anhang).

Es folgt eine Auflistung der durchgeführten diagnostischen Verfahren, lernhemmende und lern-fördernde Faktoren:

- Förderziele und Förderzeitraum
- Evaluation (sach- und fachgerechte Bewertung) und neue Förderziele
- Vereinbarungen mit den Eltern
- Vereinbarungen mit außerschulischen Partnern
- Auswählen der Ziele und Maßnahmen

Die Ziele und Maßnahmen sollten realistisch, praktikabel und möglichst konkret formuliert sein. Hilfreich kann es sein, übergeordnete und mittelfristige Ziele zu suchen.
Nahziele – wie einzelne ganz konkrete Übungsinhalte – sollten in Tages-, Wochen- und Arbeitsplänen fixiert werden.
Die Förderziele werden im Hinblick auf die Dringlichkeit ausgewählt.
Mindestens zweimal im Kindergartenjahr sollten bei einer Förderkonferenz alle Kinder einer Lerngruppe im Blickfeld sein. Kinder mit einem erhöhten Förderbedarf, sei es aufgrund einer außergewöhnlichen Begabung, aufgrund besonderer Wahrnehmungsschwierigkeiten, Sprachschwierigkeiten, oder sozial-emotional beeinträchtigte Kinder sowie Kinder mit Behinderung und Teilhabebeeinträchtigung müssen ein besonderes Augenmerk und kürzere Beratungsabstände bezüglich Förderschwerpunkten und Förderzielen erhalten.
Die Auswahl der Förderziele orientiert sich an Stärken und Schwächen des Kindes. Im Zentrum der Betrachtung liegen nicht allein die Defizite. Begabungs- und Leistungsschwerpunkte sollen unterstützt werden. Über die Stär-

ken eines Kindes können Erfolgserlebnisse erreicht werden, diese motivieren wiederum das Kind dazu, umfangreichere Zielsetzungen anzugehen. Um Förderpläne effektiv zu gestalten, müssen die Methoden und Maßnahmen von allen Beteiligten (Betreuern/Eltern usw.) getragen werden.
Für jedes Kind gibt es eine hauptverantwortliche ErzieherIn, welche die Fördermöglichkeiten und Maßnahmen koordiniert. Die angestrebten Ziele folgen einem roten Faden. Es können auch Maßnahmen außerhalb des Kindergartens Eingang in die Förderplanung finden, wenn diese das Kind darin unterstützen, seine Förderziele zu erreichen. So gilt es, Fördermöglichkeiten aus dem gesamten Umfeld des Kindes zu sammeln und zu koordinieren.
Die Ziele werden positiv formuliert und berücksichtigen die positiven Aspekte. Sehr wichtig ist in diesem Zusammenhang, die Erreichbarkeit der Ziele für das und mit dem Kind im Auge zu behalten. Die Ziele können für die betroffenen Kinder visualisiert werden.

Ziel ist immer, Kinder zu mehr Eigenverantwortung und Selbständigkeit zu führen, so werden sie zu Beobachtern ihrer eigenen Lernprozesse. Kinder, die sich angenommen und ernstgenommen fühlen, werden ihren Möglichkeiten entsprechend mehr Anstrengungen aufbringen, um den bestmögliche Erfolg zu erreichen. Der Konkurrenzgedanke weicht ein stückweit dem Gedanken und dem Erkennen der eigenen Chancen und Möglichkeiten. So können Begabungs- und Leistungsschwerpunkte unterstützt werden. Eltern sind Experten für ihr Kind und Kooperationspartner für den Kindergarten. Eltern, die ein echtes Anliegen des Kindergartens zur bestmöglichen Förderung ihres Kindes spüren, werden eher die angedachten Wege mitgehen. In Absprache mit den Partnern außerhalb des Kindergartens, wie LogopädInnen, ErgotherapeutInnen, SozialpädagogInnen usw., können therapeutische und pädagogische Schwerpunkte gezielter gesetzt werden. Ein Einverständnis der Eltern bezüglich des Austauschs muss vorliegen (DSGVO) und kann mit den Eltern zu Beginn der Förderplanung abgesprochen und schriftlich fixiert werden. Eine Förderplanerstellung im Team, zusammen mit allen beteiligten Partnern, erspart zahlreiche Einzelgespräche und ermöglicht es allen Beteiligten, die wichtigsten Förderziele im Auge zu behalten. Hilfreich kann ein strukturierter Gesprächsleitfaden sein.

15.4 Formen und Umgang mit der Dokumentation

Ein Förderplan sollte kurz und übersichtlich sein. Es empfiehlt sich, schwerpunktmäßig ein oder zwei übergeordnete Ziele und zwei mittelfristige Ziele zu wählen. Die Zieltransparenz muss für alle Beteiligten gegeben sein. Das Formular dient immer als Grundlage des Förderplangesprächs. Es ist der Leitfaden für alle Beteiligten. Ein Förderplan ist ein sehr persönliches Dokument, es muss dementsprechend aufbewahrt werden. Der Förderplan-Ordner ist kein Instrument zur täglichen Arbeit. Er wird zum Eintragen der Ziele, als Vorbereitung auf das Entwicklungsgespräch mit Eltern und als Diskussionsgrundlage für die PädagogInnen untereinander herangezogen.

Wirksamkeit der Maßnahmen feststellen

Anhand von Fragen lässt sich die Wirksamkeit der gewählten Maßnahmen am einfachsten überprüfen:

- Welche Maßnahmen waren erfolgreich?
- Welche Ziele konnten erreicht werden?
- Welche Maßnahmen waren nicht umsetzbar und warum?
- Waren die gewählten Ansätze zur individuellen Förderung effektiv?
- Muss das gesetzte Ziel beibehalten/verändert oder verworfen werden?
- Der Mehrwert muss für alle sichtbar werden.

Dies wären Leitfragen für die Evaluation der Maßnahmen mit dem Kind.

Stolpersteine

Für den Einstieg ist es wichtig, die kleinen Schritte für Veränderungen zu suchen, zum Beispiel nur einen Teil der Kinder mit einem Förderplan im Blick zu haben, Erfahrungen zu sammeln und diese weiterzuentwickeln. Neueinsteiger in die Thematik „Förderplanung“ sollten eine Auswahl treffen. Für welche Kinder ist es am dringlichsten, Förderpläne zu erstellen? In der Zusammenarbeit liegt auch hier die Chance, durch die Verteilung von Aufgaben Kraft und Zeit zu sparen. Förderplanarbeit ist eine Teamaufgabe. Die Umsetzung der Förderplanarbeit setzt eine individualisierte Betreuungsform voraus. In gemischten Gruppen voneinander und miteinander zu lernen, sollte genauso einen Raum einnehmen, wie die individuelle Arbeit.

Ausblick

So kann man im Mitarbeiterzimmer z. B. eine Wand anlegen mit der Überschrift „Wir kümmern uns um sie“. Darunter sind all die Kinder des Kindergartens abgebildet und kurz beschrieben, die einer besonderen Aufmerksamkeit bedürfen. Sei es aufgrund einer Erkrankung (zum Beispiel Diabetes, Mukoviszidose etc.) oder aufgrund sozialer oder familiärer Benachteiligungen, besonderer Verhaltensweisen oder besonderer Wahrnehmungsschwierigkeiten. Auf diese Weise behalten alle MitarbeiterInnen diese Kinder, die einer besonderen Aufmerksamkeit bedürfen, im Blick.

Das Erstellen von Förderplänen ist eine sehr effektive Art, die Entwicklung eines Kindes zu begleiten. Auf lange Sicht ist es eine Arbeit, die das Kind in seinen individuellen Lernschritten umfänglich im Auge behält, Begabungs- und Leistungsschwerpunkte fördern kann, bei Schwächen die Möglichkeit bietet, korrigierend einzugreifen und rechtzeitig Förderung und Unterstützung anzubieten.

Es erfordert ein Umdenken, weg von der Sicht auf die Gruppe, hin zum einzelnen Kind. Die Kinder mit ihrer Individualität im Blick zu behalten, sie zu ermutigen und zu aktivieren, gelingt durch das Arbeiten mit Entwicklungsplänen auf eine sehr effektive Art und Weise.

16. Förderung

16.1 Grundlagen

Kinder brauchen für das Begreifen der Welt und nachhaltiges Lernen eine Vielfalt von Eindrücken, die sie in konkreten Situationen vorfinden. So sollte dem Kind vorschulisches Lernen während der gesamten Kindergartenzeit ermöglicht werden. Dabei werden die Lern- und Entwicklungsprozesse durch freie und gezielte pädagogische Angebote sowie durch die Gestaltung einer anregenden Lern- und Erfahrungsumwelt unterstützt.
Im Freispiel wählt das Kind den Ort, die Dauer, die Spielpartner und die Arbeitsmaterialien selbst. Dabei greift es Themen und Situationen auf, die es gerade beschäftigen und die für seine Entwicklung von Bedeutung sind. Die genaue Beobachtung dieses Spiels ermöglicht es der ErzieherIn, einen Einblick in die Themenwelt eines Kindes zu nehmen, seinen Entwicklungsstand einzuschätzen und einen Überblick über die ablaufenden Gruppenprozesse zu gewinnen.
Durch fein abgestimmte Impulse begleitet und unterstützt die ErzieherIn die Spiel- und Lernprozesse.
Im Tagesablauf wechseln sich freie Spielphasen mit gezielten Angeboten ab, die sich an den Bedürfnissen, Fähigkeiten und dem Alter der Kinder orientieren. Diese strukturierten Lernangebote können sowohl in der Klein- als auch in der Gesamtgruppe durchgeführt werden. Um eine Über- oder Unterforderung zu vermeiden werden die Bildungsangebote so gestaltet, dass sie die emotionale, soziale, körperliche und kognitive Entwicklung berücksichtigen.

Raum bildet
Die Gestaltung eines Kindergartens und dessen Außengelände als täglicher Lebensraum, muss gut durchdacht sein, um den Bedürfnissen und Interessen von Kindern gerecht zu werden und ihnen Freiräume für Erfahrungen und Lernen zu bieten.
Wir unterstützen die Kinder darin

- sich den Raum über ihre Sinne zu erkunden, ihn durch körperliche Aktivität zu erobern
- ihr natürliches Erforschungsverhalten durch veränderbares, sorgfältig ausgewähltes Material anzuregen
- die vorhandenen räumlichen Möglichkeiten kreativ zu nutzen, in ihr Spiel einzubeziehen und umzugestalten
- sich Rückzugsmöglichkeiten zu schaffen, damit sie in Ruhephasen die gewonnenen Eindrücke verarbeiten und verinnerlichen können.

16.2 Das Lernen bei Vorschulkindern

Wie schon in *Kapitel 7 „Das Menschliche Gehirn"* dargestellt wurde, besteht das Gehirn aus Milliarden von Nervenzellen, den Neuronen. Diese sind darauf spezialisiert, Informationen aufzunehmen, zu verarbeiten und weiterzuleiten. Durch bestimmte Kontaktstellen, den Synapsen, sind die Nervenzellen untereinander verbunden und bilden komplexe Netzwerke. Alles, was sich im Kopf abspielt während man sich bewegt, nachdenkt, über etwas freut oder sich an etwas erinnert, beruht auf Aktivitäten in solchen neuronalen Netzwerken. Durch den aktiven Austausch mit der Umwelt werden ständig Verbindungen neu geknüpft bzw. verstärkt.
Aktuelle Ergebnisse aus der Intelligenzforschung lassen diesen Lernvorgang in einem neuen Licht erscheinen. Verknüpfungen werden dann besonders dauerhaft und nachhaltig gebildet, wenn bestimmte Faktoren die Lernvorgänge begleiten:

- Emotionen
- Ganzheitlichkeit
- Eigentätigkeit
- Ordnung, Struktur
- *Wiederholung*
- Ruhe

16.3 Einsatz von Vorschularbeitsblättern

Alle Eltern wünschen sich vom Kindergarten gezielte Unterstützung bei der Schulvorbereitung ihrer Kinder. Aus ihrer eigenen Kindheit ist ihnen hierzu häufig noch die Beschäftigung mit Arbeitsblättern bekannt.
Die Annahme, dass sich Konzentration, Stillsitzenkönnen, Aufgabenverständnis etc. durch das Bearbeiten solcher Blätter trainieren lassen, ist bis heute weit verbreitet. Neueste Ergebnisse aus der Forschung belegen jedoch, dass sie dazu nur bedingt geeignet sind.
Für nachhaltiges Lernen fehlt ihnen die Ganzheitlichkeit, die sinnliche Wahrnehmung. Nicht umsonst heißt es im Volksmund: „Erfahrung macht klug."
Kinder lernen aus der Tätigkeit, ihren Handlungen und deren Folgen.
Dennoch haben Arbeitsblätter ihren Stellenwert, zum Beispiel bei der Feststellung des Entwicklungsstandes und als Grundlage für Elterngespräche. Sie dokumentieren die Lernfortschritte, die ein Kind sich vorher über seine Sinne, seinen Körper und die Bewegung erarbeitet hat, denn:

- Rückwärts gehen schafft die Voraussetzungen, auch rückwärts rechnen zu können!
- Auf einer Linie balancieren zu können legt die Grundlage, auch auf einer Linie schreiben zu können!

Erzähle mir und ich vergesse.
Zeige mir und ich erinnere.
Lass es mich tun und ich verstehe.

(Fernöstliche Weisheit)

Das Kind nimmt die Umwelt weniger mit dem Kopf, also über das Denken und Vorstellen auf, es nimmt sie vor allem über seine Sinne, seine Tätigkeit, mit seinem Körper wahr. Alle seine Lernprozesse sind von einem gut ausgeprägten Wahrnehmungssystem abhängig. Die Sinne sind unsere Kanäle, über die wir uns selbst und die Welt um uns herum erfahren, sie sind die Grundlage und der Motor des Lernens. Somit brauchen Kinder viele Gelegenheiten zum Bewegen, Tasten, Sehen, Hören, Riechen und Schmecken.
Das ist der beste Weg zu einer gesunden körperlichen, geistigen und seelischen Entwicklung.

„Es ist nichts im Verstand, was nicht vorher in den Sinnen war."

(John Locke)

Das letzte Jahr im Kindergarten ist sowohl für die Kleinen als auch für Eltern und ErzieherInnen eine aufregende, aber oft auch anstrengende Zeit. Die Vorschulkinder freuen sich in der Regel über ihre neue Rolle, genießen es, nun zu den „Großen" zu gehören und blicken mit Spannung auf die baldige Einschulung. Aus pädagogischer Sicht warten im letzten Jahr vor dem Schulbesuch aber auch viele Herausforderungen auf die Kinder, wenn es darum geht, den Übergang zwischen Kindergarten und Schule möglichst problemlos zu meistern. In vielen Einrichtungen findet ein spezielles „Vorschulprogramm" statt, um die betreffenden Kinder altersgerecht zu fördern und um wichtige Kompetenzen zu stärken, die in der Grundschule benötigt werden.

Ein Kindergarten ist und bleibt aber in Deutschland eine nichtschulische Institution. Das bedeutet, die Kinder sollen nicht unterrichtet, sondern auf andere Art und Weise gefördert werden. Es geht darum, die notwendigen Voraussetzungen zu schaffen, damit der Übergang zwischen Kindergarten und Grundschule gelingt. Wie eine Vorbereitung auf die Schule gelingt, kann ganz unterschiedlich aussehen. Und natürlich sind diesbezüglich auch die Eltern gefordert – kein Vorschulprogramm allein kann dafür sorgen, dass ein Kind die Herausforderungen, welche die Einschulung mit sich bringt, problemlos meistert.

16.4 Vorbereitung der Kinder auf ihre zukünftige Rolle als Schulkind

Die meisten Kompetenzen, die Kinder brauchen, um für die Anforderungen in der Schule gerüstet zu sein, lernen sie ganz nebenbei im Alltag in der Auseinandersetzung mit anderen Menschen und der Umwelt. Trotzdem macht es Sinn, im letzten Kindergartenjahr ganz gezielte Angebote für die „Großen" zu schaffen. Das hilft den Kindern, sich mit ihrer neuen Rolle und den baldigen Veränderungen in ihrem Leben auseinanderzusetzen. Früher arbeiteten viele Einrichtungen mit Arbeitsblättern, die von den Kindern gelöst werden mussten. Heute werden andere Ansätze verfolgt. Bestandteil der Vorschularbeit sind beispielsweise

- Projektarbeit
- Ausflüge
- Arbeitsgemeinschaften
- gezielte Angebote zur Sprachförderung
- die Übernahme besonderer Aufgaben (z. B. als Paten für jüngere Kinder)

Es erscheint sinnvoll, dass Vorschulkinder besondere Rechte, aber auch Pflichten haben. So bietet es sich an, ihnen einen eigenen Raum zur Verfügung zu stellen oder, falls das aus Platzgründen nicht möglich ist, einen eigenen Bereich innerhalb des Gruppenraumes. Weitere Privilegien der „Großen" könnten sein, zu dritt alleine auf dem Außengelände zu spielen, beim Kochen zu helfen, sich mit speziellem Material zu beschäftigen usw. Gleichzeitig sollten die Kinder angehalten werden, sich über einen längeren Zeitraum hinweg mit Aufgaben zu beschäftigen, die auf den ersten Blick nicht so leicht zu bewältigen sind, zum Beispiel einen Teppich zu weben oder ein Mandala auszugestalten. So lernen sie Durchhaltevermögen und erfahren, dass hin und wieder auch eine Anstrengung nötig ist, um etwas zu erreichen. Grundsätzlich aber gilt es, Selbstlernprozesse der Kinder anzuregen, ihre Interessen zu berücksichtigen und Kompetenzen zu stärken sowie ihnen mit Wertschätzung zu begegnen. Lernen soll Freude machen, und die natürliche Neugier der Kinder gilt es zu nutzen.

16.5 Kinder mit besonderem Förderbedarf auf die Schule vorbereiten

Grundsätzlich arbeiten heute fast alle Kindergärten integrativ. Das bedeutet, auch Kinder mit besonderem Förderbedarf müssen von den Fachkräften so gut wie möglich auf die Schule vorbereitet werden.

Zudem wird eine individuelle Förderung in Regeleinrichtungen aufgrund der angespannten Personalsituation einerseits und den gestiegenen Ansprüchen an die vorschulische Förderung andererseits immer anspruchsvoller. Kinder im Vorschulalter zeigen immer größere Entwicklungsunterschiede in allen Bereichen – da ist es sehr schwierig, jedes Kind angemessen zu fördern. Dennoch sollte diese angemessene Förderung eines jeden Kindes das Ziel jeder Einrichtung sein.

Aus all den aufgeführten Punkten lässt sich schließen, dass zur optimalen vorschulischen Förderung eine vielfältige, individuelle, gezielte Beschäftigung der Kindergartenkinder notwendig ist. Dazu gehört es auch, die Kinder an schulische Situationen heranzuführen, also auch mit Arbeitsblättern zu arbeiten. Zudem kann man auf dieser Ebene viele Sinne in Kombination fordern und somit das Verstehen verschiedener Aufgaben fördern.

16.6 Das sollen Kinder bis zur Einschulung können

Im Kapitel 17 werden wir dieser Frage ganz praktisch nachgehen. Jeweils sind dazu auch Beispiele genannt, wie die Fähigkeiten, die Kindern in der Schule helfen, trainiert werden können. Das Wichtigste, das wir den Kindern zeigen sollten: Lernen macht Spaß. Es ist nicht nur eine lästige Pflicht, sondern Lesen, Rechnen und Nachdenken gehören ganz normal zum Leben. Freude am Lernen ist die beste Voraussetzung.

17. Spielvorschläge zu den einzelnen Wahrnehmungsbereichen

17.1 Arbeitsplatz / Arbeitsumfeld

Wie wichtig das Lernumfeld und die dazugehörige Organisation für ein erfolgreiches Lernen sind, wurde schon erwähnt und sollte hinlänglich bekannt sein.
Jedes Vorschulkind sollte sein eigenes Mäppchen mit Bleistift, Radiergummi, Buntstiften und Spitzer sowie einen eigenen Ordner zum Abheften der Arbeitsblätter besitzen.
Diese schulähnlichen Vorgaben helfen den Kindern, sich auf die spezielle Situation einzustellen. Zudem lässt dies die Kinder stolz sein auf ihre Vorschulsituation und befriedigt ihren Wissensdrang. Es fördert ihre Freude auf Schule und Lernen.

17.2 Was ein Vorschulkind können sollte

Eine nicht unbedeutende Stellung nimmt dabei die zwischenmenschliche Sozialkompetenz (sog. Soft skills) ein. Dies ist unter anderem eine Kombination aus menschlichen Fähigkeiten, sozialen Fähigkeiten, Kommunikationsfähigkeiten, Charakter- oder Persönlichkeitsmerkmalen, Einstellungen, Denkweisen.
Neben Fähigkeiten, die Kinder benötigen, um gut lernen zu können, braucht es auch Fähigkeiten, die den Kindern dabei helfen, im Schulalltag zurechtzukommen. Diese Fähigkeiten gehen aber immer mehr Kindern verloren, bzw. sie erwerben sie erst gar nicht. Dabei kann man sie leicht trainieren:

Wie geht man mit unbekannten Situationen um?
In der Schule sind Kinder, im Gegensatz zum Kindergarten, oft auf sich alleine gestellt. Es kann passieren, dass sie plötzlich alleine in der Aula stehen oder plötzlich nach der Schule nicht mehr wissen wohin. Vielleicht kommt eine bis dahin unbekannte Lehrerin auf sie zu oder ein fremder Vater spricht das Kind an. Kinder sollten da konkret wissen, wie sie mit dieser Situation umgehen. Das lässt sich vorher üben. Den eigenen Namen, den Namen der Schule, die eigene Adresse und auch Mamas oder Papas Telefonnummer sollten die Kinder deshalb können. Genauso wichtig ist es, dass sie wissen, mit wem sie mitgehen dürfen und unter welchen Bedingungen.

Warten
Eine Klasse besteht aus ziemlich vielen Kindern, aber nur einer Lehrkraft. Mehrere ErzieherInnen, mit denen ich gesprochen habe, beklagen sich über immer häufiger dazwischenredende Kinder. Ich finde es deshalb nachvollziehbar, dass sie fordern: Kinder müssen warten können bis sie dran sind. Gespräche unterbrechen oder einfach dazwischenrufen ist unfair und respektlos. Gut, wenn Kinder dafür schon vor der Schule sensibilisiert wurden.

Wenn Kinder Spaß daran haben, Neues zu entdecken und es gewohnt sind, damit umzugehen, dass sie etwas noch nicht können, es aber lernen können, dann ist das Wichtigste geschafft und der Grundstein gelegt. Und dann gelingt hoffentlich ein entspannter Start in die erste Klasse: ohne übermäßigen Druck, konzentriert, aber ohne Angst vor dem „Ernst des Lebens".

Kreativität fördern als Vorbereitung auf die Schule

Malen
Malen ist die Vorstufe zum Schreiben. Malen von Personen fördert die Konzentrationsfähigkeit und Vorstellungskraft der Kinder. Das Malen ist immer ein Verschwimmen von Vorstellung und Wirklichkeit. Deshalb gibt es auch kein „Besser" oder „Schlechter" beim Malen. Jedes Kind malt unterschiedlich. ErzieherInnen und Eltern sollten das nicht bewerten. Egal was: Beim Malen wird die Stifthaltung trainiert und das Kind bekommt eine immer bessere Vorstellung von der Welt, weil es sich auf Details konzentriert.

Geschichten erfinden
Die ersten Schritte sind, dass Kinder ihren Tag beschreiben können. Danach können sie auch eigene Geschichten erfinden. In der Regel tun sie das ohnehin dauernd: beim Spielen mit Puppen, Playmobilfiguren oder in der Kinderküche. Um sich auf die Schule vorzubereiten ist es gut, wenn Kinder lernen, diese Geschichten auch nachzuerzählen. Eltern können sie dazu animieren, indem sie sich diese Geschichten gemeinsam ausdenken.
Eine gute Übung für das Erzählen ist auch das „Über Gefühle Reden".

Bücher anschauen
Lesen macht Spaß. Es ist nicht nur dazu da, Kompetenzen zu vermitteln, sondern in erster Linie ist lesen einfach schön. Es ist entspannend, aufregend oder gemütlich – je nach Buch und Laune. Lesen ist nicht nur Pflicht, sondern es hat einen echten Mehrwert und ist ein Genuss. Das können Kinder nicht früh genug erfahren.
Eltern können ihrem Kind das positive Lesegefühl vermitteln, indem sie eine

schöne Vorleseatmosphäre schaffen. Wie die Buchstaben und Zeilen in einem Buch angeordnet sind können Kinder perfekt zum Beispiel in den Büchern für Erstleser in großer Schrift erfahren. Dabei sind Schrift und Bilder vermischt, sodass die Kinder quasi „Mit-Leser“ sind.

Lernen im Alltag

Zähne putzen
Zähne putzen unterstützt nicht nur die Mundhygiene. Kinder verbessern beim Putzen auch ganz nebenbei ihr räumliches Vorstellungsvermögen und ihre Motorik. Bis zur ersten Klasse sollte dennoch zusätzlich nachgeputzt werden.

Sich selbst an- und ausziehen
Damit das Kind nicht am ersten Schultag hilflos dasteht und um Hilfe bitten muss, ist es wichtig, dass es seine Jacke und Schuhe selbständig an- und ausziehen kann. Die meisten Kinder lieben es, wenn sie etwas selbst tun dürfen. Das Kind sollte bereits im Kindergarten oder zu Hause positiv bestärken werden, damit es die notwendigen Fähigkeiten erlangt. Schuhe binden schult die Motorik und das räumliche Denkvermögen. Selbständigkeit pusht das Selbstbewusstsein.

17.3 Lernen durch Bewegung

Gleichgewicht halten
Kästchenhüpfen haben wir früher als Kinder schon gerne gespielt. Dabei werden Kästchen und Zahlen mit Kreide auf den Boden gemalt. Die Kinder gehen dabei spielerisch mit Zahlen um und üben gleichzeitig das Hüpfen auf einem Bein.

Fahrrad fahren
Bewegung tut Kindern gut und ist ein guter und wichtiger Ausgleich. Beim Fahrrad fahren werden Koordination und Konzentration gefördert. Fahren zu lernen ist nicht ganz einfach. Doch Kinder spüren dabei unmittelbar, wie nützlich es ist, etwas zu üben.

Fangen und werfen
Beim Ballspielen wird die Auge-Hand-Koordination trainiert. Das lässt sich ganz spielerisch üben. Auch da geht es nicht um klare Lernerfolge, sondern einfach darum, Routine zu erlangen und Spaß daran zu haben.

17.4 Spiele zur Vorbereitung auf die Schule – Lernspiele und mehr

Mengen erkennen – Zahlen lernen in der Vorschule

Wie wir bereits im Kapitel 3 erfahren haben, sind Spiele für Kinder nicht bloß ein Zeitvertreib, sondern sie lernen dabei auch unfassbar viel. Bis sie in die Schule kommen, sollten sie kleine Mengen erkennen können. Um das zu üben sind Würfel ideal. Je mehr Übung Kinder darin haben, desto schneller können sie erkennen, welche Zahl ein Würfel zeigt. Sie lernen so ganz natürlich mit Zahlen umzugehen und müssen nicht mehr die Augen auf dem Würfel und die Punkte auf dem Spielbrett zählen, sondern erkennen sie schnell mit einem Blick. Würfelspiele hat jeder zu Hause. Das Mensch-ärgere-dich-nicht-Spiel wird besonders geliebt, weil nicht nur Glück über den Ausgang entscheidet. Außerdem lernt das Kind bei diesem Spiel auch nebenbei das Addieren im kleinen Zahlenraum. Und es ist nicht so vordergründig ein Lernspiel, sondern macht einfach Spaß (auch den Erwachsenen!):

Zählen, addieren und subtrahieren kann man auch in den Alltag ganz toll einbauen. Wer kriegt wie viele Gummibärchen? Und wie viele müssen wir von mir wegnehmen und bei Dir dazutun? Das müssen Kinder natürlich noch nicht ausrechnen können, aber damit herumzuexperimentieren macht Spaß.

Ein ganz tolles und leider ziemlich in Vergessenheit geratenes Spielzeug sind Murmeln. Die kann man sortieren, verteilen und im Gras zu Formen legen. Der Fantasie sind keine Grenzen gesetzt.

Laute hören und Silben klatschen – Schreibübungen Vorschule

Lesen und Schreiben lernen muss in der Vorschule noch kein Ziel sein, im Gegenteil. Dafür ist die Schule da und der Vorsprung vor den anderen macht keinen Sinn. Was man aber machen kann, wenn Kinder schon viel Lust aufs Schreiben und Lesen haben, ist die Welt der Buchstaben und Wörter zu erkunden.

Wie viele Silben hat ein Wort? Das lässt sich schön zusammen klatschen. Mama – zwei Klatscher. Pa-pa-gei – drei Klatscher – das Spiel macht Spaß.

Etwas schwieriger ist da schon das Erkennen von Buchstaben. Welche Wörter fangen mit A an? Und welche mit F? In welchem Wort ist ein O? Am Anfang ist das recht schwierig, aber beim gemeinsamen Entdecken lernt das Kind genau hinzuhören.

Tischgesellschaftsspiele

Hier müssen die Kinder logische Reihen ergänzen.

Im Bereich Sprache das Wörter-Duo, bei dem die Kinder anhand von Bildkarten zusammengesetzte Hauptwörter legen.

Logeo: Hier geht es um die Bestimmung der Positionen auf, unter, links, rechts.
Mini-Lük und Lernkästen kommen genauso zum Einsatz wie Arbeitsblätter zu bestimmten Themenbereichen.

Wichtig ist hierbei, dass die Kinder angefangene Spiele beenden, sich auch bei kniffligen Herausforderungen nicht entmutigen lassen, selbständig nach Lösungsmöglichkeiten suchen, sich immer wieder neu im Raum orientieren müssen. Was spiele ich mit wem, welches Spiel ist frei?

Weitere sinnvolle Beschäftigungen

- gemeinsam *Theater spielen* zu verschiedenen Anlässen
- zusammen auf Exkursion gehen, z. B. die Polizei und die Feuerwehr besuchen, Naturbegehungen
- Besichtigungen
- Experimente mit Wasser, Feuer, Luft und Erde
- Lernen der Uhr
- ein Faltbuch erstellen
- Backen, Töpfern, Malen, Basteln
- Spielerunden
- Bewegungsbaustelle und Motorik-Turnstunde

17.5 Sinnliche Wahrnehmung spielerisch fördern

Hier einige Anregungen:

- Legen Sie Kastanien, Eicheln, Steine und Ähnliches in einen geschlossenen Karton. Kann Ihr Kind „blind" ertasten, um was es sich jeweils handelt?
- Welche Geräusche sind zu hören, wenn man mit geschlossenen Augen auf der Parkbank sitzt?
- Wie fühlt es sich an, in den Blätterhaufen zu springen?
- Wie riechen die Gewürze in den Töpfen auf der Küchenfensterbank? Wie leicht sind sie wiederzuerkennen?
- Spielen Sie „Stille Post" als vergnüglichen Abschluss des Tages.

Spiele dieser Art fallen Ihnen sicher noch viele ein. Dabei handelt es sich nicht um ein ausgefeiltes Trainingsprogramm mit Hochleistungscharakter, sondern um die Wahrnehmung der Umwelt nach neuen Mustern. Erfolgreich kann diese Sensibilisierung der kindlichen Sinne ohnehin nur sein, wenn der Spaß nicht zu kurz kommt.

17.5.1 Sehen

Wer lesen lernt, muss richtig sehen können. Dies setzt voraus, dass Kinder etwa beim Beobachten von Blumen und Tieren auf feine Nuancen aufmerksam gemacht werden. *Beispiele:* beim Marienkäfer Punkte und Beinchen zählen oder ein Baumblatt genau betrachten und beschreiben, was es von anderen unterscheidet. Dies ist eine wichtige Voraussetzung für das spätere Aufsatzschreiben.

Getarnte Vögel
Schneiden Sie in den Farben der noch winterlich kahlen Zweige von Gartensträuchern kleine Tonkartonvögel aus. Bei immergrünen Sträuchern oder Hecken nehmen Sie grünen Karton. Befestigen Sie 20 Vögel in Hecken und Sträuchern. Das Kind muss genau hinschauen, denn die Tarnung der Vögel ist perfekt. Ob es alle 20 findet?

Guckloch
Schneiden Sie in ein Blatt weißes Papier ein kleines Loch. Nun legen Sie das Papier auf die Seite eines Bilderbuchs. Das Kind soll erraten, was sich hinter dem Guckloch verbirgt. Schieben Sie das Loch anfangs hin und her, damit das Kind es beim Raten leichter hat.

Was ist anders?
Das Kind soll Sie genau beobachten. Dann geht es vor die Tür. Sie verändern in der Zwischenzeit zwei oder drei Details, zum Beispiel: Brille absetzen, Haare zusammenbinden, Jacke zuknöpfen, Schnürsenkel öffnen, Gürtel ausziehen usw. Dann rufen Sie das Kind wieder herein und dürfen gespannt sein, ob es die Veränderungen entdeckt.

Lasst uns die verschiedenen Farben erkennen
Gehen Sie mit den Kindern raus in die Natur, z. B. in den Wald oder an einen Bach. Dort werden verschiedene Naturmaterialien gesammelt. Im Anschluss setzen sich alle Kinder zusammen und breiten die gesammelten Materialien aus. Nun werden diese nach Farben sortiert und auch benannt, z. B. Blätter in grün, Tannenzapfen und Baumrinde in braun etc. Hat die Farbsortierung prima geklappt, können Sie versuchen, ob die Kinder es auch noch hinbekommen, die Materialien von dunkel nach hell zu sortieren, z. B. angefangen mit dem dunkelsten Teil bis hin zum hellsten ...

Plötzlich fehlt etwas – aber was genau fehlt?
Unterschiedliche Gegenstände (z. B. aus dem Haushalt – alles was zu finden ist) werden auf einen Tisch gelegt. Ein Kind schließt die Augen oder verlässt den Raum. Dann wird/werden ein Gegenstand, nach einiger Übung mehrere

Gegenstände vom Tisch genommen. Nun öffnet das Kind die Augen oder betritt wieder den Raum, prüft die Lage auf dem Tisch und benennt das oder die fehlenden Ding(e).

17.5.2 Hören

Hören und Sprechen sind eng miteinander verbunden. Erst wenn Wörter nach vielen Wiederholungen für das Kind einen Sinn ergeben, spricht es sie selbst aus. Gut ist es, wenn Eltern viel mit ihrem Kind reden. Noch besser, wenn das ohne Musikberieselung aus dem Radio geschieht, denn bei ständigen Nebengeräuschen stellen Kinder und Erwachsene die Ohren auf Durchzug.

Musikleiter
Sie brauchen eine kleine Stehleiter und verschiedene Gegenstände, die das Kind durch Anschlagen zum Klingen bringen kann, zum Beispiel Blechdose, Kochtopf, Deckel, Löffel, Holzbrettchen usw. Binden sie jeden Gegenstand an einer Leitersprosse fest. Das Kind kann auf dieser Tonleiter spielen und sie nach seinem Hörempfinden ordnen: Also zum Beispiel tief klingende Gegenstände an den unteren, hoch klingende an den oberen Sprossen anbringen.

Krachmacher-Kette
Ein Spieler macht ein Geräusch: in die Hände klatschen, mit den Füßen stampfen oder mit einem Löffel auf einen Kochtopf schlagen. Der nächste Spieler wiederholt das Geräusch und fügt ein neues hinzu. Die Krachmacher-Kette wird immer länger. Wer ein Geräusch vergisst, scheidet aus. Sieger ist, wer bis zum Schluss übrig bleibt.

Blindes Kino
Setzen Sie sich mit einem Kind vor das Fenster. Schließen Sie beide die Augen und spitzen Sie die Ohren. Wer ein Geräusch von draußen identifizieren kann, sagt, was er gehört hat. Beispiele: Das Zwitschern eines Vogels, ein Auto, eine Kinderstimme, eine zufallende Tür, Regen, der gegen die Fensterscheibe prasselt.

Richtungshören
Die Kinder liegen mit geschlossenen Augen auf dem Boden. ErzieherIn oder Kind bewegen sich lautlos im Raum und erzeugen an verschiedenen Stellen Geräusche. Die Kinder sollen mit weiterhin geschlossenen Augen in die Richtung zeigen, aus der ihrer Meinung nach das Geräusch kommt. Während sie die Richtung immer noch anzeigen, öffnen sie die Augen um zu sehen, ob sie es richtig erkannt haben.

Stille Post
Dieses Spiel dürfte bekannt sein: Von Indianern kann man manchmal Geschichten hören, wie sie ihr Ohr an den Boden legen und schon lange bevor andere Menschen überhaupt etwas wahrnehmen hören, dass ein Reiter sich nähert (der dann eine halbe Stunde später tatsächlich eintrifft). Auch wir hören viel mehr, als uns bewusst ist.

17.5.3 Fühlen

Unsere Haut enthält Millionen von Sensoren, die auf äußere Reize reagieren. Sie melden dem Gehirn, ob sich etwas kalt oder heiß, glatt oder rau, hart oder weich anfühlt. Die meisten dieser Sensoren befinden sich an Händen und Mund. Deshalb ertasten Kleinkinder Dinge gleichzeitig mit Hand und Mund. Die kleinen Hände wühlen mit Vorliebe im Sand oder in feuchter Erde herum. Sie rupfen Gras und Gänseblümchen heraus und trainieren dabei ganz nebenbei ihre Feinmotorik.

Wie sehr der Tastsinn die Wahrnehmung prägt, wird uns meist nur bewusst, wenn wir etwas Ungewohntes oder Überraschendes fühlen. Wenn wir z. B. die raue Zunge einer Kuh fühlen oder plötzlich im Gras auf etwas Glitschiges treten. Wie gut wir mit den Fingern und Füßen „sehen" können, lässt sich auf verschiedenste Art und Weisen erfahren.

Materialien für den Tastsinn: Durch Experimentieren mit verschiedensten Materialien kann spielerisch das taktile System angeregt werden:

- Rasierschaum, Knete, Teig, Ton, Creme
- Sand, Reis, Bohnen, Linsen ...
- Fingerfarben, Kleisterfarben ...
- Taststraße
- Tastwürfel
- Kissen aus verschiedenen Materialien
- Wasser
- Massagegeschichten, Massage
- Bällebad
- Tastbücher
- Tastkorb mit Naturmaterialien

Schlaue Füße
Sie brauchen viele Deckel von Schuhkartons. Jeder Deckel wird mit einem anderen Material ausgelegt, zum Beispiel Sand, Kieselsteine, Blätter, Moos, Fell,

zerknülltes Zeitungspapier, Heu usw. Die Deckel bilden einen Weg. Führen Sie ein Kind mit verbundenen Augen und nackten Füßen darüber. Was fühlt es? Errät es vielleicht sogar das Material?

Schuhsalat
Auf dem Boden liegen verschiedene Schuhe – große und kleine, mit Klettverschluss oder Schnürsenkeln. Sie und ein Kind sitzen mit verbundenen Augen vor dem Berg. Jeder versucht, durch Abtasten möglichst viele Schuhpaare zu finden.

Blinder Bäcker
Kneten und Rollen von Teig schult den Tastsinn. Stechen Sie mit den Kindern Plätzchen in verschiedenen Formen aus, etwa Sterne und Herzen. Nach dem Backen und Abkühlen sollen die Kinder die Sterne und Herzen mit verbundenen Augen ertasten und sortieren.

Barfuß-Park
Mit nackten Füßen und verbundenen Augen wird eine Wegstrecke gelaufen (die zuvor nicht einsehbar sein darf). Auf diesem Weg befinden sich verschiedene mit den Füßen zu ertastende Dinge: Korken, Wolle, Teppichreste, Handtuch, Fell, Heu, Stroh, Gras, Tannenzapfen, Schilf, Mehl, Drahtgitter, Kunstrasen, Moos, Steine, Sand, Splitt, Sandpapier, Styropor, Schaumstoff, Wellpappe, Leder, am Schluss dann: Wasser, Gelatine o. ä. glibberige Masse.

Tastspiel / Krabbelsack
Spiel wie zuvor, jedoch nicht mit den Füßen sondern mit den Händen ertasten, die Dinge befinden sich alle in einem Sack. Nach 1 Minute Ertasten wird aufgezählt, was sich im Sack befindet. *Abwandlung:* Ding benennen und es muss dann im Sack gesucht werden.

Prinzessin auf der Erbse
Sie brauchen dafür ein Handtuch sowie eine getrocknete Erbse oder Bohne. Legen Sie die Hülsenfrucht auf den Boden und decken Sie sie mit dem Handtuch zu. Kann das Kind, indem es achtsam auf dem Handtuch herumgeht, mit den Füßen die Erbse/Bohne finden?

Schatzsucher
Für dieses Spiel brauchen Sie Styropor-Chips (Verpackungsmaterial aus einem Paket) und Augenbinden, z. B. einen Schal oder ein Stirnband. Verteilen Sie das Verpackungsmaterial auf dem Boden, verbinden Sie den Kindern die Augen und lassen Sie sie barfuß die verstreuten „Schätze" ertasten. Dazu müssen sie sich ganz vorsichtig im Raum bewegen, damit sie die Styropor-Chips nicht zertreten. Um die gefundenen „Schätze" zu transportieren, können Sie den Kindern einen kleinen Eimer oder ein Körbchen in die Hand ge-

ben. Die Kinder sollen versuchen, die entdeckten Chips nicht mit den Händen, sondern mit den Füßen aufzuheben. Sieger ist, wer die meisten Chips gefunden hat.

17.5.4 **Riechen** (Eventuelle Allergien beachten!)

Die Nase übermittelt uns angenehme oder unangenehme Gerüche. Diese hängen mit positiv oder negativ empfundenen Situationen, aber auch Menschen zusammen. Riechen wir Tannennadeln und Kerzen oder Vanille und Zimt, denken wir an Weihnachten. Der Duft von frisch gemähtem Gras weckt Erinnerungen an schöne Sommerferien. Und beim Schnuppern an Lavendel denken manche unwillkürlich am Omas Wäscheschrank mit dem Lavendelsäckchen. Düfte unserer Lieblingsspeisen regen den Appetit an. Brandgeruch hingegen signalisiert eine drohende Gefahr.
Probieren Sie doch mal aus, wie gut Ihre Nase ist. Manche Menschen können riechen, welche Zutaten in einem Essen drin sind. Andere können riechen, wem ein Kleidungsstück gehört, usw.

Kleiner Spürhund
Sie brauchen viele Taschentücher und stark riechende Gewürze oder Kräuter, zum Beispiel Kamille, Pfefferminze, Vanille, Zimt, Muskatnuss, Lavendel. Geben Sie auf je zwei Taschentücher die gleichen Gewürze. Binden Sie die Tücher mit Bändern zu Beutelchen zusammen. Die Beutel liegen verstreut auf dem Boden. Ein Kind bekommt ein Beutelchen und schnuppert daran. Es krabbelt wie ein kleiner Hund durchs Zimmer und sucht den Beutel, der genauso riecht wie seiner.

Duftspaziergang
Unternehmen Sie mit den Kindern hin und wieder einen Duftspaziergang, etwa zum Wochenmarkt. Schnuppern Sie an verschiedenen Obst- und Gemüsesorten und an Kräutern. Wie riecht es am Fischstand, wie am Käsestand? Kaufen Sie jeweils ein oder zwei Scheiben von verschiedenen Käsesorten und lassen Sie die Kinder in der Kita daran schnuppern und davon schmecken.

Zitronenigel
Das macht Kindern Spaß und reizt kleine Nasen zum Schnuppern: Bespicken Sie gemeinsam eine Zitrone mit Gewürznelken. Die Unterseite und das „Gesicht“ aussparen. Stecken Sie zwei Stecknadeln mit schwarzen Köpfen als Augen und Zahnstocherfüße in den Zitronenigel.

Geruchsmemory – Gewürze oder anderes riechen und benennen
In jeweils 2 Filmdöschen oder Joghurtbecher wird dasselbe Material gegeben.

Anschließend werden Dosen bzw. Becher verschlossen und durcheinander aufgestellt. Durch Löcher im Deckel müssen nun die Dosen mit gleichem Inhalt erschnuppert werden. Sinnvollerweise sollten die Dosen zuvor alle nummeriert werden, um die zusammengehörigen Paare notieren zu können.

Kleiner Spürhund
Verstecken Sie ein Stück stark riechende Seife (z. B. Speick-Seife) oder einen mit Parfüm bzw. Rasierwasser getränkten Wattebausch im Raum. Damit es keine Flecken gibt, den getränkten Wattebausch bitte auf einen Teller legen! Das Kind darf nun auf allen Vieren krabbelnd die Duftquelle aufspüren.

17.5.5 **Schmecken** (Eventuelle Unverträglichkeiten beachten!)

Ob etwas süß, sauer, salzig oder bitter schmeckt, erfahren wir über die Geschmacksknospen auf der Zunge. Der Tast- und Temperatursinn der Zunge ermöglicht gemeinsam mit dem Geruchssinn eine noch genauere Bestimmung und gibt sie ans Gehirn weiter. Wichtig ist, dass Kinder abwechslungsreich essen, denn nur so können sich ihre Geschmacksempfindungen weiter verfeinern. Testen Sie doch einmal, ob und wie gut sie verschiedene Geschmacksrichtungen unterscheiden können.

An der Saftbar
Pressen Sie aus verschiedenen Obst- und Gemüsesorten kleine Portionen Saft. Füllen Sie jeden Saft in einen Becher und schneiden Sie vom dazu passenden Obst oder Gemüse jeweils ein kleines Stück ab. Die Kinder sollen durch Schmecken herausfinden, welcher Saft zu welchem Obst oder Gemüse passt.

Nasen-Zungen-Experiment
Ein Experiment für kleine Forscher: Bestreichen Sie kleine Brotstücke mit unterschiedlichen Dingen, zum Beispiel Honig, Leberwurst, Streichkäse, Nuss-Nougat-Creme. Verbinden Sie einem Kind nun die Augen und füttern Sie es mit den verschieden bestrichenen Brotstücken. Es soll sich dabei die Nase zuhalten. Gar nicht so einfach, Streichkäse von Nuss-Nougat-Creme zu unterscheiden, denn Schmecken funktioniert ohne Riechen nicht so gut.

Mein Lieblingsjoghurt
Stellen Sie einen Becher Naturjoghurt auf den Tisch, dazu kleine Schalen mit verschiedenen Nahrungsmitteln: Honig, Marmelade, klein geschnittenes Obst, Rosinen, Kräuter. Geben sie je einen Löffel Joghurt auf kleine Teller und lassen Sie die Kinder experimentieren. Welche Eigen-Kreation schmeckt ihnen am besten?

17.5.6 Gleichgewicht

Ohne den Gleichgewichtssinn könnten wir nicht sitzen, gehen oder stehen. Das Gleichgewichtsorgan im Innenohr informiert das Gehirn ständig über die Bewegungen unseres Körpers und seine Lage im Raum. Wenn es sie mit den Reizen aus anderen Sinnesorganen zusammenbringen kann, steuert es die Bewegungen so, dass wir die Balance halten. Passen die Informationen der verschiedenen Sinnesorgane nicht zusammen, verlieren wir das Gleichgewicht. Das kann zu Schwindel oder Übelkeit führen.
Ein Beispiel dafür ist Lesen bei Autofahrten: Manchen Menschen wird dann übel, weil ihre Augen die Bewegungen nicht mehr wahrnehmen.
Der Gleichgewichtssinn wird am besten durch Laufen, Hüpfen, Klettern und Schaukeln trainiert.

Angebote für das Gleichgewicht
Schaukelnde Bewegungen stimulieren das Gleichgewicht und wirken beruhigend und tröstend.

- Kniereiterspiele
- Hängesack, Hängematte
- Decke (gezogen werden)
- Kreisspiele
- Karussell
- Schiefe Ebene
- Bewegungsspiele
- Wippe
- Physiobälle
- Schaukelpferd
- Kindertänze
- Schaukel

Seiltänzer
Lassen Sie ein Kind nach Herzenslust balancieren: über die kleine Mauer im Garten, über Baumstämme, über die Stuhlreihe im Kitaraum oder über umgedrehte leere Getränkekisten.

Auf Wolken schweben
Füllen Sie einen Bettbezug mit halb aufgeblasenen Luftballons. Darauf zu liegen ist wie auf Wolken zu schweben. Ob ein Kind es schafft, vom einen Ende zum anderen zu krabbeln oder gar zu laufen, ohne das Gleichgewicht zu verlieren? Gar nicht so einfach!

Klettern und schaukeln
Das schult den Gleichgewichtssinn: an einem Seil oder einer Sprossenwand hoch klettern, Rollerfahren, Radfahren, auf einem Bein stehen und hüpfen, Purzelbäume schlagen, schaukeln und wippen.

17.5.7 Sprechen

Wie gut ein Kindes spricht, ist eng mit seiner gesamten Bewegungsfähigkeit verbunden. Schöne Sprachspiele zusammen mit gezielter Bewegung verhelfen Kindern zu mehr Selbstbewusstsein.

Auf Beobachtungsposten
Setzen Sie sich mit den Kindern vor ein Fenster. Beobachten Sie gemeinsam das Treiben auf der Straße und geben Sie den unbekannten Menschen lustige Reim-Namen, zum Beispiel Marianne Kaffeekanne, Hans Federgans, Renate Tomate, Fritz Kugelblitz ... oder erfinden Sie mit den Kindern gemeinsam lustige Namen, wenn Sie unterwegs sind. Wer wohnt in dem Hochhaus, das auf dem Weg zum Supermarkt liegt? Das Kind nennt einen Vornamen, Sie erfinden einen Nachnamen, der sich darauf reimt. Beispiele: Karoline Mandarine, Franz Dackelschwanz, Peter Trompeter, Henriette Klarinette usw.

Leute erfinden
Eine abendfüllende Beschäftigung: Schneiden Sie zusammen aus alten Zeitschriften verschiedene Leute mit unterschiedlichen Gesichtsausdrücken aus: lachend oder traurig, fröhlich oder wütend, gleichgültig oder angestrengt usw. Am besten kleben Sie die Figuren auf Pappe, damit sie stabiler werden. Erfinden Sie mit den Kindern Namen für die Leute. Nun sucht sich jeder eine Figur aus und lässt sie erzählen: Ist sie verheiratet? Hat sie Kinder? Welchen Beruf übt sie aus? Welches Hobby hat sie? Verreist sie gern – und wohin? Welches ist ihr Lieblingstier? Und dann sprechen die Figuren miteinander. Solche Rollenspiele machen Kindern nicht nur Spaß, sie fördern darüber hinaus ihre Kommunikationsfähigkeit.

Neueste Schlagzeilen
Ein lustiges Spiel für Buchstaben-Detektive: Jeder denkt sich einen Buchstaben aus und bildet einen Satz, in dem jedes Wort mit diesem Buchstaben beginnt.
Drei Beispiele:

- *Acht alberne Affen angelten acht affige Aale.*
- *Elf eckige Elefanten erbten elf eckige Eimer.*
- *Fünf flinke Frisöre frisierten fünfzig fleißige Faultiere.*

Rasende Reporter
Statten Sie ein Kind mit Mikrofon, Schreibblock und Bleistift aus. Es darf den rasenden Reporter spielen und Sie ausfragen, z.B. zum Thema Einkaufen: Was haben Sie gekauft? War die Verkäuferin freundlich? Gibt es in Ihrer Stadt schöne Geschäfte? Und so weiter. Noch stilechter wird das Reporterspiel, wenn das Kind das Interview aufnimmt.

Lustige Sprachspielereien
Solche Sprachspiele machen allen Kindern Spaß:

Das ist Herr Zipp. Und das ist Frau Zapp.
Ihr Sohn heißt Zippeliwipp. Ihre Tochter heißt Zappelawapp.

Das ist Herr Ritz. Und das ist Frau Ratz. Ihr Sohn heißt Ritzeriwitz.
Ihre Tochter heißt Ratzerawatz. Der Zippeliwipp heiratet die Ratzerawatz.
Und der Ritzeriwitz heiratet die Zappelawapp. Dann bekommen sie Kinder.

Das Kind von Zippeliwipp und Ratzerawatz heißt Zippratzewipp. Das Kind von Ritzeriwitz und Zappelawapp heißt Ritzrappewitz.

Zungenbrecher
Lustige Zungenbrecher– da lachen sich alle kringelig.
Hier zwei Beispiele:
Hinter Hannes Hansens Haus hingen hundert Hemden raus. Hundert Hemden hingen raus hinter Hannes Hansens Haus.
Zehn Ziegen ziehen Ziegen zum Zaun. Zum Zaun ziehen zehn Ziegen Ziegen.

Fantasiegeschichten
Die Kinder malen auf ein großes Blatt vom Zeichenblock einen Wald oder ein paar Häuser. Blättern Sie mit den Kindern alte Zeitschriften durch. Dann schneiden Sie zusammen Bilder aus, die Sie zwischen die Bäume oder Häuser kleben. Erfinden Sie zu den Bildern gemeinsam eine Geschichte, zum Beispiel: *In einem Wald hatte sich einmal ein Hund verirrt. Er suchte sein Herrchen, konnte es aber nirgends entdecken. Einmal fuhr ein gelbes Auto durch den Wald. Der Hund hielt es an und fragte den Autofahrer, ob dieser nicht sein Herrchen gesehen hätte. Der Fahrer schüttelte den Kopf. Dann kam ein Elefant in den Wald. Auch er hatte das Herrchen des Hundes nicht gesehen. Anschließend kam der Bauer mit seinem Traktor in den Wald. Doch auch er wusste nicht, wo das Herrchen vom Hund sein könnte. Schließlich kam mit lautem Gehupe ein Taxi angefahren. Und wer stieg aus? Das Herrchen vom Hund! Wie freuten die beiden sich, als sie sich endlich wiedergefunden hatten!*

Ein Stelldichein mit Pippi Langstrumpf
Schlüpfen Sie für eine Weile in die Rolle einer beliebten Märchen- oder Kin-

derbuchfigur. Sie geben sich aber nicht zu erkennen. Das Kind muss im Laufe der Unterhaltung und durch geschicktes Fragen herausbekommen, wer Sie sind. Sie könnten sich zum Beispiel in Pippi Langstrumpf, Jim Knopf, den kleinen Wassermann, die kleine Hexe, Rübezahl oder Schneewittchen verwandeln. Solche Spiele fördern das Denk- und Sprachvermögen!

Kein Topf ohne Deckel
Ein lustiges Wörterspiel. Einer beginnt zum Beispiel mit: Kein Topf ohne Deckel.
Der Nächste fährt fort: Kein Pinsel ohne Farbe.
Oder: Keine Bürste ohne Borsten.
Oder: Kein Auto ohne Räder usw.
Schluss ist erst, wenn niemandem mehr etwas einfällt.

17.5.8 Motorik

Die Gesamtheit der vom Zentralnervensystem kontrollierten bewussten Bewegungen des Körpers wird als Willkürmotorik bezeichnet. Im Gegensatz dazu stehen einerseits unwillkürliche Reflexe des Körpers, physiologische Mitbewegungen, wie die Pendelbewegungen der Arme beim Gehen, und anderseits die Mimik, die im Wesentlichen auf der Tätigkeit der mimischen Muskulatur beruht und zum größten Teil unbewusst gesteuert wird. Es wird unterschieden zwischen Grobmotorik (z. B. Reaktionsschnelligkeit und allgemeines Reaktionsvermögen, sowie allgemeine Körper- und Gliederstärke und Bewegungskoordination) und Feinmotorik (z. B. Mimik, Fingergeschicklichkeit).

Miteinander verbunden sein
Bei diesem Geschicklichkeitsspiel sucht sich jeder Mitspieler eine PartnerIn. Beide klemmen einen Luftballon, einen Stift oder auch einen Bierdeckel zwischen sich. Der Gegenstand kann mit der Stirn, der Handaußenfläche, dem Bauch, den Knien etc. gehalten werden. Beide versuchen nun sich zu bewegen, ohne dass der Gegenstand herunterfällt (Musik, Bewegungsabläufe, Aufgaben, mit geschlossenen Augen etc.).
Ziel: Bewegungskoordination, Partnerschaft spüren und reagieren lernen.

Blind zurechtfinden
Der Gruppe werden in einem Gelände Start- und Zielpunkte mit ggf. 1–2 dazwischen liegenden Stationen gezeigt. Die Gruppenmitglieder haben nun 10–20 Minuten Zeit, um sich die Punkte und den dazwischen liegenden Weg einzuprägen. Anschließend werden allen die Augen verbunden und die Gruppe in 2 Untergruppen geteilt. Von verschiedenen Startpunkten aus müssen

die Gruppen zueinander finden und anschließend die jeweiligen Stationen gemeinsam bis zum Zielpunkt ansteuern. Die ErzieherInnen überwachen die Aktion und achten darauf, dass sich niemand durch ein Hindernis verletzt oder blindlings durch die Gegend rast. Es geht ja nicht um die schnellste Zeit.

Morsen
Jeder aus der Gruppe bekommt einen Morsebuchstaben zugeordnet. Immer zwei (ggf. auch drei) haben dabei denselben Morsebuchstaben, ohne jedoch voneinander zu wissen. Die jeweiligen Partner müssen sich nun in einem Spielgebiet verteilen und sich gegenseitig finden. Das Morsen kann mit Hilfe von Taschenlampen erfolgen, oder auch durch Klopfen mit 2 Hölzern (aber nicht an Bäume klopfen, um die Rinde nicht zu beschädigen!).

Förderband
Die Gruppenmitglieder liegen alle eng nebeneinander auf dem Boden. Eine Person legt sich quer über die Gruppe. Das Förderband startet, indem sich alle in eine Richtung rollen und dadurch die liegende Person „befördert" wird. Ziel: Körpererfahrung vermitteln

17.5.9 Auge-Hand-Koordination

Die sensorische Integration von Wahrnehmungen und Bewegung ist ein Wechselspiel, von dem ein großer Teil unserer Handlungsfähigkeiten für den Alltag abhängt. Wir lernen das Begreifen durch das Greifen und wir greifen erst einmal das, was wir sehen. So ist die Auge-Hand-Koordination auch für eine Kulturtechnik wie Schreiben unerlässlich.
Die Auge-Hand-Koordination ist die Fähigkeit der Augen und Hände, bei der Ausführung einer Aktivität und zum Treffen eines Ziels zusammen zu arbeiten und zu koordinieren. Die Koordination zwischen Augen und Händen braucht das Kind unter anderem, um selbst essen lernen zu können. Das Kind muss das Essen sehen, danach greifen und zum Mund führen. Mit anderen Worten kann man sagen, dass die Auge-Hand-Koordination eine der ersten Funktionen ist, die dem Kind das Gefühl geben, etwas aus eigener Kraft zu meistern und damit das Gefühl von Selbständigkeit zu entwickeln. Beim Üben der Augen-Hand-Koordination sind drei Sinne im Spiel: der visuelle Sinn, die taktile Wahrnehmung der Hände, Arme und bisweilen der propriozeptive Sinn des Körpers. Der propriozeptive Sinn wird aktiviert, wenn es gilt, Kraft und Bewegungsausschlag zu regulieren sowie den Körper zu stabilisieren und in Ruhe zu halten. Um mit der Hand in der Lage zu sein, kleine Gegenstände zu manipulieren, zu essen und mit Präzision zu schreiben, müssen wir den Arm oder den Körper stabilisieren können.

Punkte malen
Das Kind hat die Figur, die auf der linken Seite steht, auf der rechten Seite im Punkteraster nachzumalen. Es geht um das Erkennen des Verlaufs der Linien und Gestalten.

Schreibübung
Hier wird nicht das Schreiben beigebracht, sondern bei dieser Übung wird die Koordination – das Zusammenspiel – zwischen Auge und Hand geübt, was später beim Erlernen des Schreibens von immenser Wichtigkeit ist. Auf die Schreibvorlage wird ein Bogen Transparentpapier gelegt. Von links beginnend werden mit einem Farbstift auf dem Transparentpapier die darunter liegenden Figuren nachgezogen.

Schüttübungen
Man kann zwischen Schüttübungen mit festem Material oder Flüssigkeiten unterscheiden. Die Übungen werden grundsätzlich auf einem Tablett angeboten und die Gegenstände in Schreibrichtung angeordnet. Schüttübungen gibt es in vielen verschiedenen, aufeinander aufbauenden Variationen und Schwierigkeitsgraden. Diese Übungen des täglichen Lebens nach Maria Montessori bieten Kindern die Möglichkeit, ihre Bewegungsabläufe zu üben und die Auge-Hand-Koordination zu verbessern.

Zangenübungen
Übungen mit der Zange kann man in vielen verschiedenen aufeinander aufbauenden Variationen und Schwierigkeitsgraden anbieten. Es gibt viele verschiedene Arten von Pinzetten, die man alle mit den Übungen kombinieren kann. Flohmärkte sind ein guter Ort, um interessante Pinzetten und Greifwerkzeuge zu finden. Zudem kann man mit vielen verschiedenen Materialien arbeiten: Kugeln aus verschiedenen Materialien, Muscheln, Murmeln, kleine Klötzchen usw.

Löffelübungen
Diese Übungen können natürlich mit verschiedenen Materialien angeboten werden. Dabei verschiedene Körner und Alltagsgegenstände ausprobieren, sowie unterschiedliche Arten von Löffeln. Man bietet meist zuerst großes Füllmaterial an, wie z. B. Kastanien und wird dann immer „kleiner“, so kann das Kind jede Übung noch einmal in verschiedenen Schwierigkeitsgraden üben und erlernen. Durch die Variation der Löffelarten und -größen kann noch eine zusätzliche Abstufung eingebaut werden.

Fädelaufgaben
Schöne Ketten aus bunten und verschiedenen Holzkugeln auffädeln. Die so hergestellten Schätze kann man auch gut verschenken. Zur Steigerung kann

man auch Aufgaben stellen, wie bestimmte Farbkombinationen oder Muster aufzufädeln.

Labyrinthe
Das Kind soll ein Labyrinth nachspuren. Als Steigerung darf es die Ränder der Spur nicht berühren.

Kugelbecher: erst basteln, dann spielen
Das trainiert die Auge-Hand-Koordination gleich doppelt: Erst kann das Kind (etwa ab drei Jahren) den Becher aus Papier falten, dann kann es damit Zielen üben.
Sie brauchen:
- ein quadratisches Stück festes Papier, etwa 20 cm groß
- einen Wollfaden oder eine dünne Schnur
- eine große Holzperle mit einem Loch in der Mitte (Durchmesser etwa 2 cm)
- eine dicke Nadel oder eine spitze Schere (zum Bohren des Loches)

So wird gebastelt:

Das Papierquadrat wird so gelegt, dass eine Ecke oben ist. Dann wird das Blatt einmal in der Mitte quer nach oben zu einem Dreieck gefaltet. Die obere Ecke A ist offen (siehe Abbildung 1). Dann werden nacheinander die Ecken B und C seitlich eingeschlagen (siehe Abbildung 2). Nun wird die vordere obere Ecke A nach unten geklappt (siehe Abbildung 3). Dann den Papierbecher umdrehen und das Umklappen auf der Rückseite wiederholen. Jetzt ist der Becher fertig. Damit er etwas stabiler wird, können Sie die beiden zuletzt umgeknickten Ecken mit etwas Klebstoff fixieren. Nehmen Sie die Nadel oder die Schere und bohren Sie ein kleines Loch in die Mitte des Becherbodens (siehe Abbildung 4). Hier ziehen Sie den Wollfaden oder die Schnur durch (wenn die Schnur relativ kurz ist, wird ein Kind den Becher später leichter treffen) und verknoten sie im Becher gut, sodass sie nicht mehr herausrutschen kann. An das freie Ende binden Sie die Holzperle (s. Abb. 1 bis 4, S. 179).

Tipp:
Am besten legen Sie sich zusätzlich mehrere Blätter Papier bereit, damit Sie den Kindern die richtige Falttechnik einmal vormachen können. Dann können sie sich eventuell noch an einem „Übungsblatt" versuchen, bevor es richtig losgeht.

So wird gespielt:
Ihr Kind nimmt den Kugelbecher in die Hand und öffnet ihn durch leichten Druck auf die Seiten. Dann versucht es mit einer schwungvollen Bewegung, die Holzperle in die Luft zu schwingen und mit dem Becher wieder aufzufangen.

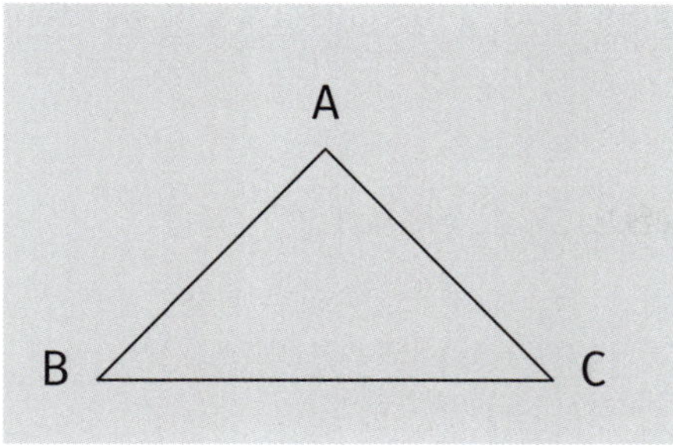

Abbildung 1

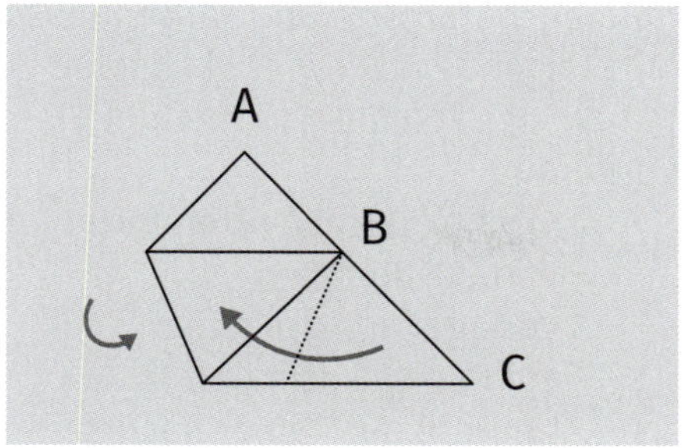

Abbildung 2

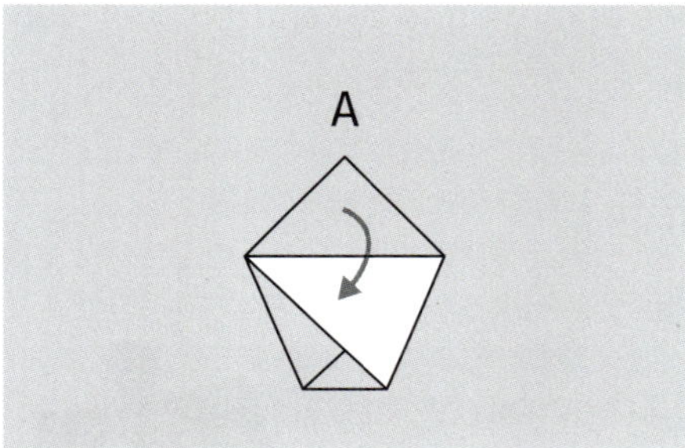

Abbildung 3

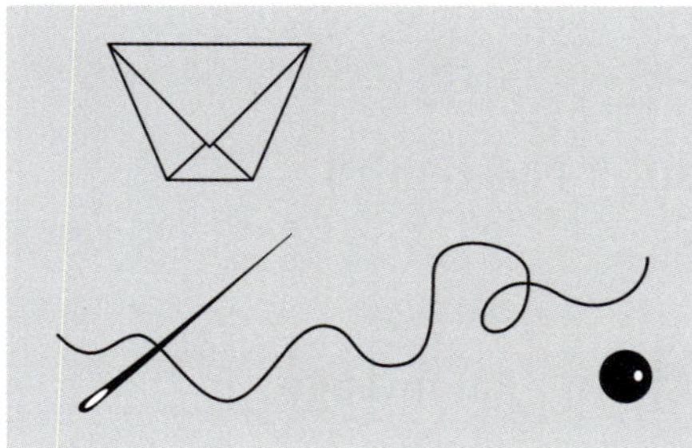

Abbildung 4

17.5.10 Figur-Grund-Wahrnehmung

Dies ist ein Fachausdruck aus dem Bereich der Sinneswahrnehmung. Er beschreibt die Unterscheidung von Vordergrund *(Figur)* und Hintergrund *(Grund)* bei der Gewichtung von wahrgenommenen Reizen/Sinneseindrücken.

Muster suchen
Hier handelt es sich um Übungen, die die Fertigkeiten des Geistes und Gedächtnisses direkt ansprechen. Es geht um das Erkennen von gleichen Figuren, die dann durchgestrichen werden müssen.

Finde ein bestimmtes Bild
Buchstaben, Zahlen, Tiere, Gegenstände usw. Aus einer Menge von z. T. überlappenden Bildern soll ein bestimmtes herausgefunden und angemalt werden.

Abmalen von Vorlagen
Eine Vorlage soll abgemalt werden. Die für die Reproduktion des Originals

nötigen Werkzeuge und Farben müssen vom Kind selbst ausgewählt werden. Mit steigendem Schwierigkeitsgrad ist auch die Reihenfolge der Arbeitsschritte bzw. des Zeichnens einzelner Elemente zu beachten.

Varianten:

- Arbeitsaufträge offen formulieren, z. B. „Male ein Auto!"
- Vorlage abmalen
- Vorlage farbig malen
- auf Papier ausmalen
- Umrisse auf Papier nachspuren

Bilder vergleichen

Zwei Bilder sollen verglichen, Unterschiede erkannt und gekennzeichnet werden.

Strich-Punkt-Strich

Das Kind soll Punkte nach Vorlagen verbinden.

17.5.11 Raum-Lage

Im Lauf seiner Entwicklung erwirbt das Kind die Erkenntnis, dass es selbst (räumlich gesehen) der Mittelpunkt seiner eigenen Welt ist. Es nimmt Gegenstände als hinter, vor, über, unter, neben sich wahr. Die Wahrnehmung der Raum-Lage ist also die Beziehung eines Gegenstandes zum Betrachter. Zur Wahrnehmung der räumlichen Beziehungen gehört auch das Erfassen einer Form und wie diese Form im Raum liegt. Dies ist eine wichtige Voraussetzung für das spätere Schreiben lernen, u. a. zur sicheren Unterscheidung formähnlicher Buchstaben (z. B. p/q oder b/d).

Drunter und drüber

Die Kinder sollen Bilder entsprechenden Präpositionen zuordnen.

Beispiel: Ein Stuhl aus der Puppenstube wird als Mittelpunkt genutzt. Dann wird ein kleinerer Gegenstand (kleines Klötzchen u. ä.) positioniert. Das Kind soll ansagen, wo es sich befindet:

vor – hinter – unter – auf (über) – neben (rechts – links).

Figuren ergänzen

Das Kind soll symmetrische Figuren, die auf ein Packpapier oder auf eine Tafel gezeichnet wurden, wie z. B. ein Rechteck, einen Kreis etc., ergänzen.

Tangramspiel

Es wird ein räumliches Muster mit Hilfe von Tangramteilen vorgegeben. Das

Kind hat nun die Aufgabe, dieses Muster nachzubilden (Steigerung: aus dem Gedächtnis nachbilden).

Orientierung auf dem Papier
Auf ein Blatt wird in der Mitte ein Gegenstand, z. B. ein Haus, gemalt oder geklebt. Das Kind setzt nach erfolgter Aufgabenstellung Symbole und Gegenstände ein, z. B.: Zeichne oben rechts einen Baum. Zeichne unten links ein A etc.

Bildbeschreibung
Dem Kind wird ein Bild mit möglichst vielen verschiedenen Details vorgelegt. Dazu werden nun Fragen gestellt, die vom Kind beantwortet werden sollen, wie z. B.: „Was siehst du oben links?“

Bausteinspiel
Drei Bausteine werden vor dem Kind angeordnet. Das Kind beschreibt die Lage der Bausteine. Die Anzahl der Bausteine kann erhöht werden.

17.5.12 Körperwahrnehmung

Sinnessysteme, die zur Stabilisierung der Körperhaltung dienen. Sie regulieren über Haltungsreflexe und Stellreflexe die Stellung der einzelnen Glieder des Körpers zueinander und dementsprechend auch die Stellung des Körpers im Raum. Die Maculaorgane und die Propriorezeptoren leisten den wesentlichen Beitrag zum Haltungssinn.

Wo höre ich auf, wo fängt der andere an? Wieso trifft man auch beim Klatschen mit geschlossenen Augen zielsicher die andere Hand? Verantwortlich dafür sind die Haltungssinne, die von den Übungen auf dieser Seite angesprochen werden.

Durch vielfältige Bewegungsmöglichkeiten entsteht ein „Bewegungsgedächtnis“, und es entwickelt sich ein inneres Bild vom eigenen Körper, das Kindern – und natürlich auch Erwachsenen – bei der Planung und Steuerung von Bewegungen hilft. Der Bewegungs- und Stellsinn liefert im Zusammenspiel mit dem Gleichgewichtssinn, der Tiefensensibilität, dem Tastsinn und dem Kraftsinn Informationen darüber, welche Lage unser Körper im Raum einnimmt, in welcher Stellung sich unsere Gliedmaßen befinden, wie wir sie bewegen und auch wie viel Muskelkraft wir dazu aufwenden müssen. Andernfalls gelänge es uns beispielsweise nicht, ein rohes Ei aufzuheben, ohne es zu zerquetschen, oder bei geschlossenen Augen mit dem Zeigefinger die

Nasenspitze zu treffen. Doch genug der trockenen, komplizierten Theorie: Die Anregung der Haltungssinne ist ganz einfach!

Angebote für die Tiefenwahrnehmung
Kinder lieben es, Gegenstände von einem Ort zum anderen zu tragen. Sie schleppen schwere Sandsäcke, sie drücken und schieben. Widerstand bietet eine gute Tiefenwahrnehmung:

- Trampolin
- Stempeln mit verschiedenen Materialien
- Hüpfen
- Bewegungsspiele
- Säckchen gefüllt mit verschiedenen Materialien zum Tragen
- Rutschautos/Dreirad ...
- Tauziehen
- Kniereiter, Klatschspiele, Fingerspiele
- Ziehen, drücken, schieben
- Kastanienbad, Linsenbad ...
- Anspannungs- und Entspannungsübungen

Körperwahrnehmung
- Legen Sie dem Kind ein Sandsäckchen bzw. einen anderen kleinen Gegenstand auf eine bestimmte Körperstelle und lassen Sie das Kind die Stelle benennen.
- Einige Kinder stehen/sitzen und ein anderes Kind beschreibt die Positionen (Lisa sitzt neben Tim, in der Mitte sitzt Anton). Alternativ: Ein Kind positioniert die anderen Kinder der Gruppe nach Ihrer Anweisung.
- Sie zerschneiden ein Bild in vier/neun Teile und lassen es von den Kindern wieder in ein vorgefertigtes Raster einkleben.
- Kinderbilder im Raster: Sie lesen räumliche Anweisungen vor und die Kinder legen die Karten entsprechend auf ein Raster (in der Mitte halten zwei Kinder ein Herz, über den beiden Kindern hat ein Kind Geburtstag, unter ...).

Von allerlei Tieren

Grashüpfer: Das Kind ist ein kleiner Grashüpfer, der mit beiden Beinen über ein Hindernis (dickes Tau) springt – hin und her. Klappt das problemlos, kann man etwas Größeres und Höheres benutzen, sodass das Kind höher hüpfen muss.

Kängurusprint: Das Kind ist ein Känguru und bewegt sich deswegen nur beidbeinig hüpfend, wobei es die Hände als Ohren an den Kopf hält. Am lustigsten ist natürlich ein Wettrennen mit mehreren Kindern. Legen Sie dazu eine

Start- und eine Ziellinie fest. Auf ein Startsignal von Ihnen hüpfen alle Kängurus in Richtung Ziellinie los. Vielleicht legen Sie am Ziel etwas „Kängurufutter" (z. B. Studentenfutter in einem kleinen Schälchen) aus, das das schnellste Känguru bekommt?

Dromedarrennen: Damit entsteht ein ganz neues Laufgefühl! Am lustigsten ist natürlich ein Wettrennen mit mehreren Kindern oder zumindest mit zweien. Jeder Läufer bückt sich und umfasst mit den Händen die eigenen Knöchel. Wer kommt so als Erster ins Ziel?

Springen: höher, tiefer, weiter

Hier können Kinder ausprobieren, was sie schon alles können. Suchen Sie sich eine Erhöhung – das kann eine Treppenstufe, ein Baumstamm, ein standfester Stuhl, ein großer Stein, eine Bank oder eine kleine Mauer sein – und lassen Sie das Kind hinaufsteigen. Nun regen Sie es an, hinunter zu springen. Ist das Kind anfangs ängstlich, strecken Sie ihm die Arme entgegen und fangen Sie es auf. Ist es schon mutiger, springt es ohne Ihre Hilfe. Geübte Kinder können versuchen, so weit wie möglich zu springen. Das Kind kann natürlich auch hinaufspringen, anfangs eventuell an Ihrer Hand.
Als Hochsprungalternative stellen Sie sich hin und halten einen Arm waagrecht in die Luft. Je nachdem, wie groß das Kind ist, regen Sie es an, mit geschlossenen Beinen aus dem Stand so hoch zu springen, dass es mit den ausgestreckten Armen oder mit seinem Kopf Ihren Arm berühren kann.
Tipp: Dieses Spiel ist in der Variante „Süßigkeiten- Schnappen" oder „Würstchen-Schnappen" der Renner auf jedem Kinderfest, wenn Sie an ein aufgespanntes oder von zwei Erwachsenen gehaltenes Seil Würstchen oder Süßigkeiten hängen, die die Kinder mit dem Mund schnappen sollen.

Lustiges Affen-Lausen

Dieses Spiel muss zu zweit gespielt werden. Sie benötigen ein Tuch als Augenbinde und zehn Wäscheklammern. Verbinden Sie dem Kind die Augen und befestigen Sie dann die Wäscheklammern an Ihrer eigenen Kleidung. Sie sind nun der Affe, und das Kind muss Sie mit verbundenen Augen „lausen". Kann es alle Wäscheklammer-„ Flöhe" finden? Es können natürlich auch zwei Kinder miteinander spielen und sich gegenseitig „lausen". In diesem Fall brauchen Sie zwei Tücher und 20 Wäscheklammern.

Nasen-und-Ohren-Tanz

Sie werden sehen: Was sich so einfach anhört, ist gar nicht so leicht! Am besten, Sie tanzen mit den Kindern zusammen, sodass sie sich an Ihnen orientieren können. Legen Sie flotte Musik auf. Jeder Tänzer fasst sich mit der linken Hand an die Nase und mit der rechten Hand ans linke Ohrläppchen – so tanzen Sie los. Auf ein Signal von Ihnen (Sie können z. B. mit dem Fuß stampfen oder pfeifen) sollen die Hände möglichst schnell gewechselt werden. Jetzt wird mit der rechten Hand an die Nase und mit der linken Hand ans rechte Ohrläppchen gefasst. Je häufiger und je schneller Sie das Signal zum Wechseln geben, desto schwieriger wird es. Irgendwann gelingt es einem gar nicht mehr, die eigene Nase und das richtige Ohr zu finden.

Luftballontanz
Dieser Tanz eignet sich für zwei (oder mehrere) Kinder. Die beiden Tänzer sollten in etwa gleich groß sein. Jedes Tanzpaar bekommt einen aufgeblasenen Luftballon, der zwischen die Bäuche geklemmt wird. Damit tanzen die Kinder los und versuchen, den Ballon nicht zu verlieren.
Achtung: Er darf nicht mit den Händen festgehalten werden! So müssen die Bewegungen der beiden Tänzer gut aufeinander abgestimmt werden. Natürlich kann der Luftballon auch zwischen die Stirn, die Nase, die Wange oder – besonders schwierig – den Po geklemmt werden.

17.5.13 Übungen zur Schreibvorbereitung

Grafomotorik
Darunter versteht man, dass sich ein Kind die notwendige sensomotorische Kompetenz, also die erforderlichen Wahrnehmungs- und Bewegungsleistungen für den Schreiblernprozess aneignet. Das Training der Motorik stellt einen wesentlichen Beitrag zur Schreibvorbereitung dar, denn die Voraussetzung für eine gute Schrift ist das Training der einzelnen Muskeln, die am Schreibvorgang beteiligt sind.
Das Training der Grobmotorik geschieht durch Laufen, Turnen, Fangen, Werfen, Bewegungsspiele und Treppensteigen. Für das Training der Feinmotorik eignen sich alle Übungen für die Verbesserung der Fingergeschicklichkeit: Halten, Greifen, Tasten, Zeichnen, Malen, Papier reißen, Basteln, Modellieren usw. Achten Sie beim Zeichnen auf eine korrekte Stift-Haltung. Gerade die rechtshirndominanten Kinder (meist Jungen) sind grobmotorisch unterwegs und neigen zu schlechter Stift-Haltung. In der Schule lässt sie sich kaum noch korrigieren.
Gesunde Kinder bevorzugen schon im Alter von 2 Jahren deutlich eine Hand. Wenn es die linke Hand ist, dürfen solche Kinder nicht zum Greifen mit der rechten Hand angeleitet werden! Kinder, die noch im Alter von 4 Jahren bei ein und derselben Tätigkeit ständig die Hand wechseln, sollten von Spezialisten, die die Händigkeit eindeutig feststellen können, getestet werden. Solche Kinder brauchen rechtzeitig Förderung, um später in der Schule erfolgreich zu sein. Linkshänder sollten den Stift genauso wie Rechtshänder halten und von unten schreiben. Wer das Blatt leicht nach rechts neigt und die Hand unter der Zeile führt, schreibt als Linkshänder genauso schön und sauber wie

ein Rechtshänder. Das aber will von Anfang an richtig geübt sein. Hat ein Kind sich eine falsche Handhaltung einmal angewöhnt, lernt es nur schwer wieder um!

Übungselemente
Arbeitsblätter für die Formelemente der Schrift und das Symbolverständnis: Formelemente wie z. B. Strich, Quadrat, Kreis, Dreieck, Oval, Spitze, Girlande, Schleife nachbilden und kreativ gestalten.

Grob- und feinmotorische Übungen
Lockerungsübungen, Fingerspiele, Fingerübungen, Schwungübungen, Schulung der Auge-Hand-Koordination. Anleitungen zur richtigen Schreibhaltung, Hilfen und Hinweise zur Körper-, Hand- und Stifthaltung, für Rechts- und Linkshänder.

17.5.14 Sprachförderung

Phonologische Bewusstheit
Der Begriff der phonologischen Bewusstheit bezeichnet im Fachgebiet pädagogische Psychologie und allgemein der Leseforschung eine bestimmte Form der Sprachbewusstheit und stellt den wichtigsten Teilbereich der sogenannten „phonologischen Informationsverarbeitung“ dar. Er bezeichnet die Fähigkeit, bei der Aufnahme, der Verarbeitung, dem Abruf und der Speicherung von sprachlichen Informationen Wissen über die lautliche Struktur der Sprache heranzuziehen (vgl. Wagner/Torgesen 1987). Kinder müssen sich hierzu vom Bedeutungsinhalt der Sprache lösen und begreifen, dass Sätze aus Wörtern, Wörter aus Silben und Silben aus Lauten aufgebaut, dass manche Wörter länger und andere kürzer sind. Es geht darum zu erfassen, was der erste Laut eines Wortes ist, wie es endet, und dass manche Wörter sich reimen. Man unterscheidet zwei wesentliche Aspekte: Zur phonologischen Bewusstheit im weiteren Sinn gehören die Fähigkeiten, Wörter in Silben zu zerlegen und Silben zu einem Wort zusammenzufügen. Phonologische Bewusstheit im engeren Sinn dagegen bezeichnet die Fähigkeiten, Anlaute zu erkennen, aus Lauten ein Wort zu bilden oder ein Wort in seine Einzellaute zu zerlegen.

Bedeutung in der Früherkennung
Die Einschulung eines Kindes stellt in punkto Schriftspracherwerb nicht die „Stunde Null“ dar. Stattdessen knüpft das Erlernen des Lesens und Schreibens an Vorläuferfähigkeiten an, die bei den Kindern zum Beginn der ersten Klasse unterschiedlich ausgeprägt sind. Der phonologischen Informations-

verarbeitung und speziell der phonologischen Bewusstheit kommen dabei besondere Bedeutung zu. Die Fähigkeit, die Lautstruktur von Wörtern zu analysieren und ggf. manipulieren zu können, wird durch schulischen Unterricht wesentlich gefördert. Sie spielt aber bereits bei der Einschulung eine enorme Rolle. Kinder, die auf diesem Gebiet gegen Ende der Kindergartenzeit Probleme haben, laufen auch Gefahr, Lese-Rechtschreib-Schwierigkeiten (siehe Legasthenie) zu entwickeln. Die phonologische Bewusstheit ist das wichtigste Merkmal mit Vorhersagekraft für die Leseentwicklung.
Es konnte ein enger Zusammenhang zwischen ihr und der Rechtschreibleistung nachgewiesen werden. Etwa 2/3 der Kinder, die später eine Lese-Rechtschreib-Störung entwickeln, können bereits im Vorschulalter oder zum Zeitpunkt der Einschulung anhand von Schwächen in der phonologischen Bewusstheit erkannt werden. Aus diesem Grund kommt der frühzeitigen Diagnose von Problemen im Bereich phonologischer Bewusstheit eine herausragende Rolle für die Prävention zu. Werden frühzeitig geeignete Fördermaßnahmen ergriffen, so kann mit hoher Wahrscheinlichkeit einem Kind eine verhängnisvolle „Karriere" als Schulversager erspart bleiben.

Sprachförderung im Training
Beim Sprachtraining fördern wir im Besonderen die Phonologische Bewusstheit, darunter versteht man die Fähigkeit, einzelne Wörter in ihrer formalen Struktur zu erkennen. Wir lenken die Aufmerksamkeit von der Bedeutung des Wortes zum Klang des Wortes. Es ist wissenschaftlich bewiesen, dass Kinder, die die phonologische Bewusstheit trainierten, einen bedeutenden Startvorteil in der Schule hatten, und dass auch Kinder, die zur Risikogruppe zählten, ohne große Probleme die Schulzeit beginnen konnten.
Zur phonologischen Bewusstheit gehört, dass das Kind Reime erkennen kann und imstande ist, Wörter in einzelne Silben zu gliedern. Es sollte Lautfolgen und Inhalte, die es gehört hat, im Kurzzeitgedächtnis speichern. Wörter, die sich reimen, sollte es heraushören können und Silben oder auch einzelne Laute in der gesprochenen Sprache erkennen.
Das Hören gehört sehr wesentlich zur Sprache, daher spielen wir Lauschspiele und Blinde-Kuh-Spiele. Reime selbst reimen, Reime sprechen, Gereimtes hören – dem begegnet das Kind sicher täglich in Liedern, Spielen und Sprüchen. Großen Wert sollte auf gemeinsames Sprechen gelegt werden, da das Kind so ein Gefühl für den Rhythmus, die Melodie der Sprache bekommt.

Das Wort
Die Grenzen erkennen: Was ist ein Wort. Der Name eines Dinges ist ein Wort usw.

Sätze
Was ist ein Satz. Ein Satz ist eine kleine Geschichte.

Silben
Ein Kind, das gelernt hat, bei Wörtern die Struktur der Silben zu erkennen, das Wörter in Silben trennen kann und sich Wörter auch silbengetrennt vorsprechen kann, hat selten Schwierigkeiten beim Schreiben. Daher ist es gut, wenn diese Spiele auch zu einem späteren Zeitpunkt wiederholt werden.

Laute
Die Buchstaben werden in der Vorschulstufe richtig lautiert, also niemals von „Es" oder „Em" sprechen, sondern von „sss" oder „mmm".

Anlaut
Der Anlaut soll als isolierter Laut erkannt und auch für andere Wörter verwendet werden.

Bildbeschreibungen
Beschreiben, was man auf einem Bild sehen kann, ist eine wichtige sprachliche Übung. Selbstverständlich können Sie eigene Bilder verwenden. Das Kind sagt mit eigenen Worten, was es sieht, was ihm dazu einfällt. Nicht korrigieren, nur ergänzende Bemerkungen machen und darauf achten, dass die Kinder in vollständigen Sätzen sprechen.

Märchen erzählen
Märchen erfüllen vielfältige Aufgaben und sollten daher einen fixen Platz in der Kinderarbeit haben.

- Wenn Sie Märchen erzählen und das Kind dabei ansehen, hat das Kind die Möglichkeit jemandem konzentriert an den „Lippen zu hängen", der nicht synchronisiert wurde. Ein ganzheitliches Spracherlebnis.
- Im Märchen gibt es fast immer Gut und Böse, wobei das Böse besiegt wird. Ein Beitrag zur eigenen Gewissensbildung.

Blase, Saug- und Pustespiele
In dem Ausmaß, in dem das Fernsehen und der Gebrauch der elektronischen Medien – schon bei den Jüngsten – zugenommen hat, hat die Sprechfähigkeit der Kinder immer weiter nachgelassen. Die Sprechmuskeln vieler Kinder sind durch mangelndes Training und Übung nicht ausreichend entwickelt, denn in der Zeit, die die Kinder mit diesen Medien verbringen, haben sie keine Gelegenheit zu sprechen. Sprechen kann man aber nur durch Sprechen lernen, nicht allein durch Hören. Mit Blase-, Saug- und Pustespielen aller Art können wir dabei helfen, diese Gesichtsmuskeln zu aktivieren.

Spiele zur Übung von Anlauten, Reimen, Silben
Einführung für die Kinder: „Ich möchte heute einige Spiele mit euch machen, bei denen sich die Ohren anstrengen müssen, denn man muss genau hinhören."

Silben klatschen

Dies fördert die phonologische Bewusstheit im weiteren Sinn, sowie genaues Hinhören.

- „Wir machen als Erstes einen Besuch im Zoo und wollen dort verschiedene Tiernamen sprechen und dazu klatschen. Wie heißen eure Lieblingstiere?“ Die Kinder nennen ihre Lieblingstiere (z. B. Meerschweinchen).
- „Das Meerschweinchen (Lieblingstier des Kindes verwenden) geht so: Meerschweinchen!“ Die ErzieherIn demonstriert das Sprechen und Klatschen, das Kind ahmt nach.
- „Ich habe Bildkärtchen mit Tieren mitgebracht. Ihr sollt ihre Namen nachsprechen und dazu klatschen. Es gibt lange Tiernamen, bei denen man öfter klatschen muss, und kurze, bei denen man weniger klatschen kann.“
- „Machen wir zuerst zwei Beispiele: Hase → Ha-se; Schildkröte → Schild-krö-te.“
- Klatscht ein Kind bei den Beispielen falsch, so demonstriert man das richtige Sprechen und Klatschen und lässt das Kind noch einmal wiederholen, z. B.: „Schau, Hase geht so: Ha-se!“
- „Nun nenne ich nacheinander die Tiere und zeige die Bilder. Ihr sollt dann versuchen, die Tiernamen zu klatschen, wie wir das gerade besprochen haben. Ich nenne die Tiere nacheinander, sage sonst aber nichts mehr dazu.“
    1. Regenwurm → Re-gen-wurm
    2. Delfin → Del-fin
    3. Tausendfüßler → Tau-send-füß-ler
    4. Tintenfisch → Tin-ten-fisch
    5. Junikäfer → Ju-ni-kä-fer
    6. Tiger → Ti-ger

Anlaute hören

Vorbereitung: ein Haus auf ein großes Stück Papier zeichnen (DIN A4 / A5), Bildkärtchen bereit legen (Ausdrucke von freiem Material aus dem Internet oder von vorhandenen Spielen). Die Kinder können sich dieses Haus auch selber zeichnen. Es ist dann ihr Wörterhaus.

Dies fördert die phonologische Bewusstheit im engeren Sinn:

- „Wie heißt du?“ Das Kind nennt seinen Namen (z. B. Özge).
- „Was hörst du ganz am Anfang, ganz vorne bei deinem Namen?“ (z. B. Ö)

„Ich heiße (z. B. Maria). Was hörst du bei meinem Namen am Anfang?“

- Evtl. noch Dinge im Raum benennen und den Anlaut dazu bestimmen.
- „Das ist ein Haus. In diesem Haus sind drei Wohnungen. Es wollen aber vier Wörter einziehen. Eines davon hat keinen Platz mehr und muss draußen bleiben.“ „In dieses Haus dürfen nur Wörter einziehen, die sich mögen, weil sie am Anfang gleich klingen. Das Wort, das ganz vorne am Anfang anders klingt, muss draußen bleiben.“

„Hier habe ich die ersten vier Wörter, die einziehen wollen." Die ErzieherIn legt vier Bilder unter das Haus und benennt sie dabei. Dabei wird jeweils der Anlaut betont. Die Kinder sprechen die Wörter nach.

Beispiele:
Mond – (Ohr) – Mama – Messer – Kerze – Käse – (Fenster) – Kette
Fällt dem Kind das Verstehen der Aufgabenstellung schwer, so kann durch wiederholtes Vorsprechen mit starker Betonung des Anlautes oder durch die Beobachtung der Mundstellung der ErzieherIn versucht werden, die Aufgabenstellung deutlich zu machen. Es ist sicherzugehen, dass das Kind die richtigen Begriffe mit den Abbildungen verbindet. Die ErzieherIn spricht alle Wörter vor. Das Kind soll beim Legen der Kärtchen die Bilder laut benennen. Jetzt sollte der Anlaut aber nicht mehr besonders betont werden!
1. Schuh – Schere – Schlüssel – (Kuchen)
2. Affe – Ampel – (Nase) – Ananas
3. Daumen – drei – Dach – (Buch)
4. Löffel – (Glas) – Lampe – Leiter
5. (Hase) – Tasse – Teddy – Telefon
6. Feuer – Flugzeug – Fernseher – (Besen)

Reime finden
Vorbereitung auf die Aufgabenstellung phonologische Bewusstheit im weiteren Sinn:
- „Weißt du wie das Reimen geht?" Das Kind nennt Reimwörter (z. B. Tisch – Fisch).
  Kann das Kind mit dem Begriff „Reimen" nichts verbinden, so erläutert man den Begriff:
  „Zwei Wörter reimen sich, wenn sie hinten ganz ähnlich klingen." Anschließend werden mit dem Kind einige Beispiele für Reimwörter gesucht.
  Beispiele: Haus – Maus, Tasche – Flasche, Hose – Dose, Puppe – Suppe, Hase – Nase, Flasche – Tasche
- „Auch in diesem Haus sind drei Wohnungen. Es wollen aber wieder vier Wörter einziehen.
  Eines davon hat keinen Platz mehr und muss draußenbleiben."
  „In dieses Haus dürfen nur Wörter einziehen, die sich mögen, weil sie sich reimen. Das Wort, das anders klingt und sich nicht reimt, muss draußen bleiben."
- „Hier habe ich die ersten vier Wörter, die einziehen wollen." Die ErzieherIn legt vier Bilder unter das Haus und benennt sie dabei. Das Kind spricht die Wörter nach.
  „Welche Wörter reimen sich? Lege sie in das Haus!"

Beispiele:
Wand – (Wald) – Sand – Hand; Locke – Glocke – Socke – (Sonne)

Es sollte sichergestellt sein, dass das Kind die richtigen Begriffe mit den Abbildungen verbindet. Die ErzieherIn spricht alle Wörter vor. Das Kind soll beim Legen der Kärtchen die Bilder laut benennen:

1. Klee – (Tür) – Schnee – See
2. Schüssel – Schlüssel – (Schwein) – Rüssel
3. (Haus) – Herd – Pferd – Schwert
4. Schnecke – Decke – Hecke – (Hose)
5. Bäcker – Stecker – (Stock) – Wecker
6. Bus – Kuss – (Kuh) – Nuss

17.5.15 Lesevorbereitung

Wichtigste Voraussetzung, um das Lesen und Schreiben zu lernen, ist die sogenannte *phonologische Bewusstheit* (s. 17.5.14). Unter dem wissenschaftlichen Begriff sind die Fähigkeiten zusammengefasst, dass Kinder Laute erkennen können, ein Gefühl für Silben haben und reimen können. Um das zu fördern, sollte im Kindergarten schon einiges zur allgemeinen Sprachförderung gemacht werden. Letztendlich sollte das Kind zur Einschulung also schon ein gutes Gespür für Sprache entwickelt haben.
Ein ganz wichtiger Punkt bei der Lesevorbereitung sind Laute. Um später besser Lesen zu können, müssen Kinder ein Gehör für verschiedene Laute entwickeln und diese voneinander unterscheiden können.

„Ich sehe was, das du nicht siehst ..."
Den Klassiker unter den Reisespielen kennt jeder. Sicher wurde das schon einmal gemeinsam gespielt. Diese Version ist quasi eine Erweiterung des Spielprinzips. Und zwar nennt man bei der Eingangsphase auch noch den ersten Buchstaben des zu erratenden Gegenstandes.
Also: „Ich sehe was, das du nicht siehst und das beginnt mit M." Jetzt darf wie gewohnt geraten werden. Wichtig ist dabei, dass die Buchstaben nicht mit ihrem Namen genannt werden. Das heißt, M ist nicht Em, N nicht En, P nicht Pe usw. Es wird tatsächlich nur der Laut ausgesprochen. Man achtet auch darauf, AU, EI, EU, SCH, SP, ST, CH, PF als jeweils einen Laut auszusprechen. So wird es den Kindern auch in der Schule beigebracht. Ziel des Spieles ist es, dass das Kind ein besseres Gehör für Laute entwickelt und sie besser mit Buchstaben verknüpfen kann.

Mehr Aktion kommt in das Spiel, wenn man es etwas abwandelt. Statt nur etwas zu sehen, muss bei diesem Ratespiel wirklich etwas gefunden werden. Ein Beispiel: „Ich suche einen Gegenstand aus dem Zimmer und der beginnt mit K." Die Herausforderung besteht darin, den Laut zu erkennen und ihn richtig mit einem Wort zu verknüpfen. Auch hier wieder an die Lautsprache denken!

Silben laufen
Neben Lauten sind auch Silben für das Lesenlernen ganz wichtig. Im Kindergarten sollten schon einfache Klatschspiele dazu gemacht werden. Zum Beispiel, dass in der Morgenrunde jeder Name geklatscht wird: Pro Silbe wird einmal geklatscht. Damit sollen Kinder ein besseres Gefühl für Wortlängen entwickeln. Silben kann man aber nicht nur klatschen, man kann sie auch gehen.
„Ein Hut, ein Stock, ein Regenschirm“: Das ist ein schönes Spiel zum Silben lernen.
Pro Silbe geht es einen Schritt nach vorne: ein = 1, Hut = 1, Stock = 1, Regenschirm = 3. Der Spruch geht so weiter: „Vorwärts, rückwärts, seitwärts, Hacke, Spitze, hoch das Bein!“ Gemäß den Anweisungen wird das rechte Bein erst vorne aufgetippt, dann hinten, dann zur Seite und dann die Beine wieder schließen. Am Ende das Bein mit Schwung in die Luft heben. Und dann geht das Ganze wieder von vorne los.

Kennenlernen der Großbuchstaben
Bei der Lesevorbereitung wird den Kindern anhand der einzelnen Großbuchstaben gezeigt, dass es für einzelne Laute auch ein Schriftzeichen gibt. Die Buchstaben werden jedoch nicht geschrieben. Die Kinder werden durch das Ausmalen von einem Buchstabenblatt, mit der Buchstaben-Laut-Verbindung vertraut gemacht.

Großbuchstaben als Anlaut
Durch die Zuordnung des Lautes als Anlaut zu einzelnen Wörtern und Bildern (z. B. A bei Affe) wird die Buchstaben-Laut-Verbindung weiter vertieft und in einen größeren Zusammenhang gestellt.

Sprach- und Lesespiele
Durch Lernspiele, wie z. B. Memory, werden die Buchstaben-Laut-Verbindung, die Anlauterkennung, die Silbenkapitäne, u. a. m. weiter gefestigt.

17.5.16 Mathematische Früherziehung

Schwerpunkt Zahlenraum
Ein Schwerpunkt ist das Erfassen des Zahlenraumes. Es gehört zu den größten Schwierigkeiten, die Kinder haben können, keinen Begriff vom Zahlenraum zu haben – und dieses Problem ist im Vormarsch. Wir brauchen für unser Training eine große Hundertertafel, die zum Zählen an die Wand gehängt

wird. So wie man einen Ort durchwandert, um ein Gefühl für die Struktur und Größe des Ortes zu bekommen, so muss man auch den Zahlenraum immer wieder durchwandern, damit ein Gefühl für Zahlen und Mengen entsteht.

Schwerpunkt Mengenbegriff

Ein weiterer Schwerpunkt ist das Erfassen von Mengen, besonders im Zahlenraum 1–10. Diese Aufgabe können wir sehr gut mit Würfelspielen erfüllen. Mit ihrer Hilfe prägt sich das Kind die Mengen im Zahlenraum Zehn und knapp darüber ein. Damit all diese Übungen Erfolg bringen, ist es wichtig, den Spielecharakter zu bewahren. Es soll nicht zur Pflicht werden, daher das Kind nicht zum Spielen zwingen! Das Erfassen der Menge wird durch den Zahlentisch (s. u.) unterstützt. Das Kind überlegt, welche Dinge zu einer Zahl besonders gut passen. Diese Dinge werden auf einen Tisch gelegt, wo sie während der ganzen Woche liegen bleiben. So hat das Kind die Möglichkeit, sich auch alleine damit zu beschäftigen, wenn es möchte.

Mathematische Früherziehung

Zu mathematischer Früherziehung gehört das Vermitteln von Fähigkeiten und Fertigkeiten, die in der Schule für den Mathematikunterricht erforderlich, aber auch für viele andere Gebiete nützlich sind. Die Muttersprache lernen die Kinder meist ohne besondere Anstrengung und können dabei auch die grammatikalischen Regeln richtig anwenden. Für das mathematische Verständnis bringen die Kinder ebenfalls die Voraussetzungen mit. Was sie brauchen, ist eine anregende Umwelt, die ihnen Gelegenheit bietet, die Welt der Zahlen kennenzulernen.

Würfelspiele

Würfelspiele sind immer noch beliebt und ein ausgezeichnetes Trainingsmaterial. Das Kind festigt dabei die Verbindung von Menge und dem dazu gehörenden Laut. Die Menge prägt sich als Bild ein. Dann kommt die Zahl dazu. Die gewürfelte Menge (Zahl) soll immer laut genannt werden.

Ein Zahlenweg

Die Zahlen 1–20 einzeln auf DIN-A4-Blätter malen oder drucken. Die Blätter am besten laminieren, damit man sie auf den Boden legen und darauf treten kann. Der Zahlenweg lässt das Kind die Zahlen in ihrem Zusammenhang ganzheitlich erleben. Welche Zahl folgt als Nächste? Wer sind die Nachbarn jeder Zahl? Vorwärts zählen und dabei gehen, dann rückwärts zählen und dabei gehen. Wichtig: Das Rückwärtszählen im gleichen Maße trainieren, dadurch kann Schwächen bei den Minusrechnungen vorgebeugt werden.

Die Zahl 2 – die Menge 2

Was kommt in der Natur nur zweifach vor: Arme, Beine, Flügel bei Vögel, Ohren.

Ein Paar
Manchmal nennt man 2 Dinge auch ein Paar. Zu welchen Dingen sagt man ein Paar ... (Fäustlinge, Schuhe, ...).
Gegensatzpaare finden: Licht – Schatten, hart – weich.
Paare ertasten: In einer Schüssel voll Linsen sind 3 bis 4 Gegenstandspaare. Das Kind soll durch Tasten die Paare finden.
Die geometrische Figur zu 2 ist die Linie, sie hat Anfang und Ende. Zählen und klatschen von 1 bis 20 und wieder zurück.
Zwei Gruppen bilden: Gruppe 1 spricht und klatscht die geraden Zahlen und die Gruppe 2 die ungeraden Zahlen. Dann Wechsel – man kann auch unterschiedliche Stimmlagen verwenden, jeder kann für sich entscheiden, wie er es will. Wenn das Kind es möchte, kann es mit dem Zeigefinger der Schreibhand auf die Zahl tippen.

Zweierrunde
(Würfelspiel) Spielmaterial: 2 Würfel, 1 Becher. Es wird reihum gespielt, gezählt werden aber nur die Zweier. Jeder hat drei Würfe, Zweier-Pasch wird doppelt gewertet. Wer hat in einer Runde die meisten Zweier?

Sockenpaare finden
Bilder mit Socken, aber als Paar. Alle Karten liegen ungeordnet offen auf dem Tisch, die Spieler beginnen auf ein Startkommando hin, die Socken paarweise zusammen zu suchen. Gewonnen hat der Spieler mit den meisten Paaren.

Ein Zahlentisch / Zuordnungsspiel
Verknüpfung von Menge – Ziffer – Zahlen
Richten Sie mit den Kindern einen kleinen Tisch, den Zahlentisch ein.
Als Einstieg kann man die Menge 2 darstellen. Lassen Sie die Kinder z. B. Dinge in zweifacher Menge oder Paare sammeln (Socken, Schuhe, Handschuhe usw.) Es soll die Zahl 2 neben den Mengen als Zahlenkärtchen deutlich sichtbar sein.
Auf diesen Tisch legen Sie dann auch mit den Kindern das Sortierspiel mit den Materialien (siehe Seite 194) aus.
Wählen Sie dafür einen guten Platz, gut sichtbar aber nicht im Weg, denn der Tisch soll längere Zeit stehen. Hier können Sie z. B. täglich ein paar Kärtchen oder Dinge verändern, welche die Kinder herausfinden und korrigieren sollen.

Logische Blöcke
Hier können verschiedene Merkmale gespürt oder gesehen werden:
Farben: Blau, Rot, Gelb
Stärken: dick, dünn
Größen: groß, klein
Formen: eckig, dreieckig, rund

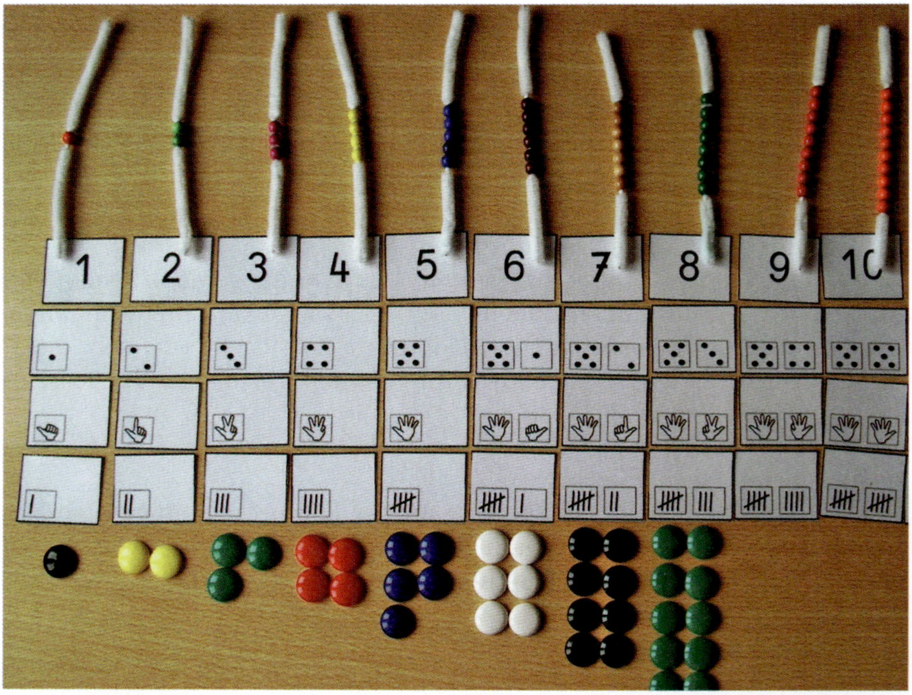

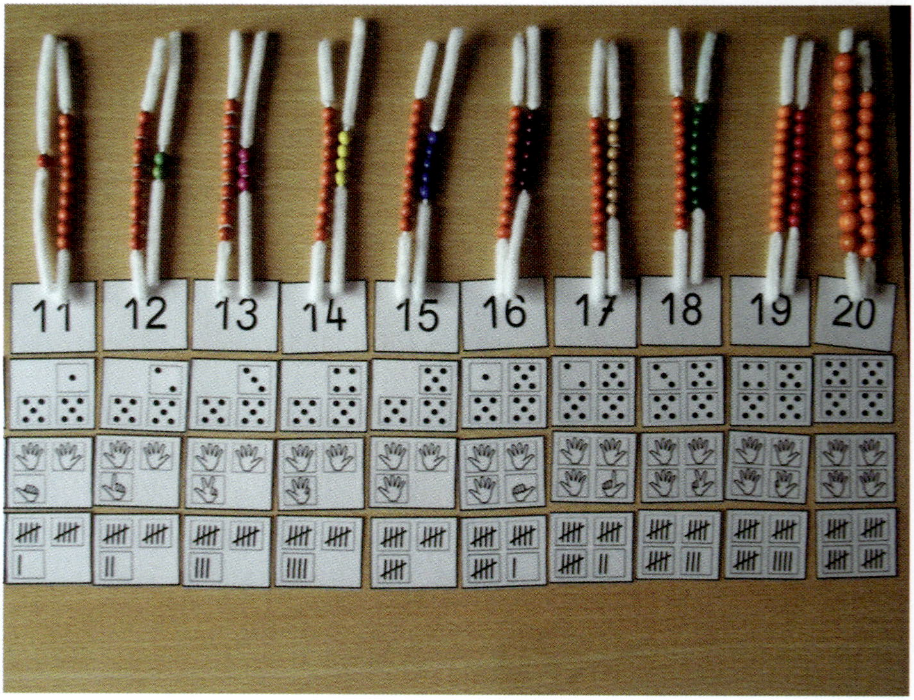

Im Spiel das Sortieren handfest üben

Logische Blöcke

Heute wird dieses ideale Hilfsmittel kaum mehr eingesetzt, ist jedoch ein vortreffliches Material, um mit allen Sinnen Farben, Formen, Größen, Dicke und Mengen zu erfassen. Warum aber sind die logischen Blöcke so wichtig für die Mathematik? Das Sortieren und Einordnen der logischen Blöcke schult die Kinder darin, Merkmale zu erkennen und zu beschreiben (s. Abb. S. 195).

Sortieren

Die Kinder lieben das Sortieren aller Materialien: Muscheln, Steine, Perlen ... Stundenlang können sie sich damit beschäftigen.
Auch die Eltern lieben es! Sie wünschen, dass das Besteck sortiert, die Teller und Gläser nach klaren Systemen eingeordnet werden. Das Zauberwort heißt hier: „Aufräumen!“ Obwohl das bei den Kindern weniger beliebt ist, gehört es zur wichtigsten Grundlage überhaupt: Alles hat seinen Platz! Ordnung muss sein und alle Sortierübungen sind im Kindergarten Pflichtprogramm für das Rechnen lernen.

17.5.17 So werden Vorschulkinder fit für die Schule

Hier folgen Situationen, die im Vorschulalter im Kindergarten sowie im häuslichen Umfeld praktiziert werden sollten. (Eine Handreichung auch für die Weitergabe an die Eltern.)

1. **So werden Vorschulkinder selbständig**
   Am Samstagmorgen beim Bäcker um die Ecke die Brötchen kaufen, bei der besten Freundin übernachten oder eine halbe Stunde alleine zu Hause bleiben – das können Vorschulkinder, die bald in die Schule kommen schon – und sollten es auch dürfen. Denn auch in der Schule wird viel Selbständigkeit von ihnen verlangt werden: Sie müssen an ihren Turnbeutel denken, sich die Hausaufgaben merken, sollen auf dem Schulweg nicht trödeln.

2. **So werden Vorschulkinder geduldig**
   Warten, bis man aufgerufen wird, aufpassen, bis es zur Pause klingelt – damit das klappt, sollte jetzt geübt werden. Muten Sie dem Kind immer wieder kleine Wartezeiten zu. Sprechen Sie mit ihm darüber, dass man oft viel Geduld braucht: in der Schlange beim Metzger, in der Post, an der Supermarktkasse. Geduld kann man lernen.

3. **So werden Vorschulkinder leistungsbereit**
   Ein Kind muss dem Unterricht folgen – wer aber nur den eigenen Ideen folgt, hat es im Klassenzimmer schwer. Gewöhnen Sie das Kind deshalb schon frühzeitig daran, Aufgaben zu übernehmen: den Tisch decken, die Katze füttern, morgens das Kinderzimmer lüften. Je regelmäßiger solche

kleinen Dinge erledigt werden, desto besser bereiten Sie das Kind auf die Herausforderungen des Lernens vor.

4. **So halten Vorschulkinder auch einmal Misserfolge aus**
   Das Kind wird nicht immer Erster sein, es wird in der Schule auch mal kritisiert werden. Gut, wenn es jetzt schon lernt, damit umzugehen. Lassen Sie es bei Gesellschaftsspielen nicht mehr nur gewinnen, hängen Sie es beim Wettlauf auch mal ab. Verlieren, ohne gleich aufzugeben – das ist eine Fähigkeit, die in einem Schülerleben wichtig ist.

5. **So lernen Vorschulkinder stillzusitzen**
   Längere Zeit ruhig halten? Das fällt vielen Schulanfängern schwer. Rechtzeitig vor dem Schuleintritt sollte das Kind deshalb üben, seinen Bewegungsdrang zu beherrschen. Bieten Sie ihm verstärkt Spiele und Beschäftigungen an, die auf diesen Aspekt der Schule vorbereiten: Bücher vorlesen, malen, basteln, ausmalen, kneten, ausschneiden, puzzeln oder Perlen auffädeln.

6. **So lernen Vorschulkinder, offen über ihre Gefühle zu sprechen**
   Es ist wichtig, dass Sie wissen, wie es dem Kind in der Schule geht. Ob es stolz ist auf seine Leistung oder sich überfordert fühlt, wie es mit den Lehrern zurechtkommt und mit den anderen Schülern. Fordern Sie es auf, über seine Gefühle zu sprechen, fragen Sie nach seinen Stimmungen: ob ihm etwas gefällt, schmeckt oder behagt. Es soll verstehen, dass seine Meinung wichtig ist und ernstgenommen wird. Sprechen Sie als Rollenmodell auch über sich selbst: „Heute geht es mir richtig gut." Oder: „Das war vielleicht in anstrengender Tag!"

7. **So lernen Vorschulkinder, eine Arbeit zu Ende zu bringen**
   Ohne Durchhaltevermögen geht's in der Schule nicht. Gibt das Kind schnell auf, sobald etwas langweilig oder anstrengend wird? Dann können Sie gemeinsam kleine Ausdauerübungen machen: Übertragen Sie ihm zunächst kurze Aufgaben, die schnell zu erledigen sind, und steigern Sie die Anforderungen allmählich. Merken Sie, dass es die Lust verliert, bieten Sie ihm Unterstützung an und beteiligen sich eine Zeit lang.

17.6 Beobachtung wichtiger Bewegungsabläufe, die ein Vorschulkind beherrschen sollte

Der Hampelmann

Der Hampelmann ist eine sehr aufschlussreiche Bewegungsübung, die überall angewendet werden kann. Allerdings wurde gerade hierbei aktuell festgestellt, dass die Kinder diese koordinative Bewegungsform immer weniger beherrschen.

Ein Kind sollte in 15 Sekunden 15 Mal in die Grätsche springen und die Hände über dem Kopf zusammenschlagen können. Die Ausgangsposition ist der Stand mit geschlossenen Beinen (Bild 1) und die Hände sind an den Oberschenkeln. Bis zur Einschulung sollten alle Kinder den „Hampelmann" beherrschen, denn er ist eine der klassischen Koordinationsgrundformen. Eine Koordinationsschwäche liegt vor

- wenn der Sprung nicht exakt ausgeführt wird.
- wenn die Beine nicht gegrätscht sind und die Hände sich nicht über dem Kopf treffen.
- wenn die Beine und Arme nicht gleichzeitig bewegt werden können.
- wenn mehrere Sprünge hintereinander nicht flüssig möglich sind.
- wenn es zu keiner Ganzkörperstreckung kommt, weil die Beine angezogen werden.
- wenn die Füße bei der Landung nicht elastisch sind und nicht abgerollt werden können.

Eine genauere Überprüfung sollte erfolgen, wenn das Kind den Hampelmann mit 6 Jahren noch nicht beherrscht.

Bild 1

Der Einbeinstand

Bis zur Einschulung sollte jedes Kind den Einbeinstand beherrschen. Spätestens mit 6 Jahren sollte ein Kind jeweils 10 Sekunden auf dem rechten und auf dem linken Fuß stehen können.

Eine Schwäche liegt vor

- wenn die Zeit nicht eingehalten wird.
- wenn große Balancierbewegungen ausgeführt werden.
- wenn das jeweilige Standbein nicht ruhig gehalten werden kann.

Gerade beim Einbeinstand variiert die Altersspanne, ab wann die Kinder diese Übung gut ausführen können. Sie kann in der Zeit vom 4. – 6. Lebensjahr liegen.

Ballprellen

Der Umgang mit dem Ball ist für die Entwicklung von Koordination und Motorik ein wesentlicher Bestandteil, und ein Kind sollte diese Fähigkeit spätestens mit 5 Jahren entwickelt haben.

Ein Ball soll von einem Kind auf der Stelle geprellt werden. Eine Schwäche liegt vor

- wenn die Hand den Ball nicht trifft.
- der Krafteinsatz übermäßig groß ist.
- wenn der Ball außer Kontrolle gerät.
- wenn der Ball immer sehr flach geprellt wird.

Diese Fähigkeiten beginnen sich ab dem 5. Lebensjahr zu entwickeln; mit 6 Jahren sollten die Kinder einen Ball auf der Stelle prellen können.

Haltungsübung

Dies dient zur Ermittlung der Haltekraft und der Dehnfähigkeit für etwa fünfjährige Kinder. Die Übung ist in verschiedene Unterpunkte gegliedert. Jeder Teil besteht aus einer einzelnen Übung.

Sichere, aktive Haltung, Körperspannung, geschlossene Beine

Unsicher, Haltungsverfall, schlechte Körperspannung, Ausfallschritt

– Arm vorhalten
Bei dieser Übung soll eine aktive Haltung eingenommen werden. Die Gesäß-, Bauch- und Rückenmuskulatur ist voll angespannt, beide Arme sind in die Vorhalte zu bringen. Wichtig ist, dass die Kinder diese Aufrechthaltung des Rumpfes über 30 Sekunden beibehalten können.
Es wäre eine Haltungsschwäche, wenn das dem Kind in dieser Zeit nicht gelingt.
Eine Schwäche liegt vor wenn:
- bei der Anhebung der Arme sofort eine Haltungsänderung vorgenommen wird, dann spricht man von einem Haltungsverfall.

– Rückenschaukel
Wichtig sind hier runde und harmonische Schaukelbewegungen. Ist das Schaukeln nicht möglich, so ist die Beweglichkeit der Wirbelsäule eingeschränkt.

– Bauchschaukel
In der Bauchlage werden die Füße gefasst. Bei ungenügender Dehnfähigkeit können die Füße nicht gefasst werden und ein harmonisches Schaukeln ist unmöglich.

– Rutschhalte
Aus dem Kniestand heraus werden die Arme in völliger Streckung nach vorne geführt und der Rumpf möglichst in Bodennähe gebracht. Hier bleibt bei ungenügender Dehnfähigkeit der Brustkorb in Winkelstellung der Schultergelenke bestehen.

– Fersensitz
Das Kind soll auf dem Fersenrist absitzen. Liegt eine normale Dehnfähigkeit vor, so liegen der gesamte Fußrist und der Unterschenkel auf dem Boden. Liegt diese Dehnfähigkeit nicht vor, so ist die Schienbein- und Zehenmuskulatur mangelhaft dehnbar.

– Hochzehenstand
Das Kind drückt sich mit geschlossenen Fersen in den Hochzehenstand und bleibt so über eine Zeit von 10–15 Sekunden stehen.

Bewegungsübungen auf der Langbank
Wir benötigen drei Langbänke, die im Dreieck aufgestellt werden. Es geht allerdings auch mit ein oder zwei Langbänken. Werden drei Langbänke verwendet, so ist die Stellung wichtig: direkt hintereinander ist ungünstig für das Blickfeld der Erzieherinnen, und die Kinder fühlen sich stärker vorgeführt als in der Dreiecksform. Die Erzieherinnen sollten am äußeren Rand des Dreiecks stehen, denn von dort aus haben sie den besten Überblick. Die Übungsabläu-

fe sind ganz simpel und aus den Sportstunden bekannt, lediglich die Betrachtung und Auswertung sollte nach bestimmten Kriterien erfolgen.

1. Übung

Einfaches Vorwärtslaufen auf den Langbänken in gemäßigtem Tempo, auch über die Eckbereiche (nach Möglichkeit ohne Handhilfe). Die Übung zeigt die Sicherheit des Kindes beim Laufen über kleine Hindernisse, seine Geschicklichkeit und Körperkoordination.

Die Kinder sollten

- ohne Handhilfe aufsteigen
- sicher und zügig vorwärts laufen
- die Hände beim Laufen nicht verkrampfen oder Fäuste ballen, sondern offen und locker lassen.
- Außerdem kann die Erzieherin die Beschaffenheit der Wirbelsäule erkennen und feststellen, welche auffälligen Veränderungen sie evtl. aufweist, wenn das Kind läuft.

Ferner sind bereits schon Fußschwächen sichtbar, wie

- Spreizfuß (Senkung des Quergewölbes und somit Vorfußverbreiterung),
- Knickfuß (der Fuß ist nach innen gedreht) oder Plattfuß (der Fuß zeigt kein erkennbares Gewölbe).

Aber nicht nur die Füße, sondern auch die Hände geben Aufschluss über Fehlhaltungen.

Ab dem 3. Lebensjahr sollen die Kinder beim Laufen keine Faust machen oder die Hände extrem spreizen. Weisen sie diese Auffälligkeiten auf, so kann oft gleichzeitig ein unsicheres Gangbild erkannt werden. Die Koordination ist gestört und muss gefördert werden.

2. Übung

Rückwärtslaufen über die Langbänke, auch über die Eckbereiche. Mit 4 Jahren sollten die Kinder diese Übung können. Diese Übungsfolge betrifft ebenfalls den Sicherheitsbereich des Laufverhaltens, aber die in Testübung 1 angesprochenen Auffälligkeiten werden noch deutlicher. Ferner ist die Gleichgewichtsfähigkeit der Kinder erkennbar. Das Rückwärtslaufen ist ein deutlicher Beweis dafür, ob ein Kind ein sicheres Ganggefühl hat oder Schwächen aufweist. Beobachtungskriterien sind hierbei:

- Insbesondere die Fähigkeit des Fühlens mit den Füßen ist erkennbar oder zeigt Unstimmigkeiten.
- Ferner gibt das Rückwärtslaufen Aufschluss über die Orientierungsfähigkeit und das Gleichgewicht des Kindes.
- Rückschlüsse auf Herz- und Kreislaufschwächen gibt es, wenn das Kind Balanceprobleme aufweist oder allgemein sehr unsicher und ängstlich läuft.

Wichtig ist, dass die Kinder immer nach vorne und geradeaus schauen und nicht nach unten sehen. Sie sollen nicht sehen, wohin sie gehen, sie sollen es mit ihren Füßen erfühlen. So wird bereits die aufrechte Körperhaltung intensiv geschult. Damit die Kinder sich dieses Gangbild auch angewöhnen, sollen sie einen Fixpunkt erhalten, auf den sie schauen können. Das kann ein Bild oder ein Stofftier sein, das auf Augenhöhe der Kinder an der Wand hängt. Es sind aber auch symbolische Hilfen zu empfehlen. Das könnte die Frage sein, ob die Haare des vor ihm gehenden Kindes mitschwingen, wenn dieses läuft. So sind die Kinder abgelenkt und schauen nicht immer nach unten auf ihre Füße.

3. Übung

Beidbeiniges Hüpfen über die Langbänke, über die Eckbereiche vorwärts gehen. Diese Übung kann ab dem 5. Lebensjahr von den Kindern durchgeführt werden. Hierbei geht es in erster Linie um die Koordinationsfähigkeit der Kinder, um ihre Sicherheit und ihre Gleichgewichtsfähigkeit. Bewertet werden dabei:

- Kann das Kind beidbeinig abspringen?
- Wie hart oder elastisch springt es?
- Wie ist die Körperhaltung? Beobachtet man eine Veränderung im Bereich der Wirbelsäule?
- Wie ist die Stellung der Füße?

Wichtig ist auch, auf die Handhaltung zu achten. Kinder, die auffällig sind, verkrampfen sich sehr leicht, sie schließen die Hände wieder zur Faust oder spreizen die Finger weit von der Hand weg. Die Sprünge sollten elastisch und dynamisch sein. Das Kind soll nicht hart und fest springen. Die Körperhaltung gibt großen Aufschluss über die Funktionsfähigkeit der Wirbelsäule. Mit festen und harten Sprüngen werden die Bandscheiben extrem belastet und das soll vermieden werden.

4. Übung

Einbeiniges Hüpfen über die Langbänke, wobei bei jeder Bank das Bein gewechselt werden soll, und Vorwärtsgehen über die Eckbereiche. Auch diese Übung kann erst ab dem 5. Lebensjahr durchgeführt werden. Es geht um die Koordinationsfähigkeit der Kinder, ihre Gleichgewichtsfähigkeit und die Rechts- und Linksorientierung, die in diesem Alter besonders geschult werden soll.

Beobachten Sie folgende Bewertungskriterien:

- Wie gut sind Gleichgewichtssinn und Balancierfähigkeit ausgebildet?
- Wie verhalten sich der Rücken, die Füße und die Hände bei dieser Übung?
- Muss ein Kind z. B. durch eine stark gebückte Haltung das Gleichgewicht ausrichten?
- Tritt es sehr hart und schwer auf?
- Kann es die Richtung überhaupt einhalten?
- Fällt es mehrfach von der Langbank?
- Ist es sehr ängstlich und kommt nicht von der Stelle?

Bei dieser Übung sieht man sehr deutlich, wie ein Kind die Arme und Beine der „schwächeren Seite“ einsetzt (der Rechtshänder den linken Arm und das linke Bein, der Linkshänder den rechten Arm und das rechte Bein). Beim Einsatz der Beine ist das von erheblicher Bedeutung.

5. Übung

Laufen im Vierfüßlergang über die Langbänke: die Hände sind auf der Bank, die Kinder greifen nicht an die seitlichen Bankränder, die Beine sind so hoch wie möglich gestreckt, das Gesäß ist ebenfalls nach oben gestreckt. Beginnen Sie diese Übung mit dreijährigen Kindern. In der endgültigen Form können die Kinder diese Übung im Alter von 5 Jahren umsetzen.

Es geht hier um die Dehnfähigkeit der Beine, die Rückenhaltung und die Stellung der Füße; aber auch die Haltung der Arme gibt Aufschluss über eine schwache Entwicklung der Muskulatur. Beobachtet werden soll:

- Ist der Rücken gestreckt oder hängt er durch?
- Wie weit kann das Kind die Beine strecken und sich dann noch fortbewegen?
- Der Kopf soll nicht nach oben gestreckt sein, sondern immer in der Verlängerung der Wirbelsäule gehalten werden.
- Aber auch die Ausdauerfähigkeit des Kindes ist hier gut erkennbar: Wie hält es bei anstrengenden Aufgaben durch?
- Gibt es bei Belastung schnell auf?

Gerade die konditionellen Fähigkeiten und die Ausdauerfähigkeit können so sehr gut erkannt werden, das Ausführen von schwierigen körperlichen Betätigungen und die allgemeine körperliche Belastbarkeit und Koordinationsfähigkeit sind weitere Punkte, um Auffälligkeiten auszuschließen.

6. Übung
Auf dem Bauch über die Langbänke ziehen, die Hände greifen außen rechts und links an den Bänken, die Beine bleiben lang gestreckt. Diese Übung können Sie mit drei- bis vierjährigen Kindern beginnen, fünfjährige können diese Übung in der endgültigen Form durchführen. Bei diesem Übungsteil wird sichtbar, wie die Bauchmuskulatur beschaffen ist und ob sie besonders schwach und untrainiert erscheint. Beobachten Sie folgende Merkmale:

- Zeigen Bauch- und Oberarmmuskulatur bei dieser Übung deutliche Schwächen?
- Können sich die Kinder gestreckt vorziehen oder müssen sie die Beine zu Hilfe nehmen?
- Haben sie deutliche Probleme, ihren Körper rhythmisch vorwärts zu bewegen?

Bei dieser Übung ist es wichtig, dass der Kopf nicht zu sehr in den Nacken gedrückt wird, sondern eine Verlängerung der Wirbelsäule ist. Für viele Kinder ist die Strecke, die zurückgelegt werden muss, sehr lang und sie zeigen deutlich ihre Ausdauer- und Konditionsfähigkeit. Auch die Wirbelsäule wird in ihrer Beschaffenheit sehr gut sichtbar, Fehlhaltungen lassen sich leicht erkennen.

7. Übung
Wie beim Treppensteigen die Bänke von rechts nach links überqueren. Die Übung ab dem 3. Lebensjahr durchführen, darauf achten, dass nicht bei jedem Tritt beide Füße auf die Langbank gesetzt werden. Die Übung beherrschen die Kinder erst ab dem 5. Lebensjahr. Es geht bei diesem Übungsteil in erster Linie um das Aufdecken vorhandener konditioneller Fähigkeiten der Kinder. Wichtig ist hierbei: Die Bänke sollen in einer Minute überstiegen werden und dabei sollen die Kinder etwa 40 Schritte auf die Bänke gemacht haben. Macht dem Kind eine solche Bewegungsfolge in schnellem Tempo Schwierigkeiten? So kann deutlich die Funktion der Herz- und Kreislauftätigkeit der Kinder erkannt und festgestellt werden:
Wie belastbar sie sind und wo sind ihre Schwächen und Auffälligkeiten?

8. Übung
Umsetzen einer Hockwende, rechts und links im Wechsel. Die Übung kann ab dem 6. Lebensjahr durchgeführt werden. In diesem Übungsteil geht es noch einmal um die Koordination und insbesondere auch darum, wie sicher die Kinder bei diesen Bewegungen sind.
Achten Sie auf folgende Punkte:

- Kann das Kind Arme und Beine gleichzeitig einsetzen?

- Ist es in der Lage, mit geschlossenen Beinen rhythmisch zu springen?
- Es sollte noch einmal großen Wert auf die Körperhaltung der Kinder gelegt werden!
- Wie sicher bewegt es sich über die Bänke?
- Springt das Kind immer auf der gleichen Stelle und kommt nicht vorwärts?

Protokollieren Sie alle Ergebnisse.
Ist ein Kind in 4 Punkten auffällig, so sollte gezielt mit ihm geübt werden. Bei mehr als 4 Auffälligkeiten ist eine normale Bewegungsstunde nicht mehr ausreichend, denn dann handelt es sich um eine Vielzahl von Schwächen. Nun ist es wichtig, dass eine Abklärung und Diagnostik erfolgt. Raten Sie den Eltern, einen Arzt, ggf. einen Orthopäden oder Neurologen zu Rate zu ziehen. Die Aufzeichnung sollte dem jeweiligen Arzt auf jeden Fall immer vorgelegt werden.

Förderung
Bei allen 8 Übungen handelt es sich um einfache kindgerechte Übungsteile, die bis auf kleine Unsicherheiten ohne Schwierigkeiten auszuführen sind. Ist das Kind lediglich unsicher, so kann dies schnell und mit spezieller Ermutigung behoben werden.
Ist das Verhalten auffällig, so müssen die Leistungen trainiert werden, bis sie der normalen kindlichen Entwicklung entsprechen. Aber es ist genauso wichtig, mit den Kindern nicht zu experimentieren. Sport ist generell wichtig für alle Kinder, aber es sollten die richtigen Bewegungsübungen sein. Mit auffälligen Kindern kann sehr viel falsch gemacht werden, deshalb sollte die richtige Bewegungsform gesucht werden.

Notizen:

Literatur

Affolter, F. (2006): Wahrnehmung, Wirklichkeit und Sprache. Villingen-Schwenningen, Neckar Verlag

Albers, I. / Reincke, A. (³2019): Zwei kleine Kreise gehen auf die Reise ... Mal-Reime: Wie Hand und Mund sich helfen. Mit kognitiven Strategien und Kreativität zum Erfolg. Dortmund: verlag modernes lernen

Ayres, A. J. (2002): Bausteine der kindlichen Entwicklung. Störungen erkennen und verstehen. Ganzheitliche Förderung und Therapie. Praktische Hilfen. Heidelberg: Springer

Beck, H. (2020): Das neue Lernen heißt verstehen. Berlin: Ullstein

Becker-Textor, I. (1992): Mit Kinderaugen sehen – Wahrnehmungserziehung im Kindergarten. Freiburg: Herder

Beigel. D. / Grönemeyer, D. (²2017): „Ich wär' jetzt mal 'ne Fledermaus!" Spiel- und Bewegungsgeschichten zur sensomotorischen Förderung. Dortmund: verlag modernes lernen

Beigel, D. (⁷2018): Flügel und Wurzeln. Persistierende Restreaktionen frühkindlicher Reflexe und ihre Auswirkungen auf Lernen und Verhalten. Dortmund: verlag modernes lernen

Beigel. D. / Grönemeyer, D. (³2018): Von Anfang an im Gleichgewicht. Ein Bewegungsprogramm für den Kindergarten mit dem Zwerg Willibald, seinen Freunden und dem kleinen Medicus. Dortmund: *BORGMANN MEDIA*

Beigel, D. (2018): Bildung beginnt schon auf dem Wickeltisch. 177 sofort umsetzbare Möglichkeiten, um Kinder in ihrer Entwicklung zu unterstützen. Dortmund: verlag modernes lernen

Beigel, D. (2019): Kinder im Gleichgewicht (KIG+). Gezielte Bewegungs- und Wahrnehmungsförderung zur Unterstützung von Gesundheit, Lernen und Verhalten. Ein Eltern-Kind-Programm nach Dorothea Beigel®. Kursmanual: Grund- und Aufbaukurs für Kinder von 5 bis 7 und 8 bis 12 Jahren. Dortmund: verlag modernes lernen

Beigel, D. / Frey, R. (³2020): Was ist los in meinem Kopf? Eine Geschichte für kleine und große Leute, die verstehen wollen, warum das Gleichgewicht für das Lernen so wichtig ist. Dortmund: *BORGMANN MEDIA*

Beigel, D. (⁴2021): Bildung kommt ins Gleichgewicht. „Guten Morgen, liebes Knie ..." Ein Gleichgewichtsprogramm zur Lernunterstützung. Dortmund: verlag modernes lernen

Beudels, W. / Anders, W. (⁶2018): Wo rohe Kräfte sinnvoll walten. Handbuch zum Ringen, Rangeln und Raufen in Pädagogik und Therapie. Dortmund: verlag modernes lernen

Bollnow, O. F. (1987): Vom Geist des Übens. Eine Rückbesinnung auf elementare didaktische Erfahrungen. Freiburg: Lambertus

Breuer, H. / Weuffen, M. (1999): Lernschwierigkeiten am Schulanfang. Schuleingangsdiagnostik zur Früherkennung und Förderung. Weinheim: Beltz

Bundschuh, K. (⁴2008): Heilpädagogische Psychologie. München: Reinhardt UTB

Defersdorf, R. (2008): In der Sprache liegt die Kraft. Klar reden, besser leben! Freiburg: Herder

Diekhof, M. (⁴2021): Kita KITOPIA. Eine Reise ins Land der spannenden Pädagogik für PädagogInnen und Eltern. Ein Abenteuer-Fachroman der ganz besonderen Art (vml-Perspektiven). Dortmund: verlag modernes lernen

Fischer, E. (³2003): Wahrnehmungsförderung. Handeln und sinnliche Erkenntnis bei Kindern und Jugendlichen. Dortmund: borgmann publishing

Flitner, A. (2002): Spielen - Lernen. Praxis und Deutung des Kinderspiels. Weinheim: Beltz

Fuchs, T. ([4]2012): Das Gehirn – ein Beziehungsorgan. Eine phänomenologisch-ökologische Konzeption. Stuttgart: Kohlhammer

Glöckler, M. / Grah-Wittich, C. (Hrsg.) ([5]2018): Die Würde des kleinen Kindes. Was erhält das kleine Kind gesund? Dornach: Verlag am Goetheanum

Hebestreit, S. (1979): Spieltheorie und Spielförderung im Kindergarten. Stuttgart: Klett

Heimlich, U. ([3]2018): Einführung in die Spielpädagogik. Bad Heilbrunn: Klinkhardt

Herrmann-Strenge, A. (2003): Laute Flaute – Stiller Sturm. Praxisbausteine zum Hören und Hinhören für Kindergarten und Vorschule. Dortmund: borgmann publishing

Hülsmann, M. / Bauschke, J. / Dudek, S. / Hanstein, S. ([2]2020): Segel setzen, Leinen los! Auf Piratenreise im letzten Kitajahr. Ein Programm zur Förderung schulischer Basiskompetenzen. Dortmund: verlag modernes lernen

Hüther, G. / Quarch, C. (2018): Rettet das Spiel! Weil Leben mehr als Funktionieren ist. München: btb

Jaffke, F. ([3]2004): Spielen und arbeiten im Kindergarten. Stuttgart: Verlag Freies Geistesleben

Kiphard, Ernst J. ([14]2021): Wie weit ist ein Kind entwickelt? Eine Anleitung zur Entwicklungsüberprüfung. Dortmund: verlag modernes lernen

Klein, F. (2003): Heilpädagogische Aspekte der rhythmisch-musikalischen Entwicklungsbegleitung von Kindern. In: Handbuch für Erzieherinnen (Hrsg. A. Krenz), 24. Lieferung. München: OLZOG

Klein, F. (2017): Heilpädagogik im Dialog. Berlin: BHP

Klein, F. (2020a): Handlungsbezogenes Handeln verbessert die pädagogische Kompetenz. In: KiTa aktuell 28. Jg., Heft 3, S. 77–79

Klein, F. (2021): Bewegung, Spiel und Rhythmik. Drei unverzichtbare Elemente in der inklusiven Kita-Praxis (vml-Perspektiven). Dortmund: verlag modernes lernen

Krenz, A. ([2]2020a): Beobachtung und Entwicklungsdokumentation im Elementarbereich. Kulmbach: Mediengruppe Oberfranken, Fachverlag

Krenz, A. (2020b): Das kindliche Spiel als Selbsterfahrungsfeld und Bildungsmittelpunkt für Kinder: https://www.kindergartenpaedagogik.de/fachartikel/freispiel-spiele/2100 [Zugriff: 08.08.2020]

Meier, C. / Richle, J. (1994): Sinn-voll und alltäglich. Materialsammlung für Kinder mit Wahrnehmungsstörungen. Dortmund: verlag modernes lernen

Mertens, K. ([4]1991): Lernprogramm zur Wahrnehmungsförderung. Dortmund: verlag modernes lernen

Neuhäuser, G. / Klein, F. (2019): Therapeutische Erziehung. Resiliente Erziehung in Familie, Krippe, Kita und Grundschule. Freiburg: BurckhardtHaus

Nickisch, A. / Heber, D. / Burger-Gartner, J. ([5]2016): Auditive Verarbeitungs- und Wahrnehmungsstörungen (AVWS) bei Schulkindern. Diagnostik und Therapie. Dortmund: verlag modernes lernen

Pauli, S. / Kisch, A. ([2]2017): Was ist los mit meinem Kind? Bewegungsauffälligkeiten und Wahrnehmungsstörungen bei Kindern. Dortmund: verlag modernes lernen

Pauli, S. / Kisch, A. ([2]2017): Die Ravensburger Feinmotorikkiste (FeinMoKi). Dortmund: verlag modernes lernen

Pauli, S. / Kisch, A. ([2]2019): Geschickte Hände. Handgeschicklichkeit bei Kindern – Spielerische Förderung von 4–10 Jahren. Dortmund: verlag modernes lernen

Pauli, S. / Kisch, A. ([2]2020): Spiele zur Förderung der Handgeschicklichkeit und Grafomotorik für Therapie und Pädagogik. Dortmund: verlag modernes lernen

Pendorf, I. (2021): Einladung zum Dialog. Über eine Pädagogik des Vertrauens (vml-Perspektiven). Dortmund: verlag modernes lernen

Piaget, J. ([6]2009): Nachahmung, Spiel und Traum. Die Entwicklung der Symbolfunktion beim Kinde. Stuttgart: Klett

Robischon, R. (2007): Lernen ist wie Netze spinnen. Hamburg: AOL Verlag

Römer, F. (2011): Arme Superkinder. Wie unsere Kinder der Wirtschaft geopfert werden. Stuttgart: Beltz

Rohde-Köttelwesch, E. (1996): Sehen – Spüren – Hören. Wahrnehmung integrativ betrachtet. Dortmund: borgmann publishing

Scheiblauer, M. (1965): Bewegung und Musik als Erziehungs- und Bildungshilfe in der Heilpädagogik. In: Lobpreisung der Musik, Heft 2, 24. Jg., S. 1–2

Seiler, Chr. (2020): Unterwegs auf vier Füßen. Mit Krabbeln die Entwicklung fördern. Ein Handbuch für TherapeutInnen, HeilpädagogInnen und Eltern entwicklungsverzögerter Kinder. Dortmund: verlag modernes lernen

Sinnhuber, H. ([6]2021): Sensomotorische Förderdiagnostik. Ein Praxishandbuch zur Entwicklungsüberprüfung und Entwicklungsförderung für Kinder von 4 bis 7 ½ Jahren. Dortmund: verlag modernes lernen

Sinnhuber, H. ([7]2021): Spielmaterial zur Entwicklungsförderung – von der Geburt bis zur Schulreife. Dortmund: verlag modernes lernen

Spitzer, M. (2012): Lernen. Gehirnforschung und Schule des Lebens. Heidelberg: Spektrum

Stangl, W. (2018): Funktion des Gehirns. [werner stangl]s arbeitsblätter. http://arbeitsblaetter.stangl-taller.at/G EHI RN/GehirnFu nktion.shtml (Zugriff 2018-06-25).

Tietze-Fritz, P. ([3]1996): Handbuch der heilpädagogischen Diagnostik. Konzepte zum Erkennen senso- und psychomotorischer Auffälligkeiten in der interdisziplinären Frühförderung. Dortmund: verlag modernes lernen

von Oy, C. M. / Sagi, A. / Biene-Deißler, E. ([14]2011): Lehrbuch der heilpädagogischen Übungsbehandlung. Hilfe für das Kind mit Entwicklungsstörung oder Behinderung. Heidelberg: Winter

Wittmer, D. S. / Clauson, D. W. (2019): Von Kratzbürsten und Schmusebären. Die sozial-emotionale Entwicklung von Kleinst- und Kleinkindern verstehen und fördern. Dortmund: verlag modernes lernen

Zimpel, A. F. (2016): Lasst unsere Kinder spielen! Der Schlüssel zum Erfolg. Göttingen: Vandenhoeck & Ruprecht

Zulliger, H. ([8]2007): Heilende Kräfte im kindlichen Spiel. Hohenwarsleben: Dietmar Klotz

18. Anhang

Online-Material zu diesem Buch

So einfach geht's
- Materialseite **verlag-modernes-lernen.de/buecher/online-material** aufrufen
- Buchcode eingeben und Download starten

Ihr Buchcode: 99c7e5d3

Die Materialien sind im Original im Download im Format DIN A4.

18.1 Beobachtungsbögen

Beobachtungsbogen für Kinder im Vorschulalter (5. bis 6. Lebensjahr)

Name: ______________________ Geboren: ______________

I. Sozialverhalten

	trifft zu	trifft eher zu	trifft weniger zu	trifft noch nicht zu	Anmerkungen:
▪ nimmt von sich aus positiven Kontakt zu anderen Kindern auf					
▪ hat positive Kontakte zu Erwachsenen und Kindern in der Gruppe					
▪ andere suchen gerne seine Gesellschaft					
▪ verhält sich kooperativ im Spiel mit anderen					
▪ gliedert sich in die Gruppe ein, hält sich an Regeln					
▪ achtet auf das Einhalten der Regeln bei anderen					
▪ trägt bei Konflikten zu positiven Lösungsmöglichkeiten bei					
▪ trägt Streit verbal und lösungsorientiert aus					
▪ geht Kompromisse ein					
▪ ist nicht nachtragend, verträgt sich wieder					
▪ kann sich in andere Kinder hineinversetzen					
▪ hört anderen Kindern zu					
▪ hilft anderen Kindern, wenn diese Hilfe brauchen					

Entwicklungsfortschritte	Beobachtungsbeispiele	Fördermöglichkeiten/Vereinbarungen

Beobachtungsbogen für Kinder im Vorschulalter (5. bis 6. Lebensjahr)

Name: ______________________________ Geboren: ______________

II. Emotionale Entwicklung

	trifft zu	trifft eher zu	trifft weniger zu	trifft noch nicht zu	Anmerkungen:
▪ kann Ärger, Wut, Angst (also negative Gefühle) ausdrücken					
▪ kann Freude, Zärtlichkeit, Mitgefühl (also positive Gefühle) ausdrücken					
▪ kann seinem Alter angemessen Emotionen regulieren (Frustrationstoleranz)					
▪ zeigt Sinn für Humor					
▪ vertritt seine eigene Meinung, ist selbstbewusst					
▪ übernimmt Verantwortung für sich (was brauche ich, was tut mir gut?)					
▪ hat Vertrauensbeziehung zu einem oder mehreren Erwachsenen					

Entwicklungsfortschritte	Beobachtungsbeispiele	Fördermöglichkeiten/Vereinbarungen

Beobachtungsbogen für Kinder im Vorschulalter (5. bis 6. Lebensjahr)

Name: ______________________________ Geboren: ______________

III. Kognitive Entwicklung / Lernen

1. Lernverhalten	trifft zu	trifft eher zu	trifft weniger zu	trifft noch nicht zu	Anmerkungen:
▪ kann sich eine gewisse Zeit auf ein Spiel, eine Aufgabe konzentrieren (alleine / mit anderen Kindern / in einer Gruppe)					
▪ entwickelt Problemlösungen und hat eigene Ideen ▪ (beim (Basteln, Bauen, Konstruieren, Gestalten)					
▪ geht den Dingen experimentierend auf den Grund, zeigt vielfältiges Interesse und Neugier an seiner Umgebung (Erlebnisse, Natur, Materialien, Technik)					
▪ macht gerne mit, ist begeisterungsfähig, lässt sich motivieren					
▪ kann mit Erfolg und Misserfolg umgehen					
▪ braucht selten oder nie Hilfe von Erwachsenen oder anderen Kindern					

Entwicklungsfortschritte	Beobachtungsbeispiele	Fördermöglichkeiten/Vereinbarungen

Beobachtungsbogen für Kinder im Vorschulalter (5. bis 6. Lebensjahr)

Name: ______________________________ Geboren: ______________

III. Kognitive Entwicklung / Lernen

2. Merkfähigkeit	trifft zu	trifft eher zu	trifft weniger zu	trifft noch nicht zu	Anmerkungen:
▪ merkt sich Memorykärtchen, Lieder, Gedichte, Reime usw.					
▪ erinnert sich an Erlebnisse und Ereignisse besonderer Art					
3. Logisches Denken, Auffassungsvermögen					
▪ versteht Umgangsregeln und Spielregeln					
▪ versteht den Sinn von Spielen, Geschichten, Liedtexten					
▪ beschreibt Reihenfolge von Schritten, die zu Aktivitäten gehören ▪ („Was muss ich tun, wenn ich etwas basteln will?“)					
▪ Fragt nach wie Dinge funktionieren oder bietet eigene Erklärungen an					
▪ kann logische Schlüsse ziehen (wenn … dann)					
4. Unterscheiden und Zuordnen					
▪ zeigt Interesse an Buchstaben, Zahlen, Zeichen usw.					
▪ erkennt, benennt und unterscheidet Formen, Farben und Mengen					
▪ unterscheidet Klänge und Geräusche					
▪ sortiert Dinge nach Merkmalen (Farbe, Form, Größe, Gewicht)					

Entwicklungsfortschritte	Beobachtungsbeispiele	Fördermöglichkeiten/Vereinbarungen

Beobachtungsbogen für Kinder im Vorschulalter (5. bis 6. Lebensjahr)

Name: ____________________ Geboren: ____________________

IV. Sprachliche Entwicklung

	trifft zu	trifft eher zu	trifft weniger zu	trifft noch nicht zu	Anmerkungen:
▪ bildet alle Laute					
▪ ersetzt nicht einzelne Buchstaben durch andere					
▪ keine Auffälligkeiten im Wortschatz					
▪ spricht in der Ich-Form					
▪ benennt korrekt zeitliche Zusammenhänge (heute, gestern, morgen)					
▪ spricht grammatikalisch richtig					
▪ spricht in ganzen Sätzen, die Satzstruktur stimmt					
▪ Aussprache und Artikulation sind deutlich					
▪ kein Stottern, Stammeln, Poltern					
▪ sprachliche Lautstärke ist angemessen					
▪ zeigt Sprachfreudigkeit, spricht viel und gerne					
▪ versteht Anweisungen, Aufforderungen und Begriffe					
▪ spricht in angemessenem Tempo					
▪ zusammenhängendes Nacherzählen					
▪ kann Erlebnisse und Geschichten wiedergeben					
▪ interessiert sich für Schriftzeichen (Buchstaben, Zahlen)					
▪ interessiert sich für Bilderbücher					

Entwicklungsfortschritte	Beobachtungsbeispiele	Fördermöglichkeiten/Vereinbarungen

Beobachtungsbogen für Kinder im Vorschulalter (5. bis 6. Lebensjahr)

Name: ______________________ Geboren: ______________

V. Kreativität I

Das Kind entwickelt eigene Ideen und drückt diese aus (siehe Punkte 1 bis 2)

1. Im Spiel	trifft zu	trifft eher zu	trifft weniger zu	trifft noch nicht zu	Anmerkungen:
▪ hat eigene Spielideen und setzt diese unter Zuhilfenahme von ▪ Materialien und Spielpartnern um – kann organisieren					
▪ kann Dinge je nach Spielidee umfunktionieren und ihnen neue Bedeutung geben					
▪ kann sich auf die Ideen anderer Kinder einlassen (So-tun-als-ob-Spiel)					
▪ kann sich für Spielideen begeistern, entwickelt diese weiter und bringt neue Ideen ein					
▪ entwickelt eigene Pläne und versucht sie umzusetzen					
2. Im Gestalten (Malen, Bauen, Legen Werken usw.)					
▪ hat Freude daran, Selbsthergestelltes auszustellen					
▪ experimentiert mit unterschiedlichen Materialien und entwickelt Ideen					
▪ erlernt neue Techniken und probiert diese selbst aus					

Entwicklungsfortschritte	Beobachtungsbeispiele	Fördermöglichkeiten/Vereinbarungen

Beobachtungsbogen für Kinder im Vorschulalter (5. bis 6. Lebensjahr)

Name: ______________________________ Geboren: ______________

V. Kreativität II

Das Kind entwickelt eigene Ideen und drückt diese aus (siehe Punkte 3 bis 4)

3. Durch musikalisches Interesse	trifft zu	trifft eher zu	trifft weniger zu	trifft noch nicht zu	Anmerkungen:
▪ versucht neue Melodien/Lieder und Rhythmen wiederzugeben					
▪ hat Freude an Musik und Rhythmus					
▪ reagiert auf Wechsel in Rhythmus oder Tempo von Musik, oder auf Wechsel in der Lautstärke					
▪ hält Rhythmus oder Tempo (durch Klatschen, Klopfen, Stampfen, Lautieren)					
▪ kann Instrumente unterscheiden und benennen					
▪ hat Freude daran Klänge/Töne mit verschiedenen Gegenständen zu erzeugen und probiert gerne etwas aus					
4. In Gesprächen und Erzählungen					
▪ erzählt gerne Geschichten, erfindet gerne selber Geschichten und Abenteuer					
▪ kann Situationen fantasievoll erzählen					

Entwicklungsfortschritte	Beobachtungsbeispiele	Fördermöglichkeiten/Vereinbarungen

Beobachtungsbogen für Kinder im Vorschulalter (5. bis 6. Lebensjahr)

Name: ______________________________ Geboren: ______________

VI. Motivation und Spielverhalten

	trifft zu	trifft eher zu	trifft weniger zu	trifft noch nicht zu	Anmerkungen:
▪ probiert gerne aus, ist an Neuem interessiert					
▪ beteiligt sich häufig an Gruppenaktivitäten					
▪ spielt verschiedene Spiele, ist flexibel					
▪ bringt angefangene Dinge zu Ende, zeigt Ausdauer					
▪ kann sich in Freispiel und Gruppenaktivitäten gut konzentrieren					
▪ geht sorgfältig mit Materialien um					
▪ bewältigt den Alltag selbständig (Anziehen, Toilettengang, Aufräumen usw.)					
▪ braucht selten Unterstützung Erwachsener oder anderer Kinder					
▪ motiviert andere Kinder					
▪ braucht keine Aufforderung zum Spiel					

Entwicklungsfortschritte	Beobachtungsbeispiele	Fördermöglichkeiten/Vereinbarungen

Beobachtungsbogen für Kinder im Vorschulalter (5. bis 6. Lebensjahr)

Name: ______________________ Geboren: ______________

VII. Körperliche Entwicklung I

1. Allgemeine körperliche Entwicklung	trifft zu	trifft eher zu	trifft weniger zu	trifft noch nicht zu	Anmerkungen:
▪ Körpergröße ist altersentsprechend					
▪ Gesundheitszustand ist gut und altersentsprechend					
▪ äußeres Erscheinungsbild ist angenehm, positiv					
▪ Essverhalten ist altersentsprechend					
▪ Raumorientierung ist vorhanden: oben-unten, rechts-links, ▪ hinten-vorne					
▪ ortet akustische Signale (Richtungshören)					
▪ benennt und verarbeitet visuelle Reize (hell, dunkel)					
▪ ertastet Gegenstände, unterscheidet und benennt diese (Tastsäckchen)					
▪ erkennt Geschmacksrichtungen (süß, sauer, bitter usw.)					
▪ erkennt Gerüche					
▪ hat Körperempfinden (kalt, warm, Wohlgefühl, Unwohlsein)					

Entwicklungsfortschritte	Beobachtungsbeispiele	Fördermöglichkeiten/Vereinbarungen

Beobachtungsbogen für Kinder im Vorschulalter (5. bis 6. Lebensjahr)

Name: ______________________________ Geboren: ______________

VII. Körperliche Entwicklung II

2. Feinmotorik	trifft zu	trifft eher zu	trifft weniger zu	trifft noch nicht zu	Anmerkungen:
■ macht Fingerspiele nach					
■ hat feinmotorische Fähigkeiten					
– Pinzettgriff					
– Stift halten					
– Falten					
– Schneiden, Umgang mit der Schere					
– Fädeln					
– Stecken					
– Kneten					
■ Auge-Hand-Koordination:					
– kann gerade schneiden					
– kann Formen ausschneiden					
– kann mit dem Stift Linien nachfahren					

Entwicklungsfortschritte	Beobachtungsbeispiele	Fördermöglichkeiten/Vereinbarungen

Beobachtungsbogen für Kinder im Vorschulalter (5. bis 6. Lebensjahr)

Name: ______________________ Geboren: ______________

VII. Körperliche Entwicklung III

3. Grobmotorik	trifft zu	trifft eher zu	trifft weniger zu	trifft noch nicht zu	Anmerkungen:
▪ kann Gleichgewicht halten: balancieren, Fuß vor Fuß setzen					
▪ schaukelt, steigt Treppen im Wechselschritt, hüpft auf einem Bein, ▪ klettert ohne Probleme (Klettergerüst, Leiter)					
▪ setzt seinen Körper und seine Kräfte gezielt ein ▪ (rückwärts gehen, auf Zehenspitzen gehen, sich rollen)					
▪ kreuzt die Körpermitte: Hampelmannsprung, Schneidersitz, Übergreifen					
▪ zeigt Ausdauer, bewegt sich gerne und häufig					
▪ bewegt sich sicher					
▪ hat einen flüssigen, runden Bewegungsablauf					
▪ Auge-Hand-Koordination (Ball fangen, Getränk eingießen usw.)					
4. Mundmotorik					
▪ Zungenmotorik ist unauffällig					
▪ schließt den Mund beim Essen und Trinken					
▪ kann eine Kerze auspusten					
▪ kann Eis schlecken					

Entwicklungsfortschritte	Beobachtungsbeispiele	Fördermöglichkeiten/Vereinbarungen

18.2 Beobachtungen während des Spiels

Name des Kindes: ______________________ Genaues Alter: __________ Datum: __________

Bogen 1: Offene Beobachtung während des Freispiels

Das Kind spielt gerne folgende Spiele	
Das Kind hat folgende bevorzugte Spielpartner	
Das Kind hat Freude bei	
Das Kind hat Angst bei	
Das Kind spricht gerne über folgende Themen	
Das Kind zeigt folgendes Verhalten bei Konflikten	

Bogen 2: Beobachtung des Verhaltens bei angeleiteter Aktivität (kurzfristige Projekte, Tagesangebote, längerfristige Projekte)

Verhaltensweisen bei Anleitung	Gezeigtes Verhalten
Das Kind fragt nach.	
Das Kind schaut interessiert zu.	
Das Kind läuft desinteressiert herum.	
Das Kind stört durch ...	
Das Kind ist abgelenkt.	
Das Kind kann nicht durchhalten.	

Bogen 3: Umsetzung von Anweisungen / Gezeigtes Verhalten

Das Kind folgt den Anweisungen, hat aber Schwierigkeiten.	
Das Kind folgt den Anweisungen, fordert Hilfe ein.	
Das Kind folgt den Anweisungen und resigniert.	
Das Kind macht etwas anderes.	
Das Kind zerstört etwas.	
Das Kind hat kreative Vorschläge zur Ausgestaltung von ...	

18.3 Reflexion zum Aufbau eines Projektes

War das Angebot so,

… dass die meisten Kinder interessiert mitmachten?

… einige Kinder kreative Vorschläge machen konnten? Wer?

… mindestens ¼ der Kinder uninteressiert, abgelenkt, zerstörerisch war? Wer?

… mindestens ¼ der Kinder wegliefen. Wer?

Welche Konsequenzen ziehe ich daraus?

Wie verändere ich mein Projekt?

18.4 Fragen an die ErzieherInnen, welche die Spielpraxis direkt betreffen

Welche Spielformen wurden bisher in der Praxis ausreichend bzw. zu wenig initiiert und berücksichtigt?

Gibt es Spielformen, die in der Vergangenheit völlig ausgeblendet wurden?

Werden den Kindern genügend Zeit und Raum zur Verfügung gestellt, um das Spiel in seiner Vielfalt zu entdecken und zu erleben?

Sind die räumlichen und strukturellen Rahmenbedingungen in der Einrichtung dazu geeignet, das Spielverhalten der Kinder anzuregen und zu unterstützen?

Stehen den Kinder ausreichend attraktive Spielmittel zur Verfügung?

Legen die vorhandenen Spielmittel (im Innen- und Außenbereich der Einrichtung) durch ihren Aufbau und ihre Struktur den Spielablauf fest oder bieten sie ausreichende Möglichkeiten zur Selbstgestaltung und Veränderung?

Welche Regeln und Vorgaben gibt es, die das Spielverhalten der Kinder aktivieren und welche Regeln oder normative Einflüsse sind dazu geeignet, das Spielverhalten der Kinder einzuschränken?

18.5 Frage zum Umgang mit dem kindlichen Spiel, welche die eigene Person betreffen

Wird dem Auf- und Ausbau der eigenen Spielfähigkeit ein hoher Wert beigemessen, und auf welche Art und Weise wurde bisher die eigene Spielfähigkeit erweitert?

Welche Rolle nehme ich in den unterschiedlichen Spielformen ein? Trete ich in der Regel als Mitspieler/in, Spielunterbrecher/in, Spielentwickler/in, Spielinitiator/in, Spielverderber/in oder Spielbeobachter/in auf?

Welche Spielformen machen mir am meisten Freude und warum?

Mit welchen Spielformen habe ich persönlich am meisten Schwierigkeiten und warum?

Wirke ich in der Spielzeit der Kinder als Spielvorbild und biete ich mich damit immer wieder als Spielmodell an?

Welche Vorstellungen von „Spielregeln“ habe ich während des Spiels der Kinder/ mit Kindern und inwieweit sind sie dazu geeignet, das Spielverhalten der Kinder im Hinblick auf „Kreativität und Fantasie, Selbständigkeitsentwicklung und Autonomie“ entscheidend zu unterstützen?

18.6 Aufgabe für Sie als ErzieherIn

Beobachten Sie Ihre Kinder und stellen Sie fest,

... welche Verhaltensweisen der Kinder mit den Ihrigen übereinstimmen:

... in welchen Bereichen Sie sich als positives bzw. negatives Vorbild sehen:

Versuchen Sie in einer Teamsitzung zu diskutieren, welche Zusammenhänge zwischen dem Sehen lehren und dem Sehen lernen von Ihnen und Ihren Mitarbeitern wahrgenommen wurden:

Versuchen Sie festzustellen,

... wie Sie Sehen lehren:

... wie Kinder Sie das Sehen lehren:

18.7 Elterngespräch

Datum: ____________

Name: ____

Folgende Fragen können in einem ersten Elterngespräch am Anfang des Vorschuljahres aufgegriffen werden:

Wie hat sich das Kind entwickelt, seit es die Einrichtung besucht?

____

____

____

Welche Interessen hat es?

____

____

____

Wie sieht es mit Freundschaften aus?

____

____

____

Wie findet es sich mit seiner Rolle als Vorschulkind zurecht?

____

____

____

Freut es sich grundsätzlich auf die Schule oder hat es Ängste?

____

____

____

Worauf freut es sich im Vorschuljahr?

Nimmt das Kind an internen oder externen Fördermaßnahmen teil (z.B. Sprachförderung, Logopädie, Ergotherapie, Psychotherapie usw.)?

Welche Erwartungen und Wünsche haben die Eltern im Hinblick auf die Vorschularbeit?

Geben die Eltern ihre Erlaubnis, dass die Einrichtung sich mit der Grundschule über ihr Kind austauschen darf?

Wo sehen die Fachkräfte noch Entwicklungspotenzial bei dem Kind?

Wie schätzen die Eltern die Schulfähigkeit ihres Sohnes/ihrer Tochter ein?

Steht eine vorzeitige Einschulung oder eine Rückstellung des Kindes im Raum?

Was können die Eltern zu Hause tun, um ihr Kind im Alltag zu fördern und zu unterstützen?

Welche Maßnahmen und Angebote plant die Einrichtung?

Förderplan mit einbeziehen!

Notizen:

*Gegen Ende der Kindergartenzeit sollte dann ein zweites Gespräch stattfinden, eine Art Abschlussgespräch. Eine Überlegung könnte sein, ob das Kind an diesem Gespräch teilnimmt – so erfährt es Wertschätzung und fühlt sich ernstgenommen, weil die Erwachsenen nicht **über** es sondern **mit** ihm reden.*

18.8 Woran kann man Kinder mit einem Wahrnehmungsentwicklungsdefizit für schulisches Lernen im Kindergartenalter erkennen?

Die Kulturtechniken Lesen, Rechnen und Schreiben basieren auf Fähigkeiten und Fertigkeiten, die zum Teil lange vor Schulbeginn erworben werden. Erst, wenn diese sicher und stabil erlernt werden, sind der Erwerb und der Umgang mit Lesen, Rechnen und Schreiben problemlos möglich.

- ◯ motorische Unruhe
- ◯ dauernd fällt etwas herunter
- ◯ Kopf abstützen am Tisch
- ◯ die Tischhälfte reicht nicht aus
- ◯ mit dem Stuhl kippeln
- ◯ fehlendes Sinnverständnis
- ◯ übermäßiger Bewegungsdrang
- ◯ früher Konzentrationsabfall
- ◯ dazwischen rufen
- ◯ häufiges Nachfragen
- ◯ scheint schlecht zuzuhören
- ◯ chronologisch erzählen fällt schwer
- ◯ Hintergrundgeräusche stören
- ◯ kurze Hörmerkspanne
- ◯ vergisst Aufgaben
- ◯ Malschwungrichtung ist unsicher/wechselnd
- ◯ fehlendes Regelbewusstsein beim Turnen
- ◯ Rechts-Links-Unterscheidung ist nicht sicher
- ◯ mangelnde Turnleistungen
- ◯ Händigkeit ist noch nicht entwickelt
- ◯ häufiges Stolpern
- ◯ mangelndes Zeitgefühl
- ◯ Vermeiden von langsamen Bewegungen
- ◯ langsames Arbeitstempo
- ◯ Bevorzugen von schnellen Sportarten
- ◯ Silbenklatschen fällt schwer
- ◯ Hampelmann gelingt nicht
- ◯ Ball fangen gelingt nicht
- ◯ Hüpfen/Stehen auf einem Bein gelingt nicht
- ◯ klagt öfter über Kopfweh
- ◯ Malen in Vorgaben fällt schwer
- ◯ Malstifte brechen ab
- ◯ unregelmäßiger Druck beim Malen
- ◯ Krämpfe beim Malen
- ◯ Blatt liegt beim Malen schräg

- ◯ große Schmiererei beim Malen mit Wasserfarben
- ◯ krumme/schiefe Körperhaltung
- ◯ ungenaues Aus- bzw. Anmalen
- ◯ Kopf wird schief gehalten
- ◯ schlaffe Bauchmuskulatur
- ◯ selbständiges Ankleiden fällt schwer
- ◯ starrer Blick
- ◯ fehlende Mimik

Bemerkungen:

18.9 Was ein durchschnittlich entwickeltes 5-jähriges Kind beherrschen sollte

Kognition und Wahrnehmung (Hören, Sehen, Spüren, Denken)

Zählt 10 Gegenstände	
Baut eine Pyramide aus 6 Klötzen	
Erfasst eine Menge von 4 simultan (muss nicht abzählen) und alle Würfelpunkte	
Merkt sich 4 Dinge, die unter einem Tuch versteckt sind	

Sprache (aktive Sprache und Sprachverständnis)

Beginnt einfache Verse und Lieder auswendig zu lernen	
Begleitet sein Spiel mit Sprache	
Verwendet keine Babysprache mehr, sondern korrekte Sätze in seiner Muttersprache, beantwortet „Wenn-dann-Fragen“	
Erfasst eine Geschichte	
Erlebtes wird in logischer und zeitlicher Abfolge berichtet, verwendet Vergangenheit	

Feinmotorik

Hält den Stift zwischen Daumen und Zeigefinger	
Schneidet mit der Schere Zick-Zack-Linien, Wellen und Kreise	
Beginnt, Buchstaben und eigenen Namen (ab-)zuschreiben	
Ist geschickt im Umgang mit Werkzeugen	

Grobmotorik

Kann das Gleichgewicht gut halten, auf einem Bein stehen und hüpfen	
Fängt einen Ball mit beiden Händen (aus 4 Meter Entfernung)	
Geht geschickt mit Rollschuhen und Stelzen um	
Balanciert über einen schmalen Streifen	

Soziale Entwicklung/Selbstständigkeit

Beginnt, erste Freundschaften zu schließen	
Kann teilen und Regeln bei Gesellschaftsspielen gut einhalten	
Macht Knöpfe, Reißverschlüsse selber auf und zu	

Emotionale Entwicklung/Ich-Entwicklung

Bleibt alleine im Kindergarten	
Interessiert sich für seine eigene Säuglingszeit	
Kann seine Stimmungen benennen	

Lern- und Spielverhalten

Sammelt alles Mögliche (Schnecken, Steine) überall	
Akzeptiert Spielregeln bei Gesellschaftsspielen, verlieren fällt noch schwer	
Beginnt eigene Handlungen zu planen z.B. beim Basteln: was für Material brauche ich	
Setzt Puzzle mit mind. 20-60 Teilen alleine zusammen	
Trifft im Rollenspiel Absprachen, Rollen werden ausgehandelt	

Notizen:

18.10 Was ein durchschnittlich entwickeltes 6-7-jähriges Kind beherrschen sollte

Kognition und Wahrnehmung (Hören, Sehen, Spüren, Denken)

Versteht die Regeln eines Spiels	
Erfasst Mengen bis 5 simultan und vergleicht versch. Mengen miteinander (mehr, weniger, gleichviel)	
Erkennt die Zahlenbilder von 1 bis 10	
Kennt alle Farben	

Sprache (aktive Sprache und Sprachverständnis)

Kann sich gut verständlich und korrekt in seiner Muttersprache äußern	
Erzählt ein Erlebnis verständlich und geordnet	
Spricht einen Satz von 10 Wörtern nach	

Feinmotorik

Geht mit Schere, Leim, Stift geschickt um: fertigt von sich aus kleine Bastelarbeiten	
Zeichnet gegenständliche Bilder (Mensch, Auto, Haus, Tiere etc.) mit Details	
Malt eine Form exakt und flächendeckend nach	
Beginnt, seinen Namen zu schreiben und verwendet dazu immer dieselbe Hand	

Grobmotorik

Fährt mit Kinderfahrrad (ohne Stützräder)	
Bewegt sich geschickt beim Klettern auf Spielplatzgeräten	
Beherrscht den Hampelmannsprung und Galoppschritt	
Kann weit und hoch springen, auch seitlich über Schnur hüpfen (z. B. Seilspringen)	

Soziale Entwicklung/Selbstständigkeit

Besucht selbständig Spielkameraden	
Bewältigt den Kindergartenweg alleine	
Hält sich meist an bekannte Regeln im Alltag und in einer Gruppe	
Ist schulreif	

Emotionale Entwicklung/Ich-Entwicklung

Kann mit Frustrationen umgehen, muss nicht jeden Wunsch erfüllt haben	
Äußert seine Bedürfnisse verbal	
Kann sich in andere Kinder hineinversetzen	

Lern- und Spielverhalten

Kann sich ausdauernd ins Spiel vertiefen	
Orientiert sich an der Realität, am eigenen Alltag beim Spiel (Themen wie „Schule, Ferien etc.“)	
Liebt Tausch-Spiele (z. B. Kleber tauschen)	
Kann an einer Aufgabe bleibe, bis es sie erledigt hat	

Notizen:

18.11 Kooperationsprotokoll

Vorname, Name: ____________________

GruppenleiterIn: ____________________

Betreuende ErzieherIn: ____________________

Fördernde Person: ____________________

TherapeutIn: ____________________

Protokollblatt Nr.: __________

Protokollphase vom __________ bis __________

Nächstes Kooperationsgespräch ____________________

(Datum, Uhrzeit, wo, oder wie) ____________________

Förderinhalt	**Zielvorgabe – Förderung**	**Messmethode**	**Fortschritte** mit Nr. siehe unten
Gruppenarbeit/-verhalten:			Datum:
Förderung:			Datum:
Therapie:			Datum:
Elternhaus:			Datum:

Messmethoden: AS = Aufgabensammlung / Arbeitsblätter B = Beobachtung A = Anderes

Fortschritte / Bericht: 1 = Lernziel erreicht, weiter zum nächsten 2 = Beibehalten des Lernziels – kleine Fortschritte erzielt, benötigt aber noch mehr Zeit 3 = weniger als erwartet 4 = sehr geringer Fortschritt in der Phase 5 = keinerlei Fortschritt in dieser Phase

18.12 Aufnahmebogen – Profil

Name des Kindes: ______________________________

Geburtstag: ______________________________

Wohnort/Anschrift: ______________________________

____

Telefon und Mail: ______________________________

____

Name und Beruf der Eltern:

Mutter: ______________________________

____

Vater: ______________________________

____

Beschreibung evtl. Auffälligkeiten:

____

____

____

Beschreibung evtl. extern eingeleiteter Fördermaßnahmen:

____

____

____

Evtl. Eingebundene TherapeutenInnen:

____

____

____

Besondere Stärken des Kindes:

Elterngespräch / Empfehlungen für die Eltern:

Mögliche besondere Unterstützungsmaßnahmen von Seiten des Kindergartens:

Sonstiges:

Datum der Erfassung:

Abbildungsnachweis

Bildmontagen unter Verwendung von (alle © stock.adobe.com):

S. 19	illustrator096
S. 23	ecco
S. 38	ag visuell + reineg
S. 43	lil_22
S. 83 oben	bilderzwerg
S. 89	malosdedos
S. 92	dreamer82
S. 93	martinjanecek
S. 94	Viacheslav Lakobchuk
S. 99	chapinasu
S. 100	bilderzwerg
S. 102–104	designua
S. 105	vasilisatsoy
S. 106	ag-visuell
S. 113	markoaliaksandr
S. 114	Karl

Ingeborg Behr, Marburg

S. 75–81, 83 unten, 95, 98, 109, 115, 198–201

Raum für Notizen

So gelingt der Übergang von der Kita in die Grundschule ...

2., durchgesehene Auflage, 304 S., farbige Abb., Groß-Format DIN A4, NEU: Beigabe: 340 Vorlagen als Download, Klappenbroschur, Alter: 5–7
ISBN 978-3-8080-0883-6
Bestell-Nr. 1279
Euro 39,95

Maike Hülsmann / Julia Bauschke / Sabine Dudek / Sabine Hanstein

Segel setzen, Leinen los!

Ein Programm zur Förderung schulischer Basiskompetenzen

Das Jahr vor der Einschulung ist eine ganz besondere Zeit für die Kinder. Sie blicken der Schule mit großer Begeisterung entgegen und freuen sich darauf, endlich Lesen, Schreiben und Rechnen zu lernen.

„Segel setzen, Leinen los! Auf Piratenreise im letzten Kitajahr" ist ein bewegtes Programm zur Förderung schulischer Basiskompetenzen. Es nimmt die Kinder mit auf eine abenteuerliche Lernreise und begleitet sie in ihrem Übergang von der Kita in die Schule. Eingebettet in eine Piraten-Abenteuergeschichte bereisen die Kinder im Laufe des Programms insgesamt 8 „Inseln", die verschiedene Entwicklungsthemen widerspiegeln. Dabei greift das Programm bedeutende Bausteine der Entwicklung strukturiert auf und vertieft und stärkt wichtige basale Bausteine für das Lernen in der Schule – motorische Fähigkeiten, Wahrnehmung, Sozialverhalten, Lernkompetenzen sowie fachliche Basisfähigkeiten wie phonologische Bewusstheit und mathematische Grundkompetenzen.

Grundlegend ist dabei der Gedanke, die Kinder in ihrer individuellen Persönlichkeitsentwicklung für den Übergang in die Schule zu stärken. Da sich Lernschwierigkeiten und Lernstörungen ebenso wie Aufmerksamkeitsstörungen und sozial-emotionale Probleme häufig bereits in der Kita andeuten, geht es zugleich darum, Kinder mit Auffälligkeiten früh zu erkennen. Daher beinhaltet das Programm parallel zur Förderung eine umfassende Beobachtung der Kinder mittels Beobachtungsbögen. Dabei werden die Fähigkeiten und Stärken der Kinder ebenso in den Blick genommen wie etwaiger Unterstützungsbedarf.

Die „Piratenreise" holt zugleich auch die Eltern mit ins Boot: Insgesamt 4 Themenelternabende und 1 Infoabend informieren sie über Inhalt und Ziele des Programms sowie die Entwicklungsthemen der einzelnen Inseln und bieten einen Rahmen, in dem gemeinsam Ideen zur täglichen spielerischen Förderung im Alltag entwickelt werden können. Darüber hinaus sieht das Programm für jedes Kind ein Entwicklungsgespräch vor, in dem Möglichkeiten und Grenzen einer frühen pädagogischen Förderung für das einzelne Kind herausgearbeitet und ggf. ergänzende Förderprozesse frühzeitig angebahnt werden können. – Für die Kinder wird die Abenteuerreise am Ende des Programms auch symbolisch: Nach einem guten dreiviertel Jahr und 32 Projektstunden als Teil der inzwischen eingeschworenen Piratenmannschaft bricht jeder kleine Pirat schließlich auf in neue unbekannte Gewässer, löst sich von Altem und setzt die Segel in Richtung Schule – mit einigen „Schätzen" im Gepäck …

Über die Autorinnen:

Maike Hülsmann ist Bewegungstherapeutin, Sonderpädagogin, Lerntherapeutin, freie Dozentin und im Herzen Psychomotorikerin. Sie arbeitet mit Kindern im Alter von 5-12 Jahren. Im Bereich der lerntherapeutischen Unterstützung entwickelte sie verschiedene „bewegende", präventive Förderprogramme • **Julia Bauschke** ist staatlich anerkannte Ergotherapeutin und Säuglingstherapeutin nach dem IntraActPlus-Konzept. Sie hat sich auf die Behandlung von Säuglingen, Klein- und Vorschulkindern spezialisiert, insbesondere auf die Befundung und Behandlung von sensomotorischen Auffälligkeiten sowie auf die Beratung von Eltern mit verhaltensauffälligen Kindern • **Sabine Dudek** ist Lehrerin mit erstem Staatsexamen, arbeitete vielfach als Erzieherin in verschiedenen Berliner Kitas und Schülerläden und ist inzwischen Lerntherapeutin. Von ihr stammen die Illustrationen zur Piratenreise • **Sabine Hanstein** ist Integrative Lerntherapeutin und arbeitet mit Kindern mit Legasthenie, Dyskalkulie und Aufmerksamkeitsstörungen. Ein Schwerpunkt ihrer Arbeit liegt auf der Prävention von Lernstörungen. In diesem Zusammenhang betreut sie auch Fördergruppen für Kinder der Schulanfangsphase, arbeitet mit Vorschulkindern und ist freie Referentin im Bereich Präventive Entwicklungsunterstützung • **Jessica Schmidt** ist Heilpädagogin und Erzieherin, arbeitet in einem Integrationskinderladen und ist Referentin für Seminare und Fortbildungen zum „Ringen und Raufen". Als Landesbeauftragte des "Berufs- und Fachverband Heilpädagogik e. V. (BHP)" vertritt sie die Interessen der Berliner und Brandenburger Heilpädagoginnen und Heilpädagogen.

Prof. Dr. Wolfgang Beudels:

„Im letzten Kitajahr wird es zunehmend ernst. Nicht nur die Kinder fiebern der Schule entgegen. Auch die Eltern und die pädagogischen Fachkräfte sorgen sich darum, dass der Übergang gelingt und der Start in die neue Lebensphase von Erfolg gekrönt wird. Sowohl in Fachzeitschriften als auch in Elternratgebern finden sich zahlreiche Beiträge zu diesem Thema. Die Palette reicht von eher allgemeinen Anregungen und Tipps, über Hinweise und Vorschläge zur Gestaltung pädagogischer Angebote bis hin zu gezielten Vorbereitungs- und Fördermaßnahmen. Dennoch fehlen Konzepte und Ansätze, die gleichzeitig alle an diesem Prozess beteiligten Personen mit einbeziehen, die das Spielerische und Freudvolle an einer Schulvorbereitung zum Ausgangspunkt nehmen, dabei Kinder mit unterschiedlichen Förderbedürfnissen berücksichtigen und zudem auch ihre eigene Wirkungsweise überprüfen wollen. Dieses Buch schließt diese Lücke! Die Autorinnen legen hier ein in allen Bestandteilen hochwertiges Programm bzw. Angebot vor, in dessen Konzeption langjährige positive Erfahrungen eingeflossen sind. Dies geschieht jedoch nicht mit einem einfachen „Aus der Praxis für die Praxis", sondern mit sorgfältigem und einem aktuellen wissenschaftlichen Erkenntnissen folgenden Theoriebezug.

In der Kita tätigen pädagogischen Fachkräften und mit der Kita zusammenarbeitenden Therapeutinnen und Therapeuten bietet das Förderprogramm vielfältige Anregungen und Unterstützung für eine umfassende Entwicklungsförderung angehender Schulkinder. Es ist den Autorinnen gelungen, den hohen, aber auch zum Teil widersprüchlichen, methodischen und inhaltlichen Herausforderungen (wie Prävention vs. Kompensation, Ressourcen vs. Auffälligkeiten), die an eine wirkungsvolle Vorbereitung auf die Schule gestellt werden, zu begegnen. Dazu trägt eine durchgehend systemische Ausrichtung (vielfältiger Einbezug der Eltern) ebenso bei, wie die ausdrückliche interdisziplinäre Vorgehensweise (Kooperation und Austausch mit Therapeuten). In der Praxis finden so trotz Gruppengeschehen individuelle Bedarfe Berücksichtigung und die Strukturierung sowie die spielerische Dramaturgie der Handlung lassen nicht nur jederzeit Eigenaktivität bzw. die Umsetzung eigener Ideen zu, sondern provozieren geradezu auch die Beteiligung der Kinder in vielerlei Hinsicht.

Es ist insgesamt ein attraktives und ein in jeder Hinsicht komplettes Werk entstanden, dem ich eine weite Verbreitung in der pädagogischen Praxis wünsche."

128/10-21

verlag modernes lernen

Schleefstraße 14, D-44287 Dortmund
Telefon 02 31 12 80 08, Fax 02 31 12 56 40
E-Mail: info@verlag-modernes-lernen.de
Leseproben und Bestellen im Internet: www.verlag-modernes-lernen.de

Lebendiger Kita-Alltag

NEU

Andrea Erkert

Mobbing fängt klein an

Kinder an das Thema „Mobbing" heranführen und das eigene Handeln sensibilisieren

Mobbing unter Kindern ist ein ernsthaftes Problem, das nicht verharmlost oder ignoriert werden darf. Damit jedoch weder persönliche Attacken noch verbale Angriffe über elektronische Kommunikationsmittel gegen ein Kind zum Normalzustand in der Grundschule werden, müssen eindeutige Stopp-Signale gesetzt werden, die für alle Klassen verbindlich sind. Die Autorin zeigt, was Sie bei Verdacht auf Mobbing tun können. Ein besonderes Augenmerk hat sie auch auf die Prävention gelegt. Mithilfe von Praxisideen, Kopiervorlagen & Co. können Sie ohne viel Aufwand und erhobenen Zeigefinger alle Grundschulkinder erreichen und dazu ermutigen, sich eindeutig gegen (Cyber-)Mobbing und Gewalt zu stellen. Mit viel Fingerspitzengefühl wird den Kindern so bewusst gemacht, dass (Cyber-)Mobbing und Gewalt nicht nur ein Problem zwischen ein paar Kindern ist, sondern auch erheblich das Klima in der Klasse und sogar das der ganzen Schule negativ beeinflussen kann, sodass es von allen am Schulleben Beteiligten keinesfalls toleriert werden darf.

2021, 176 S., farbige Abb. Format 16x23cm, Klappenbroschur, Alter: 5–10

ISBN 978-3-8080-0894-2 | Bestell-Nr. 1324 | 18,80 Euro

NEU

Stephanie Trommelen / Hans Jürgen Beins

Überraschend alltäglich!

Alltagsmaterialien in der Psychomotorik

Kinder spielen mit Alltagsmaterialien so selbstverständlich, dass dem Erwachsenen oft nur das Staunen bleibt: Aus einem alten Schuh wird ein Puppenbett, ein Zeitungsblatt wird zum Hut geformt und eine Papprolle wird zum Fernglas umfunktioniert. Aus einem Pappteller lässt sich ein Bumerang und aus Bechern eine Mauer herstellen oder mit Zollstöcken wird ein Zelt gebaut. Alltagsmaterialien ermöglichen tolle Erfahrungen und sind aus psychomotorischen Spiel- und Bewegungsangeboten nicht wegzudenken. Die vielfältigen, psychomotorischen Anregungen zum groß- und kleinräumigen Bewegen, zum wilden und kooperativen Spielen, für Anregungen zum Bauen oder Entspannen, genauso wie Aktionen am Tisch, sind überall und einfach umsetzbar und bereichern die Arbeit in der Krippe, Kita, Schule oder Therapie. Ausgewählte Ideen zu diesen Themenbereichen aus der langjährigen Praxis der Autorin und des Autors, ansprechende Beschreibungen und tolle Fotos wecken nicht nur bei Kindern die Spielfreude und Kreativität. Ebenfalls aufgeführte Variationen und Beschreibungen von Zielsetzungen helfen bei der Planung der spielerisch bewegten Impulse im eigenen beruflichen Setting. Erläuterungen zu Methoden und Tipps unterstützen zusätzlich die eigene Umsetzung.

2022 (April), 192 S., farbige Abb., Format 16x23cm, Klappenbroschur, Alter: 2–12

ISBN 978-3-8080-0913-0 | Bestell-Nr. 1333 | 19,95 Euro

NEU

Helga Sinnhuber

Spielmaterial zur Entwicklungsförderung

von der Geburt bis zur Schulreife

In den ersten Lebensjahren spielen Kinder mit allem, was sich in Reichweite in ihrer Umgebung befindet. Jeder Gegenstand wird ergriffen, intensiv angeschaut, gedreht, in den Mund genommen und beleckt. Dabei lernt das Baby sich und seine Umwelt kennen. Entwicklung und Spielfähigkeit sind eng miteinander verbunden. Das Spiel fördert die Entwicklung des Kindes, die sich auf mehreren Ebenen vollzieht: • in der motorischen Entwicklung • der kognitiven Entwicklung • der emotionalen Entwicklung • der sozialen Entwicklung. Diese vier Ebenen wirken zusammen und bilden die Basis für den weiteren Entwicklungsverlauf. Um das richtige Spielzeug auszuwählen, muss man die Lernausgangssituation des Kindes kennen und um seine Vorlieben und Bedürfnisse wissen. Manche Kinder werden durch verfrühte Spielzeuggeschenke überfordert. Das Ergebnis sind Misserfolg, Enttäuschung, Spielunlust und oft Zerstörung des Spielzeugs. Aber auch Spielzeuge, die das Kind unterfordern, führen zu Enttäuschung und Ablehnung. Also ist auch der richtige Zeitpunkt für ein neues Spielzeug wichtig. Auf das Kind, sein Entwicklungsalter und seine Bedürfnisse abgestimmte Förderangebote helfen ihm hingegen, Freude am Spielen und Lernen zu entwickeln.

7., völlig überarbeitete Aufl. 2021, 160 S., farbige Abb., Format 16x23cm, Ringbindung, Alter: 0–7

ISBN 978-3-8080-0887-4 | Bestell-Nr. 1112 | 19,95 Euro

NEU

Andrea Erkert

Im Morgenkreis den Teamgeist wecken

Teamspiele für Kindergartenkinder leicht gemacht

Der Morgenkreis ist geradezu ideal, um den Tag gemeinsam zu begrüßen, sich gegenseitig auf höchst vielfältige Weise zu erleben, voneinander und miteinander zu lernen. Die Kinder erleben sich von Anfang an als Teil der Gruppe und somit dazugehörig. Die Autorin zeigt, wie bereits Kinder im Alter von 3 bis 6 Jahren jede Menge Spielspaß im Morgenkreis haben und dabei ohne viel Zutun gemeinsam an einem Strang ziehen, um miteinander ein vereinbartes Ziel zu erreichen. Die Teamspiele aus diesem Buch sind praxiserprobt und nahezu überall schnell umsetzbar. Sie enthalten jeweils eine Altersangabe als Orientierungshilfe, einen Hinweis zu den Materialien, der Sozialform, zum Zeitaufwand und Spielort. Darüber hinaus wurden die Praxisideen je nach ihrem Schwerpunkt den sechs Kapiteln zugeordnet, sodass Sie relativ schnell die Teamspiele finden, die Sie gerade im Morgenkreis für Ihre Klein- oder Großgruppe brauchen.

2021, 176 S., farbige Abb., Format 16x23cm, Klappenbroschur | Alter: 3-6

ISBN 978-3-8080-0890-4 | Bestell-Nr. 1321 | 18,80 Euro

137/10-21

verlag modernes lernen

Schleefstraße 14, D-44287 Dortmund
Telefon 02 31 12 80 08, Fax 02 31 12 56 40
E-Mail: info@verlag-modernes-lernen.de
Leseproben und Bestellen im Internet: www.verlag-modernes-lernen.de